扬州统计年鉴

YANGZHOU STATISTICAL YEARBOOK

2020

扬 州 市 统 计 局
国家统计局扬州调查队 编

中国统计出版社
China Statistics Press

图书在版编目(CIP)数据

扬州统计年鉴. 2020 = Yangzhou Statistical
Yearbook 2020 / 扬州市统计局, 国家统计局扬州调查队
编. -- 北京 : 中国统计出版社, 2020.8
ISBN 978-7-5037-9184-0

Ⅰ. ①扬… Ⅱ. ①扬… ②国… Ⅲ. ①统计资料-扬
州-2020-年鉴 Ⅳ. ①C832.533-54
中国版本图书馆 CIP 数据核字(2020)第 108685 号

扬州统计年鉴-2020

作　　者/ 扬州市统计局 国家统计局扬州调查队
责任编辑/ 钟 钰
装帧设计/ 刘 静
出版发行/ 中国统计出版社有限公司
地　　址/ 北京市丰台区西三环南路甲 6 号
邮政编码/ 100073
电　　话/ 邮购(010)63376909 书店(010)68783171
网　　址/ http://www.zgtjcbs.com
经　　销/ 新华书店
开　　本/ 890mm×1240mm 1/16
字　　数/ 62.7 万字
印　　张/ 26.25
版　　别/ 2020 年 9 月第 1 版
版　　次/ 2020 年 9 月第 1 次印刷
定　　价/ 300 元

如有印装差错,由本社发行部调换。

编 者 说 明

1、《扬州统计年鉴—— 2020》是一部内容丰富、信息密集的综合性统计资料汇编。本年鉴汇集了建国以来主要年份和2019年扬州市及各县(市)区国民经济和社会发展的统计资料,全面、系统地反映了改革开放中扬州经济、社会、科技等各方面的发展变化。

2、本年鉴收录了《统计法》、《中华人民共和国统计法实施条例》、《江苏省统计条例》,以供社会各界参考。

3、本年鉴的内容包括:综合、国民经济核算、人口与劳动力、固定资产投资与建筑业、人民生活、居民消费价格指数、农业、工业、国内贸易、服务业、交通运输和邮电、对外经济贸易和旅游、财政金融、能源电力、科学技术、教育文化和卫生、其他社会事业、城市建设和环境保护、乡镇资料、全省市县及长三角资料二十个部分。

4、按年鉴出版惯例,本年鉴标明年份采用出版年的年份。

5、2011年区划调整,市区历史数据资料已作相应调整。

6、有关表中使用的符号,作如下说明:空白栏表示未掌握该项资料或该项数字小,不足计量单位的百分之一。“#”表示其中的主要指标。

《扬州统计年鉴》编辑部

二〇二〇年九月

《扬州统计年鉴——2020》编辑委员会

《扬州统计年鉴——2020》编辑部

目　　录

一、综合

二、国民经济核算

三、人口与劳动力

四、固定资产投资与建筑业

五、人民生活

六、居民消费价格指数

七、农业

八、工业

九、国内贸易

十、服务业

十一、交通运输和邮电

十二、对外经济贸易和旅游

十三、财政、金融

十四、能源、电力

十五、科学技术

十六、教育、文化和卫生

十七、其他社会事业

十八、城市建设与环境保护

十九、乡镇资料

二十、全省市县及长三角资料

附录

2019 年扬州市国民经济和社会发展统计公报

2020 年 4 月

2019 年,全市坚持以习近平新时代中国特色社会主义思想为指导,按照中央和省委、省政府决策部署,坚持稳中求进工作总基调,深入贯彻新发展理念,认真落实“六稳”要求,克难求进,奋勇争先,经济运行总体平稳,民生福祉不断改善,社会事业稳步推进,高质量发展迈出了坚实步伐。

一、综合

综合实力持续增强。经初步核算,全年实现地区生产总值 5850.08 亿元,按可比价计算,增长 6.8%,其中第一产业实现增加值 292.80 亿元,增长 1.4%;第二产业实现增加值 2778.21 亿元,增长 7.6%;第三产业实现增加值 2779.07 亿元,增长 6.6%。人均地区生产总值为 128856 元,增长 6.3%。结构调整扎实推进,三次产业结构调整为 5:47.5:47.5,第三产业增加值占地区生产总值的比重比上年提高 0.5 个百分点。

市场主体不断增加。年末全市有各类法人单位 123293 家,产业活动单位 12960 家。2019 年末全市工商部门登记的私营企业 153451 户,全年新登记私营企业 24787 户,新登记私营企业注册资本 1150.11 亿元。年末个体工商户 356541 户,其中全年新登记 42725 户。

就业水平保持稳定。全市就业人口 268.0 万人,其中第一产业就业人口 37.3 万人,第二产业就业人口 115.1 万人,第三产业就业人口 115.6 万人。城镇新增就业人数 8.74 万人,新增转移农村劳动力人数 1.58 万人,完成就业技能培训 6.28 万人次,创业带动就业 8.31 万人,城镇登记失业率 1.75%。

居民消费价格有所上涨。全年居民消费价格比上年上涨 3.0%,其中食品价格上涨 8.5%,非食品价格上涨 1.8%。八大类消费品及服务项目价格同比“七升一降”,其中食品烟酒类上涨 6.8%;教育文化和娱乐类上涨 4.9%;其他用品和服务类上涨 4.5%;衣着类上涨 3.3%;生活用品及服务类上涨 1.4%;居住类上涨 1.1%;医疗保健类上涨 0.4%;交通和通信类下降 2.5%。

二、农林牧渔业

粮食生产基本平稳。全年粮食播种面积 579.30 万亩,同比下降 2.5%。其中,夏粮播种面积 264.44 万亩,下降 3.3%;秋粮播种面积 314.87 万亩,下降 1.8%。全年粮食亩产量 493 公斤,同比增长 1.9%。其中,夏粮亩产量 378 公斤,增长 2.1%;秋粮亩产量 590 公斤,增长 1.6%。全年粮食总产 285.60 万吨,同比下降 0.6%。其中,夏粮总产 99.81 万吨,下降 1.3%;秋粮总产 185.79 万吨,下降 0.2%。

主要畜禽品种存出栏有升有降。全年生猪出栏72.82万头，同比下降37.7%；存栏15.25万头，同比下降70.1%。家禽出栏5053.37万只，同比增长35.6%；家禽存栏1560.77万只，同比增长36.7%。

水产养殖规模有所减少。全年水产养殖面积107万亩，同比减少5万亩，下降4.5%；实现水产品产量39.59万吨，同比持平，其中养殖产量为36.85万吨，同比增长0.15%，捕捞产量为2.74万吨，同比下降2.7%。

乡村振兴战略深入实施。全年新增高标准农田18.3万亩、高效设施农(渔)业8.43万亩；5个现代化生猪产业集聚区加快建设；新创农产品"三品一标"32个、农业产业化省级示范联合体9个。

三、工业和建筑业

工业经济稳中有进。全市3026家规上工业企业增加值同比增长8.5%，其中轻工业增长8.8%，重工业增长8.4%。按门类分，制造业增加值同比增长9.0%，电力、热力、燃气及水生产和供应业增长3.2%，采矿业增加值下降6.6%。按经济类型分，国有工业增长7.7%，集体工业增长14.5%，股份制工业增长7.7%，外商港澳台投资工业增长12.7%。

先进制造业发展加快。先进制造业产值同比增长8.5%，对全部规上工业总产值的贡献率达75.3%，拉动全市产值增幅5.6个百分点。分产业来看，新型电力装备产业、生物医药和新型医疗器械产业、汽车及零部件(含新能源汽车)产业实现两位数增长，增幅分别达13.1%、11.1%和10.1%；食品产业同比增长8.7%，高端装备产业增长8.4%，电子信息产业增长7.2%，海工装备和高技术船舶产业增长5.5%。

工业企业利润下降。规模以上工业企业营业收入增长0.5%，利润下降17.2%；规模以上工业企业营业收入利润率、成本费用利润率分别为4.3%、4.7%；规模以上工业企业资产负债率为53.0%，总资产贡献率为7.2%；全年规模以上工业企业产销率为97.2%。

表1　规模以上工业主要产品产量

指　　标	单位	2019年	比上年±%
化学纤维	万吨	142.70	14.3
服装	万件	10121.79	3.0
皮革鞋靴	万双	1835.48	-8.2
机制纸及纸板	吨	111150.00	-2.3
人造板	万立方米	50.69	-11.6
氢氧化钠(烧碱)(折100%)	万吨	32.93	12.4
农用氮、磷、钾化学肥料总计(折纯)	吨	1357.00	-72.0
化学农药原药	吨	163539.81	75.2
单晶硅	万千克	318.16	26.8
合成纤维聚合物	万吨	210.43	4.8
光电子器件	万只(片、套)	286909.40	40.4
电子元件	万只	449541.57	8.6
水泥	万吨	1020.72	3.6

指　　标	单位	2019 年	比上年±%
钢材	万吨	532.74	7.4
金属紧固件	吨	7405.98	-28.0
商品混凝土	万立方米	1036.14	-0.8
铜材	万吨	44.71	10.4
变压器	万千伏安	135.02	-16.7
灯具及照明装置	万台(套、个)	612.87	-18.3
金属集装箱	万立方米	92.54	121.6
金属切削机床	台	26998	-25.2
金属成形机床	台	22721	-15.0
汽车	辆	316255	-5.9
民用钢质船舶	万载重吨	294.20	32.9
交流电动机	万千瓦	1381.94	0.8
电力电缆	万千米	348.70	24.8
通信及电子网络用电缆	万对千米	87.25	67.6
铅酸蓄电池	万千伏安时	503.79	-4.1
太阳能电池(光伏电池)	千瓦	6011324	52.3
家用电冰箱	万台	428.03	4.1

用电量稳步增长。全社会用电量 259.4 亿千瓦时,增长 4.2%。第一产业用电量 3.15 亿千瓦时,增加 10.9%。第二产业 174.99 亿千瓦时,增长 3.7%,其中工业用电 171.95 亿千瓦时,增长 3.8%。第三产业 40.21 亿千瓦时,增长 9.6%。城乡居民生活用电 41.05 亿千瓦时,增长 0.9%。

建筑业平稳发展。全年实现建筑业总产值 4228.6 亿元,增长 8%;建筑业增加值增长 4.7%。房屋建筑施工面积 28177.6 万平方米,下降 1.2%,其中新开工面积 10519 万平方米,下降 13%;竣工产值 3609.2 亿元,增长 13.9%;竣工面积 11751.4 万平方米,增长 10.3%。

四、固定资产投资

固定资产投资增长稳定。全年固定资产投资同比增长 6.1%,其中第一产业投资比上年增长 0.4%,第二产业投资增长 3.2%,第三产业投资增长 10%。工业投资同比增长 3.4%;制造业投资同比增长 4.5%;房地产开发投资同比增长 12.1%;民间投资增长 3.9%,民间投资占全部投资比重达 77.4%。

重大项目扎实推进。举办"烟花三月"国际经贸旅游节、"名城扬州携手世界名企"合作恳谈会等招商活动,新引进重大产业项目 247 个,新落户世界 500 强及跨国公司项目 6 个;沈飞所协同创新研究院、中航机载系统共性技术中心等一批重大科创项目成功落地;中星北斗卫星遥感产业园、恒大新能源科技、中化三元锂电池、质子治疗中心及医疗产业等重特大项目签约落户;27 个项目进入省重大项目投资计划;新开工工业重大项目 56 个,其中先进制造业项目 46 个。

五、国内贸易

消费品市场增势稳定。全市社会消费品零售总额1655.9亿元，同比增长6.3%。按经营单位所在地分，城镇消费品零售额1534.83亿元，同比增长6.4%；乡村消费品零售额121.07亿元，同比增长6.2%。按行业分，批发业165.12亿元，增长6.0%；零售业1298.00亿元，增长10.6%；住宿业20.60亿元，增长4.5%；餐饮业172.18亿元，增长8.3%。

六、开放型经济

外贸增速放缓。全市实现进出口总额113.05亿美元，下降5.7%，其中出口83.6亿美元，下降2.1%；进口29.4亿美元，下降14.8%。从出口行业看，我市十大出口行业累计出口47.4亿美元，占全市出口总额的56.7%，其中化学化工实现出口11.42亿美元，同比下降3.6%；纺织制品实现出口7.54亿美元，同比下降5.5%；机动车辆与零配件实现出口4.99亿美元，同比增长4.8%，船舶出口4.51亿美元，同比增长29%。从出口主体看，我市民营企业实现出口43.6亿美元，占全市出口的52.2%；外资企业出口28.9亿美元，占全市出口的34.6%；国有企业出口11.1亿美元，同比增长0.6%。从贸易方式看，一般贸易进出口额86.5亿美元，占全市货物贸易进出口额的比重为76.5%，同比下降5.1%；加工贸易进出口额24.1亿美元，同比增长12.2%；其他贸易方式进出口额2.46亿美元。从出口市场看，全市对前十出口国家（地区）累计出口额73.9亿美元，占全市出口88.4%。其中，对美国出口同比下降15.1%，占出口比重为19.7%；对拉美、非洲、大洋洲等新兴市场出口保持较快增长，累计出口同比分别增长16.3%、148.5%、8.6%；对“一带一路”沿线国家地区累计出口额19亿美元，同比下降0.2%，占全市出口比重22.7%。

表2　全市主要出口国别/地区情况

出口国/地区	累计出口金额（万美元）	累计出口同比（%）	占全市比重（%）
欧　盟	188718	-8.8	22.6
美　国	164765	-15.1	19.7
东　盟	73184	-5.1	8.7
拉丁美洲	72437	16.3	8.7
非　洲	62539	148.5	7.5
香　港	48405	-25.2	5.8
日　本	39430	4.7	4.7
南　亚	35198	-16.7	4.2
大洋洲	32408	8.6	3.9
韩　国	21979	-4.9	2.6

对外开放层次不断提升。全市实际到账外资13.87亿美元，同比增长13.69%。新批外资项目155个，同比增长14.81%；新增协议外资35.09亿美元，同比增长39.56%。从行业分，服务业实际利用外资8.8亿

美元，同比增长40.11%，占全市实际利用外资的63.44%；制造业实际利用外资5.07亿美元，同比下降13.9%，占全市实际利用外资的36.54%。以先进制造业为主的十大战略性新兴产业实际利用外资7.99亿美元，同比增长89.16%，占全市实际利用外资的57.6%，占比与去年同期提升23个百分点。全市对外投资总额5.35亿美元，其中对外承包工程企业完成营业额3.66亿美元，占全市比重68.4%。新批境外投资项目39个，中方协议投资额1.36亿美元，同比增长83%。“一带一路”沿线国家投资项目16个，中方协议投资额6830万美元，占全市对外投资总量的50.1%。

七、交通、邮电和旅游

交通运输基本平稳。全市货运总量和货物周转量分别完成1.50亿吨和434.47亿吨公里，分别增长6.1%、5.1%。客运量和旅客周转量完成2796万人和26.23亿人公里，分别下降9.8%、4.6%。港口货物吞吐量13917万吨，下降1.5%；集装箱吞吐量52.0万标箱，增长2.3%。扬州泰州国际机场新开辟国内航线11条，国际（地区）航线3条，累计开通46个通航点，其中国内36个，国际/地区10个；机场累计完成旅客吞吐量297.97万人次，同比增长25.0%；完成货邮吞吐量1.24万吨，同比上升11.7%。年末全市公路里程9726.38公里，高速公路里程293.68公里。截止2019年底，全市机动车保有量980878辆，其中汽车827275辆，私人轿车694798辆；全市现有机动车驾驶人155.23万人，其中汽车驾驶人143.97万人。

邮电通信业较快发展。全市邮政通讯业务收入78.21亿元，增长9.5%，其中，通讯业务收入46.30亿元，增长5.6%；邮政业务收入31.91亿元，增长15.6%。年末电话用户641.10万户，增长2.6%，其中移动电话用户551.15万户，增长3.7%。互联网宽带接入用户176.07万户，增长2.6%。

旅游业实现较快增长。全年接待境内外游客7747.07万人次，增长10.0%；实现旅游业总收入1010.2亿元，增长10.1%。接待国内旅游人数7739.11万人次，增长10.0%，实现国内旅游收入996.33亿元，增长10.1%。接待入境过夜旅游者7.96万人次，增长4.2%，其中外国人5.8万人次，增长12.3%；港澳台同胞2.16万人次，同比下降12.6%。旅游外汇收入8548.21万美元，增长2.5%。全市拥有国家A级景区55家，旅行社个会、世界运河大会暨世界运河城市论坛、运河文化嘉年华等活动；大运河国家文化公园建设推进会在扬召开；中国大运河博物馆开工建设；省市共建的京杭运河扬州段绿色现代航运示范区启动建设；隋炀帝墓、仙鹤寺、西方寺大殿入选全国重点文保单位；荣获“世界美食之都”“东亚文化之都”称号。

八、财政、金融

财政收入稳中趋降。全市一般公共预算收入328.79亿元，同比下降3.3%。税收收入263.81亿元，同比下降3.1%，税收占一般公共预算收入比重为80.2%。主体税种中，增值税127.93亿元，同比下降3.0%；企业所得税33.78亿元，同比下降12.8%；个人所得税9.1亿元，同比下降32%。

表3　财政收入情况

单位：亿元

指 标 名 称	2019年	比上年±%
一般公共预算收入（亿元）	328.79	-3.3
税收收入（亿元）	263.81	-3.1

指 标 名 称	2019 年	比上年 ±%
#增值税	127.93	-3.0
企业所得税	33.78	-12.8
个人所得税	9.10	-32.0
城市维护建设税	17.69	-4.6
房产税	11.88	11.3
印花税	3.74	-8.6
城镇土地使用税	7.72	-3.8
契税	24.42	23.9
非税收入	64.98	-4.3
行政事业性收费	17.90	16.3
附:政府性基金预算收入	401.33	59.0

财政支出结构持续改善。全市一般公共预算支出 611.97 亿元,同比增长 8.6%,其中一般公共服务支出 73.7 亿元,增长 12.3%;公共安全支出 39.55 亿元,增长 2%;教育支出 97.33 亿元,增长 5.4%;科学技术支出 17.19 亿元,增长 12.3%;社会保障和就业支出 69.41 亿元,增长 2.9%;卫生健康支出 42.2 亿元,增长 7.2%;节能环保支出 27.2 亿元,增长 30.1%;农林水支出 52.87 亿元,增长 6.1%;交通运输支出 36 亿元,增长 44.7%;住房保障支出 24.05 亿元,增长 34.8%。

金融信贷较快增长。年末金融机构人民币存款余额 6700.46 亿元,增长 11.7%,其中住户存款 3217.51 亿元,增长 12.5%;贷款余额 5374.85 亿元,增长 16.1%。个人消费贷款 1556.56 亿元,增长 14.8%。住房消费贷款 1397.89 亿元,增长 15.5%。

表 4 年末金融机构人民币存贷款情况

单位:亿元

指 标 名 称	2019 年	比上年(±%)
金融机构各项存款余额(亿元)	6700.46	11.7
#住户存款	3217.51	12.5
非金融企业存款	2243.17	18.4
广义政府存款	1186.46	0.0
金融机构各项贷款余额(亿元)	5374.85	16.1
#住户贷款	1960.42	14.2
非金融企业及机关团体贷款	3414.04	17.2
票据融资	336.48	26.1
个人消费贷款(亿元)	1556.56	14.8
#住房消费	1397.89	15.5

证券市场稳定增长。全市证券资金账户数 72.89 万户,比上年增加 5.1 万户,增长 7.5%。证券交易额

11943.35 亿元，比上年增加 1992.94 亿元，增长 20%，其中，股票交易额 8629.22 亿元，比上年增加 1915.19 亿元，增长 28.5%，占交易额的 72.3%；基金交易额 462.62 亿元，比上年减少 84.23 亿元，下降 15.4%，占交易额的 3.9%。

保险行业稳定发展。全市各类保险机构实现保费收入 178.81 亿元，增长 1.7%。其中财产险保费收入 41.01 亿元，增长 10.3%；人身险保费收入 137.80 亿元，下降 0.5%。保险赔款总支出 29.23 亿元，增长 10.0%，其中财产险支出 23.97 亿元，增长 6.2%；人身险支出 5.26 亿元，增长 31.2%。

九、科学技术和教育

科技创新能力持续增强。全市完成专利申请量 33786 件，专利授权量 18736 件，其中发明专利申请 6806 件；发明专利授权 1345 件；有效发明专利量 6578 件，每万人发明专利拥有量 15.18 件，同比增长 22.0%；PCT 专利申请 103 件；商标申请量 17202 件，同比增长 4.98%，商标注册量 14030 件，同比增长 26.53% ；全市有效商标注册量 75965 件，同比增长 18.11%；新增驰名商标 2 件，驰名商标总量达 56 件，新增地理标志 8 件，地理标志商标总量达 23 件。扬大主持的“新城疫新型疫苗创制应用”项目获国家技术发明二等奖、参与的“蛋鸭种质创新与产业化”项目获国家科学技术进步二等奖，4 个项目获省科技奖一等奖，创历史新高。新增国家级孵化器 3 家、省级孵化器 5 家、省级众创空间 10 家。

高新产业加快发展。全年净增国家高新技术企业 270 家，806 家企业通过国家科技型中小企业评价。全市研发投入占 GDP 比重达 2.52%，较上年度提升 0.07 个百分点，高新技术产业产值占规模以上工业产值比重达 47.2%左右，较上年度提升 1 个百分点。

教育事业全面发展。全市共有普通高校 8 所。普通高等教育招生 3.22 万人，在校生 9.69 万人，毕业生 2.14 万人；其中研究生教育招生 0.34 万人，在校生 0.99 万人，毕业生 0.2 万人。高等教育毛入学率达 64.5%，比上年提高 4.3 个百分点。高中阶段教育毛入学率达 100%。中等职业教育在校生 3.59 万人（不含技工学校）。特殊教育招生 0.015 万人，在校生 0.1 万人。全市小学在校生 21.9 万人，普通中学在校生 17.58 万人。全市共有幼儿园 369 所，比上年增加 15 所；在园幼儿 11.12 万人，比上年增加 0.17 万人。学前三年教育毛入园率达 99.4%。

十、文化、卫生和体育

公共文化服务体系不断完善。全市共有文化馆、群众艺术馆 7 个，公共图书馆 7 个，博物馆 16 个，美术馆 1 个，综合档案馆 7 个，向社会开放档案 8.92 万卷，13.64 万件。共有广播电台电视台 5 座，广播综合人口覆盖率和电视综合人口覆盖率均达 100%。举办“我心目中的扬州”创作朗诵等文化惠民活动 720 场次，新建城市书房 13 个，获评省书香城市建设示范市。新增省级以上“五个一工程”奖 4 个。

卫生事业稳步推进。年末全市共有各类卫生机构 1890 个，其中医院 76 个，疾病预防控制中心 7 个，妇幼卫生保健机构 8 个。各类卫生机构拥有病床 24994 张，其中医院拥有病床 17788 张。全市共有卫生技术人员 29406 人，其中执业医师、执业助理医师 12557 人，注册护士 12109 人，其中医院有卫生技术人员 15688 人，疾病预防控制中心卫生技术人员 487 人，妇幼卫生保健机构卫生技术人员 1307 人。

体育事业蓬勃发展。全票获得 2022 年世界田联半程马拉松锦标赛举办权；第十四届扬州鉴真国际半程马拉松赛成功举办，连续 8 年获评世界田联（原国际田联）金标赛事；扬州市第十三届运动会成功举办。

十一、城乡建设和生态环境

城乡建设不断完善。启动市区市容环境整治提升三年行动,拆除违法建设5.77万平方米,出新36条路段城市家具。完成老旧小区整治29个,改造城中村15个。新(改)建农贸市场9个。新辟、调整公交线路30条,新(改)建公交站棚52座,购置新能源公交车322辆。新(改)建农村公路403公里,创成"四好农村路"示范乡镇7个。深入推进脱贫攻坚工作,全市建档立卡低收入农户脱贫率99.9%。

生态环境明显优化。全年PM2.5平均浓度为43微克/立方米,同比下降6.5%,空气质量优良天数254天,优良天数比例为69.6%;9个国考断面水质达标率88.9%、32个省考断面水质达标率93.8%;土壤污染防治工作有力推进,化学需氧量、二氧化硫、氨氮、氮氧化物四项主要污染物减排和碳强度下降全面完成国家下达的任务。修复湿地4500亩,完成成片造林4.34万亩,市区新增绿地147.3万平方米。全市有林地面积900.16百公顷,森林覆盖面积1355.44百公顷,森林覆盖率14.83%,林木覆盖率23.44%。全年关闭化工企业112家。高耗能投资同比下降22.7%,在建项目较同期减少45个。

十二、人口、人民生活和社会保障

人口总量保持稳定。全市总户数147.72万户,户籍人口457.14万人,其中男性227.73万人,女性229.41万人,男性占总人口的49.82%,女性占总人口的50.18%。年末常住人口454.90万人,比上年末增加1.8万人,同比增长0.40%。0－14岁人口51.01万人,15－64岁人口314.97万人,65岁及以上人口88.92万人。全年人口出生率7.00‰,同比下降0.43个千分点;人口死亡率7.60‰,同比下降0.32个千分点;人口自然增长率－0.60‰,同比下降0.11个千分点。常住人口城镇化率68.20%。

居民收入稳步增长。全体居民人均可支配收入37074元,同比增长8.8%。其中工资性收入22152元,增长8.8%;经营净收入6164元,增长8.7%;财产净收入2964元,增长8.4%;转移净收入5794元,增长9.1%。城镇居民人均可支配收入为45550元,同比增长8.5%,其中工资性收入为27408元,比上年增长8.4%;经营净收入6463元,增长8.8%;财产净收入4437元,增长7.7%;转移净收入7242元,增长8.9%。农村居民人均可支配收入为23333元,同比增长8.7%,其中工资性收入13631元,比上年增长8.9%;经营净收入5680元,增长8.4%;财产净收入576元,增长9.3%;转移净收入3446元,增长8.6%。全体居民人均消费支出22460元,同比增长8.6%。城镇居民人均消费支出25696元,同比增长8.3%;农村居民人均消费支出17215元,同比增长8.6%。

社会保障体系进一步健全。年末全市城乡基本养老、基本医疗、失业、工伤和生育保险参保人数分别为330.85万人、425.32万人、72.55万人、84.13万人和78.12万人。城乡居民基本养老保险基础养老金最低标准由每人每月135元提高到148元。城乡居民医保人均财政补助最低标准提高到每人每年550元。试点实施长期护理保险制度,新增颐养示范社区23个,建成区域性养老服务中心6个。

注:1、本公报数为初步统计数,人均地区生产总值按常住人口计算。

2、公报中地区生产总值、各产业增加值绝对数按当年价格计算,增长速度按可比价格计算。

1

综　合

编辑:项月　周浩

1－1 行政区划和土地面积

（2019年）

地 区	镇（个）	乡（个）	街道办事处（个）	村民委员会（个）	居民委员会（个）	土地面积（平方公里）
全 市	**62**	**3**	**16**	**1016**	**384**	**6591**
市 区	29	2	14	467	237	2348
开发区	3		1	28	33	131
广陵区	6	1	4	83	59	335
邗江区	7	1	9	97	72	553
江都区	13			259	73	1330
宝应县	14			239	44	1462
仪征市	9			136	52	859
高邮市	10	1	2	174	51	1922

1－1 续表 （2019年）

地 区	乡（镇）、街道名称
开发区	朴席镇 施桥镇 八里镇 扬子津街道
广陵区	东关街道 汶河街道 曲江街道 文峰街道 湾头镇 李典镇 杭集镇 泰安镇 沙头镇 头桥镇 汤汪乡
邗江区	邗上街道 蒋王街道 汊河街道 新盛街道 梅岭街道 瘦西湖街道 甘泉街道 双桥街道 城北街道 瓜洲镇 公道镇 槐泗镇 方巷镇 杨寿镇 杨庙镇 西湖镇 平山乡
江都区	仙女镇 邵伯镇 大桥镇 丁伙镇 小纪镇 樊川镇 真武镇 丁沟镇 宜陵镇 郭村镇 浦头镇 武坚镇 吴桥镇
宝应县	安宜镇 范水镇 山阳镇 曹甸镇 鲁垛镇 西安丰镇 望直港镇 小官庄镇 夏集镇 射阳湖镇 广洋湖镇 柳堡镇 黄塍镇 泾河镇
仪征市	真州镇 青山镇 新城镇 新集镇 大仪镇 陈集镇 马集镇 刘集镇 月塘镇
高邮市	高邮街道 马棚街道 三垛镇 界首镇 临泽镇 送桥镇 车逻镇 卸甲镇 汤庄镇 龙虬镇 甘垛镇 周山镇 菱塘乡

1－2　扬州气象

（2019 年）

月份	气温(℃)					日照时数	降雨量		风(米/秒)	
	平均气温	极端最高		极端最低			雨日（天）	雨量总量（毫米）	平均风速	极大风速
		℃	日期	℃	日期					
全年	**16.6**	**38.6**	**7月28日**	**－5**	**1月26日**	**1596.1**	**137**	**660.2**	**1.6**	**14.2**
1月	3.2	14.6	23	－5	26	90.3	14	68.6	1.3	10.3
2月	3.9	15.7	6	－3	24	54.2	20	79	1.5	14.1
3月	11.4	24.6	20	1.7	7	170.5	7	14.4	1.9	12.7
4月	16.2	31.2	18	5.1	27	153.1	12	41.5	1.8	11.4
5月	21.8	35.9	24	8.8	7	167.5	9	31.4	1.7	12.5
6月	25.6	36.2	5	17.7	11、23	141.6	8	113.9	1.6	11.5
7月	28.4	38.6	28	20.1	11	122	17	69.7	1.5	11.4
8月	28.3	36.8	2	21.5	30	162.2	10	123	1.8	13.6
9月	23.5	33	13	14.1	23	138.7	9	23.6	1.5	12.9
10月	17.9	30.8	4	7	28	118.7	11	3.3	1.3	10.4
11月	12.5	25.6	1	－0.9	19	143.1	9	39.9	1.4	14.2
12月	6.2	21.1	16	－4.1	31	134.2	11	51.9	1.4	9.3

1－2　续表　　（2019 年）

月份	日最大降雨量		最小相对湿度		降雪		雾日（天）	结冰日期（天）	霜日（天）
	雨量（毫米）	日期	%	日期	雨日（天）	积雪（天）			
全年	**53.7**	**6月6日**	**10**	**5月24日**	**11**	**7**	**40**	**35**	**38**
1月	27.9	31	23	22	3	2	8	15	14
2月	13.9	14	25	24	8	5	7	7	7
3月	11.7	20	12	15	0	0	3	0	1
4月	15.2	29	18	1	0	0	3	0	0
5月	18.9	26	10	24	0	0	0	0	0
6月	53.7	6	21	1	0	0	0	0	0
7月	26.9	6	29	5	0	0	1	0	0
8月	39.7	11	31	16、23	0	0	0	0	0
9月	9.1	2	31	24	0	0	1	0	0
10月	3.2	5	18	29	0	0	2	0	0
11月	23.9	27	17	11、14	0	0	4	1	3
12月	9.7	25	19	4	0	0	11	12	13

1－3　国民经济主要指标

（2019 年）

项　　目	单位	1990 年	1995 年	2000 年	2005 年	2010 年	2016 年	2017 年	2018 年	2019 年
一、人 口										
户籍人口	万人	436.5	443.87	450.62	456.31	459.12	461.67	459.98	458.83	457.14
二、在岗职工人数	万人	58	63	45.25	34.73	38.16	96.89	92.98	89.99	81.00
#国有单位	万人	33	37	27.24	18.1	16.94	16.8	15.93	17.66	12.89
城镇集体单位	万人	25	22	9.61	2.87	2.75	2.26	2.21	1.44	1.96
三、地区生产总值(当年价)	亿元	89.05	299.2	472.12	990.85	2257.02	4539.12	5078.58	5478.74	5850.08
第一产业	亿元	21.75	46.22	63.91	94.76	161.37	257.44	268.36	279.97	292.80
第二产业	亿元	47.48	170.87	250.19	551.70	1255.12	2262.78	2474.71	2621.09	2778.21
第三产业	亿元	19.82	82.11	158.02	344.39	840.53	2018.90	2335.51	2577.68	2779.07
人均地区生产总值	元	2048	6749	10515	21911	50401	101150	112862	121222	128856
四、固定资产投资										
固定资产投资	亿元	20.16	99.38	128.25	410.07	1331.85	3288.68	3690.09	－	－
五、财 政										
一般公共预算收入	亿元	6.66	8.87	16.34	49.55	167.78	345.3	320.18	340.03	328.79
一般公共预算支出	亿元	4.93	12.62	23.00	62.22	201.68	478.97	507.64	563.57	611.95
六、物 价										
市区商品零售价格指数	%	103.8	112.5	98.2	100.6	102.7	100.5	102.2	102.9	102.3
市区居民消费价格指数	%	104.8	116.1	100.4	101.9	103.4	102.4	101.7	102.2	103.0
七、人民生活										
职工工资总额	亿元	11.45	36.86	44.83	62.48	134.36	654.28	657.48	695.72	664.89

1-3 续表

项目	单位	1990 年	1995 年	2000 年	2005 年	2010 年	2016 年	2017 年	2018 年	2019 年
在岗职工平均工资	元	1976	5945	9732	18165	35429	67611	71663	75996	81837
城镇常住居民人均可支配收入	元	1750	5378	6734	11379	21766	35659	38828	41999	45550
农村常住居民人均可支配收入	元	941	2390	3464	5215	9462	18057	19694	21457	23333
城乡居民住户存款	亿元	27.87	112.1	276.05	604.65	1252.39	2560.98	2664.64	2860.65	3217.51
八、运输										
客运量	万人	5763	4961	6207	8144	7276	3852	3427	3101	2942
货运量	万吨	1985	5718	4686	5855	9333	12324	13374	14127	11829
九、国内外贸易										
社会消费品零售总额	亿元	41.12	100.49	146.38	283.75	650.67	1129.90	1233.93	1336.87	1423.2
注册外资实际到账额	万美元	1330	13347	8264	52580	205645	120392	120813	122044	138756
出口总额	万美元			60583	190532	605680	725903	786778	854167	836469
十、教育										
高等学校在校学生	万人	1.34	1.81	3.07	5.91	7.33	7.44	8.28	7.90	8.70
普通中学在校学生	万人	19.48	19.12	19.99	26.41	22.25	17.56	17.50	17.51	17.58
小学在校学生	万人	37.62	32.31	37.51	26.57	22.74	21.26	21.05	21.45	21.90
十一、卫生										
卫生机构数	个	805	788	756	1208	2028	1780	1756	1813	1890
卫生机构床位数	张	10010	10937	10506	11765	14685	20683	22215	23355	24994
卫生技术人员数	人	13707	16204	16347	15269	22826	25273	28609	29202	30936
#执业(助理)医师	人	6309	7335	7595	7003	7881	10405	10872	11209	12557

1－4　扬州国民经济占全省的比重

（2019年）

项　　目	单位	江　苏	扬　州	扬州占全省的比重（%）
户籍人口	万人	7858.27	457.14	5.82
地区生产总值（当年价格）	亿元	99631.52	5850.08	5.87
第一产业	亿元	4296.28	292.80	6.82
第二产业	亿元	44270.51	2778.21	6.28
第三产业	亿元	51064.73	2779.07	5.44
社会消费品零售总额	亿元	37672.51	1423.20	3.78
出口总额	亿美元	3947.84	83.65	2.12
注册外资实际到帐额	亿美元	261.24	13.88	5.31
一般公共预算收入	亿元	8802.36	328.79	3.74
一般公共预算支出	亿元	12573.62	611.95	4.87
普通高等学校在校学生数	万人	187.51	8.70	4.64
卫生机构床位数	万张	51.60	2.50	4.84
卫生技术人员数	万人	63.08	3.09	4.90
#执业（助理）医师	万人	24.99	1.26	5.40
在岗职工平均工资	元	98669	81837	
城镇常住居民人均可支配收入	元	51056	45550	
农村常住居民人均可支配收入	元	22675	23333	

1－5　全市人均国民经济主要指标

（2019 年）

项　　目	单位	1990 年	1995 年	2000 年	2005 年	2010 年	2015 年	2016 年	2017 年	2018 年	2019 年
地区生产总值	元	2048	6749	10515	21911	50401	91501	101150	112862	121222	128856
粮　　食	公斤	548	502	501	497	626	702	651	621	629	625
棉　　花	公斤	4	6	2	1.5	1.2	0.2	0.2	0.1	0.1	0.0024
油　　料	公斤	11	17	28	27	17	16	14.9	14.2	8.5	9.8
水 产 品	公斤	14	28	50	78	83	89	86.9	88.0	86.7	86.6
固定资产投资	元	464	2242	2856	9007	29019	63758	71277	80223	60100	-
一般公共预算收入	元	153	200	364	1088	3656	7515	7484	6961	7438	7192
一般公共预算支出	元	113	285	512	1366	4394	9714	10381	11036	12328	13387
社会消费品零售总额	元	942	2264	3248	6218	14172	22563	24474	26826	29136	31133
出口总额	美元			135	418	1320	1721	1573	1710	1869	1830
城乡居民储蓄存款余额	元	638	2528	6148	13280	27288	53042	55505	57929	62577	70384
高等学校在校学生	人/万人	31	54	68	130	160	169	161	180	173	190
医院、卫生院病床数	张/万人	23	25	23	26	32	40	45	48	51	55
卫生技术人员数	人/万人	31	37	36	34	50	59	55	62	64	68
#执业(助理)医师	人/万人	14	17	17	15	17	22	23	24	25	27
农村常住居民人均可支配收入	元	941	2390	3464	5215	9462	16619	18057	19694	21457	23333
城镇常住居民人均可支配收入	元	1750	5378	6734	11379	21766	32946	35659	38828	41999	45550

1－6　扬州的一天

（2019 年）

项　　目	单位	1990 年	1995 年	2000 年	2005 年	2010 年	2015 年	2016 年	2017 年	2018 年	2019 年
地区生产总值	万元	2440	8197	12935	27147	61836	112326	124359	139139	150102	160276
第一产业	万元	596	1266	1751	2596	4421	7191	7053	7352	7670	8022
第二产业	万元	1301	4681	6855	15115	34387	55596	61994	67800	71811	76115
第三产业	万元	543	2250	4329	9435	23028	49540	55312	63987	70621	76139
粮食产量	吨	6538	6084	6169	6204	7865	8614	8205	7820	7873	7825
棉花产量	吨	50.0	73.0	28.0	19.0	14.7	2.9	3.1	1.0	0.17	0.03
油料产量	吨	132	201	341	336	220	196	188	179	179	123
水产品产量	吨	158	338	621	977	1042	1092	1096	1109	1085	1085
社会消费品零售总额	万元	1127	2753	4010	7774	17827	28505	30956	33806	36627	38992
出口总额	万美元			166	522	1659	2113	1983	2156	2340	2292
固定资产投资完成额	万元	552	2723	3514	11235	36489	78269	89855	101098	－	－
一般公共预算收入	万元	182	243	447	1357	4597	9226	9434	8772	9316	9008
客运量	万人	15.8	13.59	17.01	22.31	19.93	11.39	10.53	9.36	8.50	8.06
货运量	万吨	5.44	15.67	12.84	16.04	25.57	33.32	33.67	36.54	38.70	32.41
住户存款	万元	764	3071	7563	16566	34312	65115	69972	72804	78374	88151

1－7 法人单位和产业活动单位数

（2019 年）　　　　单位:个

项　　目	法人单位数	单产业法人	多产业法人	产业活动单位数
合　计	**121816**	**119657**	**2159**	**132248**
一、按机构类型分组				
企业	107460	105478	1982	117198
事业单位	3164	3051	113	3415
机关	691	637	54	883
社会团体	2463	2463	0	2463
民办非企业单位	2774	2770	4	2770
基金会	29	29	0	29
居委会	404	404	0	404
村委会	1021	1019	2	1021
农民专业合作社	3052	3048	4	3056
农村集体经济	27	27	0	27
其他组织机构	731	731	0	982
二、按登记注册类型分组				
内资	120878	118750	2128	130930
国有	3788	3610	178	4551
集体	2096	1999	97	2494
股份合作	59	50	9	111
联营	31	26	5	45
国有联营	2	1	1	5
集体联营	21	17	4	27
国有与集体联营	1	1	0	5
其他联营	7	7	0	8
有限责任公司	6179	5959	220	7473
国有独资公司	180	165	15	234
其他有限责任公司	5999	5794	205	7239
股份有限公司	1126	1046	80	2161
私营	98321	96799	1522	104488
私营独资	11013	10919	94	11275
私营合伙	568	563	5	607
私营有限责任公司	85895	84510	1385	91525
私营股份有限公司	845	807	38	1081
其他内资	9278	9261	17	9607
港澳台商投资	490	478	12	634
与港澳台商合资经营	187	184	3	202
与港澳台商合作经营	3	2	1	5
港澳台商独资	289	282	7	404

1－7　续表　　　　单位：个

项　目	法人单位数			产业活动单位数
		单产业法人	多产业法人	
港澳台商投资股份有限公司	6	5	1	12
其他港、澳、台商投资	5	5	0	11
外商投资	448	429	19	684
中外合资经营	214	208	6	257
中外合作经营	2	2	0	3
外资企业	214	204	10	382
外商投资股份有限公司	7	4	3	23
其他外商投资	11	11	0	19
三、按行业分组				
农、林、牧、渔业	5055	5035	20	5082
采矿业	42	36	6	65
制造业	37371	36970	401	37160
电力、热力、燃气及水生产和供应业	688	675	13	503
建筑业	7936	7735	201	8752
批发和零售业	31245	30717	528	34591
交通运输、仓储和邮政业	2893	2843	50	3421
住宿和餐饮业	1680	1605	75	2001
信息传输、软件和信息技术服务业	2986	2954	32	3946
金融业	466	426	40	1570
房地产业	2913	2757	156	2808
租赁和商务服务业	10322	10173	149	11626
科学研究和技术服务业	5111	5002	109	6101
水利、环境和公共设施管理业	688	672	16	753
居民服务、修理和其他服务业	2569	2539	30	2510
教育	1612	1511	101	1813
卫生和社会工作	1408	1340	68	2137
文化、体育和娱乐业	1905	1877	28	1896
公共管理、社会保障和社会组织	4926	4790	136	5513
四、按地区分组				
广陵区	22114	21648	466	24740
邗江区	28550	27942	608	22208
江都区	22391	22100	291	25137
宝应县	13582	13409	173	14648
扬州经济技术开发区	5009	4896	113	6531
仪征市	13678	13494	184	16922
高邮市	16492	16168	324	22062

1－8　个体工商户登记情况

（2019 年）

行　业	期末实有			
	合计		其中:城镇	
	户数（户）	资金数额（万元）	户数（户）	资金数额（万元）
总　计	**356541**	**3706544**	**287794**	**2933439**
按行业分				
农、林、牧、渔业	5992	169069	3211	79996
采矿业	14	202	8	110
制造业	32238	424555	20087	244899
电力、热力、燃气及水生产和供应业	34	1351	20	334
建筑业	2527	43606	2029	32994
批发和零售业	204994	1933724	165036	1587576
交通运输、仓储和邮政业	24786	195544	20525	149200
住宿和餐饮业	34870	436495	31829	403892
信息传输、软件和信息技术服务业	1095	9768	908	8138
金融业	34	341	29	294
房地产业	1255	9084	1235	8947
租赁和商务服务业	5676	63990	4899	52628
科学研究和技术服务业	386	4543	358	4311
水利、环境和公共设施管理业	86	1016	67	726
居民服务、修理和其他服务业	37586	359693	32983	309742
教育	1093	12669	1039	12118
卫生和社会工作	412	6409	384	6107
文化、体育和娱乐业	3463	34484	3147	31427

1－9　私营企业登记情况

（2019 年）

行业	合计		其中:城镇	
	户数（户）	注册资本（出资数额）（万元）	户数（户）	注册资本（出资金额）（万元）
总计	**153451**	**82574927.59**	**130394**	**70816778.07**
按行业分				
农、林、牧、渔业	3167	1360838.30	1989	938435.45
采矿业	9	3235.00	4	1100.00
制造业	45413	26345519.64	30666	19142861.32
电力、热力、燃气及水生产和供应业	279	384957.37	257	333937.86
建筑业	15282	12749697.29	14261	11126296.00
批发和零售业	42848	11252221.69	38961	10448331.38
交通运输、仓储和邮政业	3164	1043600.46	2888	968251.81
住宿和餐饮业	2080	429850.49	2011	419145.49
信息传输、软件和信息技术服务业	3713	1378860.68	3580	1308693.66
金融业	519	3002506.08	497	2831677.08
房地产业	3664	3002470.52	3423	2691854.78
租赁和商务服务业	12338	9021110.96	11855	8706457.66
科学研究和技术服务业	12843	10555693.82	12293	9961974.96
水利、环境和公共设施管理业	244	163484.20	225	140830.20
居民服务、修理和其他服务业	4207	1132607.13	3895	1059088.00
教育	1021	103010.33	1003	100314.70
卫生和社会工作	238	93163.00	231	91590.00
文化、体育和娱乐业	2422	552100.63	2355	545937.72

2

国民经济核算

编辑:滕蔓　赵犁

2－1　历年地区生产总值

（按当年价格计算）　　单位:亿元

年份	地区生产总值	第一产业	第二产业			第三产业	人均地区生产总值（元）
				工　业	建筑业		
1978	14.38	6.24	5.83	5.27	0.56	2.31	363
1979	15.85	6.98	6.32	5.57	0.75	2.55	396
1980	17.56	6.99	7.64	6.53	1.11	2.93	434
1981	19.84	8.21	8.18	7.22	0.96	3.45	487
1982	22.77	9.16	9.59	8.02	1.57	4.02	554
1983	26.21	9.78	11.40	9.07	2.33	5.03	633
1984	33.18	12.98	13.80	11.46	2.34	6.40	798
1985	41.06	12.87	20.74	17.81	2.93	7.45	984
1986	47.83	13.96	25.02	21.81	3.21	8.85	1141
1987	56.28	15.00	30.15	26.56	3.59	11.13	1332
1988	73.00	18.80	38.93	35.02	3.91	15.27	1711
1989	78.39	19.14	41.55	37.61	3.94	17.70	1819
1990	89.05	21.75	47.48	43.18	4.30	19.82	2048
1991	101.42	18.31	60.24	55.46	4.78	22.87	2318
1992	130.67	22.26	77.62	71.41	6.21	30.79	2975
1993	174.57	27.27	103.80	94.28	9.53	43.50	3961
1994	241.33	39.22	139.08	124.00	15.08	63.02	5457
1995	299.20	46.22	170.87	153.94	16.93	82.11	6749
1996	351.15	55.09	195.42	173.60	21.82	100.64	7903
1997	376.68	57.75	202.24	178.68	23.56	116.69	8455
1998	401.60	59.41	210.35	184.19	26.16	131.84	8997
1999	426.98	61.65	221.90	199.36	22.54	143.43	9552
2000	472.12	63.91	250.19	225.01	25.18	158.02	10515
2001	500.31	66.83	263.20	233.23	29.97	170.28	11091
2002	544.28	69.29	286.04	248.05	37.99	188.95	12044
2003	631.77	73.32	347.16	301.38	45.78	211.29	13949
2004	767.65	83.51	438.09	379.26	58.83	246.05	16908
2005	990.85	94.76	551.70	478.05	73.65	344.39	21911
2006	1135.69	100.99	639.60	564.41	75.19	395.10	25336
2007	1370.36	111.47	777.28	694.38	82.90	481.61	30730
2008	1665.59	134.10	943.16	839.96	103.20	588.33	37299
2009	1878.97	144.88	1063.19	934.77	128.42	670.90	41910
2010	2257.02	161.37	1255.12	1100.39	154.73	840.53	50401
2011	2664.87	184.54	1460.27	1273.27	187.00	1020.06	59725
2012	2974.55	205.19	1594.05	1384.25	209.80	1175.31	66618
2013	3367.25	212.78	1763.12	1532.29	234.28	1391.35	75354
2014	3750.13	227.35	1933.65	1682.38	238.55	1589.13	83821
2015	4099.91	262.46	2029.25	1647.70	383.14	1808.20	91501
2016	4539.12	257.44	2262.78	1850.32	414.30	2018.90	101150
2017	5078.58	268.36	2474.71	2011.23	465.57	2335.51	112862
2018	5478.74	279.97	2621.09	2105.45	517.82	2577.68	121222
2019	5850.08	292.80	2778.21	2261.96	518.59	2779.07	128856

2－2 历年地区生产总值指数

（按可比价计算，以1978年为100）　　单位：%

年份	地区生产总值	第一产业	第二产业	工业	建筑业	第三产业	人均地区生产总值
1978	100.0	100.0	100.0	100.0	100.0	100.0	100.0
1979	103.9	98.9	107.2	105.3	125.9	109.2	102.7
1980	110.5	89.7	129.7	123.0	191.8	118.2	108.1
1981	123.1	102.5	139.4	136.7	166.2	137.3	119.4
1982	139.0	107.4	165.2	154.2	267.9	158.7	133.8
1983	160.3	110.4	198.6	176.9	401.6	198.6	153.1
1984	196.8	139.0	239.2	222.0	398.3	246.5	187.2
1985	236.7	125.0	346.5	331.1	490.5	262.1	224.5
1986	267.0	125.0	409.8	397.2	527.5	290.7	251.9
1987	299.1	121.2	475.8	465.3	573.8	334.3	280.1
1988	345.0	123.6	570.3	569.4	578.3	375.0	320.1
1989	345.8	120.4	572.5	576.1	538.7	383.4	317.6
1990	373.2	126.1	624.4	629.5	577.0	407.4	339.6
1991	425.9	108.8	801.5	822.3	608.8	450.3	385.1
1992	526.5	127.6	992.4	1026.8	697.6	578.7	474.3
1993	603.5	130.4	1145.0	1189.2	740.8	708.1	541.8
1994	687.0	136.4	1350.5	1375.1	1064.9	775.1	614.8
1995	766.4	152.0	1483.2	1524.5	1107.5	901.5	683.9
1996	858.3	168.3	1625.8	1653.0	1380.0	1071.8	764.2
1997	935.2	185.1	1722.8	1749.0	1485.8	1229.4	830.4
1998	1028.3	197.7	1875.2	1899.7	1652.6	1397.3	911.3
1999	1133.2	211.5	2070.2	2141.5	1433.1	1558.0	1003.2
2000	1251.7	222.2	2308.1	2390.6	1571.1	1728.6	1103.1
2001	1352.8	235.7	2506.1	2589.3	1739.2	1869.7	1186.7
2002	1503.0	250.1	2819.4	2879.3	2130.5	2079.1	1316.1
2003	1704.4	255.3	3298.7	3391.8	2377.6	2330.7	1488.5
2004	1954.9	272.4	3862.8	3995.5	2667.7	2647.7	1704.3
2005	2248.2	288.7	4523.3	4698.8	3006.5	3026.3	1968.5
2006	2589.9	302.6	5310.4	5572.7	3289.1	3492.3	2287.4
2007	2996.5	317.7	6234.4	6670.6	3351.6	4058.1	2660.2
2008	3398.1	333.6	7150.8	7724.5	3546.0	4614.1	3011.4
2009	3867.0	350.6	8187.7	8867.7	3964.4	5306.2	3414.9
2010	4389.0	366.4	9383.1	10180.1	4467.8	6043.7	3880.2
2011	4924.5	381.1	10556.0	11503.6	4892.3	6841.5	4368.4
2012	5500.7	400.5	11833.3	12861.0	5606.6	7669.3	4873.9
2013	6160.8	422.9	13288.8	14558.6	5965.4	8628.0	5454.3
2014	6838.4	438.2	14737.2	16218.3	6383.0	9680.6	6046.0
2015	7542.8	453.9	16299.4	17921.2	7142.5	10716.4	6658.5
2016	8249.2	454.3	17602.3	19466.0	7521.5	12029.3	7271.1
2017	8912.7	464.4	18833.2	20960.3	7820.6	13224.0	7834.5
2018	9506.3	478.5	19869.1	22296.9	7936.1	14323.6	8319.6
2019	10152.0	485.3	21369.9	24113.7	8308.6	15272.7	8844.8

2－3 历年地区生产总值构成

（按当年价格计算）

单位:%

年 份	地区生产总值	第一产业	第二产业			第三产业
				工业	建筑业	
1978	100.00	43.42	40.53	36.62	3.91	16.05
1979	100.00	44.03	39.86	35.14	4.72	16.11
1980	100.00	39.80	43.52	37.20	6.32	16.68
1981	100.00	41.39	41.25	36.39	4.86	17.36
1982	100.00	40.24	42.11	35.20	6.91	17.65
1983	100.00	37.32	43.48	34.58	8.90	19.20
1984	100.00	39.13	41.57	34.53	7.04	19.30
1985	100.00	31.34	50.51	43.38	7.13	18.15
1986	100.00	29.18	52.31	45.59	6.72	18.51
1987	100.00	26.66	53.57	47.19	6.38	19.77
1988	100.00	25.75	53.33	47.97	5.36	20.92
1989	100.00	24.41	53.01	47.98	5.03	22.58
1990	100.00	24.42	53.32	48.49	4.83	22.26
1991	100.00	18.06	59.40	54.68	4.72	22.54
1992	100.00	17.04	59.40	54.65	4.75	23.56
1993	100.00	15.62	59.46	54.00	5.46	24.92
1994	100.00	16.25	57.63	51.38	6.25	26.12
1995	100.00	15.45	57.11	51.45	5.66	27.44
1996	100.00	15.69	55.65	49.44	6.21	28.66
1997	100.00	15.33	53.69	47.44	6.25	30.98
1998	100.00	14.79	52.38	45.87	6.51	32.83
1999	100.00	14.44	51.97	46.69	5.28	33.59
2000	100.00	13.54	52.99	47.66	5.33	33.47
2001	100.00	13.36	52.61	46.62	5.99	34.03
2002	100.00	12.73	52.55	45.57	6.98	34.72
2003	100.00	11.61	54.95	47.70	7.25	33.44
2004	100.00	10.88	57.07	49.41	7.66	32.05
2005	100.00	9.56	55.68	48.25	7.43	34.76
2006	100.00	8.89	56.32	49.70	6.62	34.79
2007	100.00	8.13	56.72	50.67	6.05	35.14
2008	100.00	8.05	56.63	50.43	6.20	35.32
2009	100.00	7.71	56.58	49.75	6.83	35.71
2010	100.00	7.15	55.61	48.75	6.86	37.24
2011	100.00	6.92	54.80	47.78	7.02	38.28
2012	100.00	6.90	53.59	46.54	7.05	39.51
2013	100.00	6.32	52.36	45.51	6.96	41.32
2014	100.00	6.06	51.56	44.86	6.36	42.38
2015	100.00	6.40	49.49	40.19	9.35	44.10
2016	100.00	5.67	49.85	40.76	9.13	44.48
2017	100.00	5.28	48.73	39.60	9.17	45.99
2018	100.00	5.11	47.84	38.43	9.45	47.05
2019	100.00	5.01	47.49	38.67	8.86	47.50

2－4 分地区生产总值(2018 年)

(按当年价格计算) 单位:亿元

指 标	全市	市区	广陵	邗江	江都	开发	宝应	仪征	高邮
地区生产总值	**5478.74**	**3273.98**	**748.70**	**978.93**	**1046.29**	**500.06**	**694.12**	**752.38**	**758.26**
第一产业	279.97	100.46	9.94	22.14	66.52	1.86	76.32	22.24	80.95
第二产业	2621.09	1501.52	304.52	381.43	527.64	287.93	340.17	406.50	372.90
工业	2105.45	1206.59	236.77	294.09	406.17	269.56	263.65	344.55	290.66
建筑业	517.82	296.13	68.13	87.43	122.00	18.57	76.61	62.75	82.33
第三产业	2577.68	1672.00	434.24	575.36	452.13	210.27	277.63	323.64	304.41
交通运输、仓储和邮政业	139.85	84.11	20.46	30.29	20.63	12.73	15.45	20.92	19.37
批发和零售业	516.01	339.22	137.52	96.29	84.03	21.38	51.60	82.31	42.88
住宿和餐饮业	80.03	51.02	14.35	20.31	10.12	6.24	11.47	9.05	8.49
金融业	282.49	200.44	43.54	82.89	56.55	17.46	24.61	28.61	28.83
房地产业	512.94	349.95	79.65	142.55	95.70	32.05	35.62	61.38	65.99
其他服务业	1027.34	640.79	137.70	200.85	182.20	120.04	134.72	118.23	133.60
人均地区生产总值(元)	121222	133768	141025	139877	103134	247248	91416	132182	101971

2－5 分地区生产总值发展速度(2018 年)

(按可比价计算,以上年为 100) 单位:%

指 标	全市	市区	广陵	邗江	江都	开发	宝应	仪征	高邮
地区生产总值	**106.7**	**106.5**	**106.8**	**108.0**	**105.0**	**106.5**	**106.6**	**106.6**	**108.0**
第一产业	103.0	110.9	100.9	116.5	111.3	93.9	111.2	98.4	115.9
第二产业	105.5	103.7	104.2	104.6	101.3	106.7	105.2	105.7	107.1
工业	106.4	104.8	105.3	107.1	101.5	107.2	105.7	106.2	108.0
建筑业	101.5	99.3	100.7	95.9	101.0	99.7	103.4	102.3	103.5
第三产业	108.3	108.9	108.8	110.0	108.7	106.4	107.1	108.4	107.0
交通运输、仓储和邮政业	105.3	114.0	116.9	113.5	117.3	106.0	102.8	104.4	104.0
批发和零售业	108.8	104.0	104.9	103.6	104.5	99.3	103.3	108.8	104.3
住宿和餐饮业	107.3	105.1	104.2	106.6	103.7	105.4	106.4	109.0	105.6
金融业	114.1	116.1	102.1	119.4	128.1	106.5	105.2	100.8	105.5
房地产业	100.6	99.5	111.3	96.0	93.7	108.5	103.1	96.4	105.4
其他服务业	110.6	113.6	113.0	119.3	112.4	107.3	110.2	116.9	109.8
人均地区生产总值	**106.2**	**105.8**	**106.4**	**106.7**	**104.5**	**106.1**	**106.4**	**106.1**	**107.9**

2－6　分地区生产总值(2019 年)

(按当年价格计算)　　　　单位:亿元

指　　标	全市	市区					宝应	仪征	高邮
			广陵	邗江	江都	开发			
地区生产总值	**5850.08**	**3506.72**	**809.11**	**1073.55**	**1091.66**	**532.40**	**732.91**	**791.72**	**818.73**
第一产业	292.80	104.13	10.13	22.76	69.72	1.52	79.49	23.03	86.15
第二产业	2778.21	1589.03	325.90	408.38	548.99	305.76	360.29	423.03	405.86
工业	2261.96	1293.99	257.41	320.64	428.89	287.05	283.84	361.02	323.11
建筑业	518.59	296.32	68.90	87.84	120.66	18.92	76.55	62.87	82.85
第三产业	2779.07	1813.56	473.08	642.41	472.95	225.12	293.13	345.66	326.72
交通运输、仓储和邮政业	149.17	89.11	21.76	31.86	21.97	13.52	16.55	22.61	20.90
批发和零售业	550.62	362.35	146.28	102.82	89.52	23.73	54.72	87.80	45.75
住宿和餐饮业	85.29	54.32	15.31	21.68	10.76	6.57	12.25	9.65	9.07
金融业	316.15	226.01	48.46	94.77	63.10	19.68	27.42	30.44	32.28
房地产业	548.34	378.41	85.62	157.15	102.97	32.67	34.14	67.61	68.18
其他服务业	1108.86	696.41	154.60	231.68	181.53	128.60	143.47	124.17	144.81
人均地区生产总值(元)	128856	142321	151803	151492	107178	261301	96410	138558	109978

2－7　分地区生产总值发展速度(2019 年)

(按可比价计算,以上年为 100)　　　　单位:%

指　　标	全市	市区					宝应	仪征	高邮
			广陵	邗江	江都	开发			
地区生产总值	**106.8**	**106.8**	**107.1**	**107.3**	**106.0**	**107.0**	**106.8**	**106.9**	**107.1**
第一产业	101.4	100.5	100.0	99.6	101.4	79.3	100.6	102.5	103.2
第二产业	107.6	107.4	108.7	108.8	105.7	107.2	107.6	105.4	110.6
工业	108.1	108.0	109.4	109.8	106.3	107.2	108.4	105.5	111.9
建筑业	104.7	104.6	105.7	105.0	103.4	106.5	104.4	104.7	105.2
第三产业	106.6	106.6	106.1	106.6	107.0	107.0	107.6	109.1	103.8
交通运输、仓储和邮政业	104.1	103.4	103.6	103.1	103.7	103.6	104.4	105.3	105.1
批发和零售业	105.5	105.6	105.1	105.5	105.4	109.6	104.9	105.6	105.4
住宿和餐饮业	104.9	104.8	105.0	105.0	104.7	103.9	105.1	105.0	105.1
金融业	110.1	111.0	109.5	112.5	109.8	110.9	109.6	104.7	110.2
房地产业	105.2	106.4	105.7	108.6	105.6	100.5	94.8	108.2	102.2
其他服务业	107.3	106.6	106.6	104.3	108.1	107.9	111.6	114.0	102.3
人均地区生产总值	106.3	106.1	106.6	106.0	105.6	106.2	106.7	106.5	107.0

2-8 分地区生产总值

（按2010年可比价计算）　　单位:亿元

指　标	全市	市区	广陵	邗江	江都	开发	宝应	仪征	高邮
2010	2257.02	1415.63	338.97	406.97	450.69	218.99	305.57	326.09	326.96
2011	2531.78	1605.09	377.34	459.25	516.40	252.10	342.24	368.13	367.18
2012	2826.80	1793.50	419.00	515.44	577.86	281.20	378.28	411.20	405.37
2013	3165.90	2006.91	466.82	577.98	649.18	312.90	425.17	460.92	456.04
2014	3513.53	2230.70	520.80	643.23	719.04	347.63	472.90	512.97	506.21
2015	3875.34	2457.53	565.83	712.11	794.54	385.07	523.31	558.76	547.36
2016	4238.26	2666.25	619.16	773.85	853.47	419.98	566.47	610.97	596.15
2017	4579.18	2867.49	658.36	838.41	921.75	449.08	612.59	659.95	645.04
2018	4884.13	3054.11	702.90	905.27	967.84	478.34	653.02	703.23	696.65
2019	5215.88	3260.87	752.51	971.24	1025.75	511.69	697.30	751.63	745.97

注:广陵、邗江、仪征均为含功能区大口径数据

2－9　市区 2010－2019 年地区生产总值

（按当年价格计算）　　单位:亿元

年　份	地　区 生产总值	第一产业	第二产业			第三产业	人均地区 生产总值 （元）
				工　业	建筑业		
2010	1421.06	59.56	704.97	564.79	141.01	656.53	59531
2011	1660.21	66.08	833.22	674.37	159.83	760.91	69055
2012	1858.23	71.28	925.92	744.72	182.28	861.03	77051
2013	2083.18	78.02	1025.10	828.50	197.83	980.06	86248
2014	2321.92	82.42	1131.81	918.93	214.13	1107.69	96015
2015	2478.08	87.68	1190.25	970.25	220.32	1200.15	102322
2016	2779.78	92.14	1317.18	1070.53	246.99	1370.46	114609
2017	3016.28	95.94	1399.32	1136.50	262.96	1521.02	124022
2018	3273.98	100.46	1501.52	1206.59	296.13	1672.00	133768
2019	3506.72	104.13	1589.03	1293.99	296.32	1813.56	142321

2－10　市区 2010－2019 年地区生产总值发展速度

（按可比价计算，以上年为 100）　　单位:%

年　份	地　区 生产总值	第一产业	第二产业			第三产业	人均地区 生产总值
				工　业	建筑业		
2010	114.8	104.4	115.4	115.9	110.3	114.6	113.6
2011	113.4	100.7	113.2	115.1	105.6	114.7	112.6
2012	111.7	104.3	112.0	111.8	112.7	112.1	111.4
2013	111.9	104.7	111.2	112.5	105.9	113.1	111.7
2014	111.2	103.4	109.6	110.1	107.7	113.3	111.0
2015	110.2	103.0	108.6	107.8	112.5	112.2	110.0
2016	108.5	100.2	107.1	107.2	106.5	110.5	108.3
2017	107.5	101.9	107.2	107.7	104.5	108.3	107.3
2018	106.5	110.9	103.7	104.8	99.3	108.9	105.8
2019	106.8	100.5	107.4	108.0	104.6	106.6	106.1

2－11　宝应县2010－2019年地区生产总值

（按当年价格计算）　　单位：亿元

年　份	地　区生产总值	第一产业	第二产业	工　业	建筑业	第三产业	人均地区生产总值（元）
2010	305.57	41.83	150.09	116.96	33.19	113.65	38909
2011	343.66	47.96	171.52	131.63	39.95	124.18	45684
2012	381.17	53.36	191.93	147.20	44.79	135.88	50718
2013	428.83	57.51	215.95	168.18	47.84	155.37	57052
2014	477.18	61.60	236.59	184.31	52.35	178.99	63341
2015	528.88	65.63	262.50	206.49	56.08	200.75	70055
2016	579.99	66.44	286.45	229.43	57.10	227.10	76708
2017	632.74	68.77	312.21	244.86	67.44	251.76	83453
2018	694.12	76.32	340.17	263.65	76.61	277.63	91416
2019	732.91	79.49	360.29	283.84	76.55	293.13	96410

2－12　宝应县2010－2019年地区生产总值发展速度

（按可比价计算，以上年为100）　　单位：%

年　份	地　区生产总值	第一产业	第二产业	工　业	建筑业	第三产业	人均地区生产总值
2010	113.2	105.5	115.7	116.6	111.4	113.6	113.6
2011	112.0	104.2	113.6	113.9	112.5	112.8	116.9
2012	110.5	104.8	111.6	110.7	114.5	111.1	110.6
2013	112.4	104.0	112.8	112.8	112.8	114.6	112.4
2014	111.2	103.5	111.2	112.2	107.6	113.6	111.0
2015	110.7	103.7	111.1	110.8	112.2	112.0	110.4
2016	108.2	100.3	108.2	109.3	103.9	111.0	108.1
2017	108.1	103.1	107.0	107.6	104.6	111.1	107.8
2018	106.6	111.2	105.2	105.7	103.4	107.1	106.4
2019	106.8	100.6	107.6	108.4	104.4	107.6	106.7

2－13　仪征市2010－2019年地区生产总值

（按当年价格计算）　　单位:亿元

年　份	地　区 生产总值	第一产业	第二产业	工　业	建筑业	第三产业	人均地区 生产总值 （元）
2010	326.09	16.92	191.25	164.06	27.19	117.92	58408
2011	381.91	15.52	234.61	201.06	33.55	131.78	67829
2012	424.31	16.65	254.83	217.35	37.48	152.83	75453
2013	470.04	18.82	280.39	240.22	40.17	170.83	83615
2014	520.79	20.33	308.32	264.19	44.13	192.14	92536
2015	565.56	22.29	330.77	286.24	44.56	212.50	100214
2016	627.50	23.36	353.03	303.26	50.11	251.11	111023
2017	703.13	23.28	383.49	328.62	55.90	296.36	124064
2018	752.38	22.24	406.50	344.55	62.75	323.64	132182
2019	791.72	23.03	423.03	361.02	62.87	345.66	138558

2－14　仪征市2010－2019年地区生产总值发展速度

（按可比价计算,以上年为100）　　单位:%

年　份	地　区 生产总值	第一产业	第二产业	工　业	建筑业	第三产业	人均地区 生产总值
2010	114.8	102.4	115.4	116.3	111.0	116.2	114.5
2011	112.9	103.8	112.2	112.9	108.3	115.2	111.9
2012	111.7	103.1	112.3	111.8	115.2	111.9	111.8
2013	112.1	103.6	112.6	113.0	110.4	112.2	112.1
2014	111.3	108.6	111.5	111.3	112.5	111.3	111.2
2015	108.9	84.3	108.9	109.0	108.3	111.6	108.6
2016	109.3	100.0	104.9	103.5	114.2	117.3	109.2
2017	108.0	100.2	105.4	106.6	99.1	112.4	107.7
2018	106.6	98.4	105.7	106.2	102.3	108.4	106.1
2019	106.9	102.5	105.4	105.5	104.7	109.1	106.5

2－15　高邮市 2010－2019 年地区生产总值

（按当年价格计算）　　单位:亿元

年　份	地　区 生产总值	第一产业	第二产业	工　业	建筑业	第三产业	人均地区 生产总值 （元）
2010	326.96	41.53	160.53	127.82	32.79	124.90	43746
2011	371.56	47.18	180.33	144.41	36.01	144.05	50048
2012	412.80	52.35	200.72	160.04	40.77	159.73	55822
2013	468.53	58.77	228.22	182.74	45.57	181.54	63362
2014	527.54	62.72	255.84	204.85	51.08	208.98	71337
2015	562.37	66.34	273.80	220.22	53.67	222.23	76037
2016	631.25	69.59	310.43	244.31	66.21	251.23	85218
2017	689.33	74.09	336.49	265.18	71.40	278.75	92802
2018	758.26	80.95	372.90	290.66	82.33	304.41	101971
2019	818.73	86.15	405.86	323.11	82.85	326.72	109978

2－16　高邮市 2010－2019 年地区生产总值发展速度

（按可比价计算,以上年为 100）　　单位:%

年　份	地　区 生产总值	第一产业	第二产业	工　业	建筑业	第三产业	人均地区 生产总值
2010	113.8	104.1	117.1	119.3	104.6	114.1	114.2
2011	112.3	104.0	112.0	112.7	108.9	115.5	113.1
2012	110.4	104.8	111.5	110.9	113.7	110.7	110.8
2013	112.5	105.0	114.2	114.0	115.2	112.4	112.5
2014	111.0	103.4	110.4	111.7	105.3	113.8	111.0
2015	108.1	110.5	108.3	108.2	108.7	107.4	108.1
2016	108.9	100.3	110.6	109.8	113.7	109.4	108.7
2017	108.2	103.7	108.1	108.3	107.2	109.6	107.9
2018	108.0	115.9	107.1	108.0	103.5	107.0	107.9
2019	107.1	103.2	110.6	111.9	105.2	103.8	107.0

3

人口与劳动力

编辑:苏正明　王敏

3－1 主要年份分地区总人口

单位:万人

年 份	全 市	市 区	#江 都	宝 应	仪 征	高 邮
1949	262.03	126.46	71.63	53.64	30.39	51.54
1950	265.24	127.68	72.82	54.40	30.84	52.32
1951	274.95	134.92	74.05	55.66	31.14	53.23
1952	278.49	135.07	75.37	57.76	31.47	54.19
1953	283.39	137.08	77.20	58.47	32.57	55.27
1954	288.09	137.74	78.40	59.85	33.73	56.77
1955	297.56	141.73	79.79	61.69	34.73	59.41
1956	305.47	144.39	81.45	64.38	35.51	61.19
1957	308.92	146.64	83.05	65.55	36.10	60.63
1958	307.63	143.48	79.51	65.22	36.24	62.69
1959	307.83	142.76	77.27	65.76	36.61	62.70
1960	291.27	138.69	72.37	59.97	34.71	57.90
1961	288.67	138.62	72.65	58.11	34.07	57.87
1962	292.70	141.15	74.56	59.15	34.66	57.74
1963	292.30	141.15	73.45	59.48	35.31	56.36
1964	294.83	142.76	74.08	60.08	35.87	56.12
1965	304.27	146.85	76.15	61.97	37.06	58.39
1966	313.68	150.89	78.58	64.06	38.42	60.31
1967	324.76	155.98	81.64	65.90	39.90	62.98
1968	335.66	160.11	84.38	68.95	41.32	65.28
1969	345.37	163.19	87.12	71.86	42.75	67.57
1970	356.37	167.57	90.02	74.54	43.83	70.43
1971	362.99	170.68	91.69	76.05	44.64	71.62
1972	369.10	173.10	93.05	77.28	45.45	73.27
1973	374.38	175.41	94.39	78.31	46.03	74.63
1974	379.07	177.69	95.57	79.24	46.56	75.58
1975	384.32	180.41	97.31	80.27	47.14	76.50
1976	388.85	182.73	98.69	81.20	47.65	77.27
1977	393.44	185.00	99.84	82.20	48.14	78.10
1978	398.43	187.50	100.90	83.24	48.84	78.85
1979	402.27	189.87	101.23	83.90	49.34	79.16
1980	406.00	191.38	101.93	84.32	50.80	79.50
1981	409.10	192.89	102.66	84.86	51.59	79.76
1982	413.18	194.91	103.57	85.57	52.51	80.19
1983	415.12	195.93	103.81	85.84	52.96	80.39

3－1 续表 单位:万人

年 份	全 市	市 区	#江 都	宝 应	仪 征	高 邮
1984	416.56	196.67	103.91	85.99	53.35	80.55
1985	417.95	197.68	103.98	86.00	53.78	80.49
1986	420.56	198.97	104.22	86.41	54.48	80.70
1987	424.46	200.89	105.04	87.12	55.24	81.21
1988	428.60	202.91	105.83	87.93	55.99	81.77
1989	433.16	204.92	106.49	89.04	56.71	82.49
1990	436.50	206.58	107.26	89.81	57.15	82.96
1991	438.60	207.43	107.52	90.12	57.77	83.28
1992	439.91	208.06	107.11	90.62	58.06	83.17
1993	441.58	208.94	107.00	91.00	58.39	83.25
1994	442.83	210.03	106.81	91.15	58.57	83.08
1995	443.87	210.95	106.93	91.03	58.74	83.15
1996	444.87	211.94	106.94	90.66	59.09	83.18
1997	446.14	212.84	106.91	90.86	59.10	83.34
1998	446.59	213.35	106.92	90.89	59.13	83.22
1999	447.39	213.62	106.76	91.07	59.46	83.24
2000	450.62	216.12	107.56	91.56	59.55	83.39
2001	451.59	217.14	107.48	91.88	59.55	83.02
2002	452.22	217.98	107.22	91.73	59.35	83.16
2003	453.61	219.20	106.69	91.99	59.36	83.06
2004	454.29	220.31	106.46	91.99	59.28	82.71
2005	456.31	222.18	106.53	92.10	59.32	82.71
2006	458.64	223.66	106.85	92.54	59.71	82.73
2007	459.25	224.96	106.90	91.86	59.71	82.72
2008	459.79	228.63	106.84	91.97	56.80	82.40
2009	458.79	225.35	106.59	91.61	59.82	82.01
2010	459.12	229.14	106.65	91.38	56.52	82.08
2011	460.05	229.94	106.86	91.42	56.62	82.06
2012	458.42	230.13	106.88	90.31	56.24	81.74
2013	459.84	230.88	106.93	90.72	56.42	81.82
2014	461.34	231.84	106.90	91.13	56.56	81.81
2015	461.12	231.92	106.26	91.16	56.45	81.58
2016	461.67	232.47	105.94	91.25	56.47	81.48
2017	459.98	233.01	105.21	89.49	56.30	81.18
2018	458.83	233.22	104.47	88.76	56.03	80.82
2019	457.14	233.18	103.74	87.97	55.72	80.27

3－2　主要年份分地区女性人口

单位:万人

年份	全市	市区	#江都	宝应	仪征	高邮
1949	133.57	65.43	37.21	27.23	15.17	25.74
1950	135.55	66.25	38.14	27.64	15.46	26.20
1951	141.77	70.96	39.16	28.34	15.62	26.85
1952	143.18	70.72	40.05	29.51	15.95	27.00
1953	149.10	73.83	42.41	30.53	16.67	28.07
1954	147.59	72.02	41.37	30.38	16.84	28.35
1955	152.06	73.56	41.79	31.34	17.41	29.75
1956	157.36	75.88	43.07	32.80	17.81	30.87
1957	158.85	76.90	44.13	33.49	18.25	30.21
1958	160.58	76.13	42.66	34.06	18.55	31.84
1959	158.74	74.38	41.17	33.87	18.53	31.96
1960	150.95	72.74	38.91	30.84	17.62	29.75
1961	149.98	73.08	39.05	29.99	17.25	29.66
1962	151.62	74.03	39.63	30.61	17.39	29.59
1963	151.37	74.46	39.60	30.60	17.70	28.61
1964	148.84	72.70	38.01	30.39	17.72	28.03
1965	153.85	74.86	39.21	31.39	18.41	29.19
1966	158.60	76.96	40.46	32.34	19.05	30.25
1967	163.69	79.25	41.81	33.19	19.83	31.42
1968	169.01	81.27	43.11	34.66	20.54	32.54
1969	174.04	82.95	44.41	36.17	21.26	33.66
1970	179.48	85.08	45.80	37.49	21.76	35.15
1971	182.76	86.67	46.73	38.23	22.13	35.73
1972	185.59	87.78	47.40	38.79	22.50	36.52
1973	188.13	88.88	48.00	39.21	22.87	37.17
1974	190.28	89.82	48.59	39.65	23.12	37.69
1975	192.38	90.78	49.18	40.08	23.38	38.14
1976	191.43	88.90	46.79	40.49	23.57	38.47
1977	196.34	92.73	50.16	40.91	23.81	38.89
1978	198.63	93.91	50.75	41.43	24.10	39.19
1979	200.11	94.80	50.67	41.69	24.28	39.34
1980	202.02	95.69	51.28	42.01	24.81	39.51
1981	202.63	96.02	51.22	42.17	25.04	39.40
1982	204.08	96.77	51.70	42.36	25.43	39.52
1983	204.91	97.26	51.82	42.40	25.64	39.61

3－2　续表　　　　　　　　　　　　　　　　　　　　　　　　　　　　　　　单位:万人

年 份	全 市	市 区	#江 都	宝 应	仪 征	高 邮
1984	205.54	97.53	51.86	42.45	25.84	39.72
1985	206.06	97.90	51.83	42.48	26.00	39.68
1986	207.10	98.41	51.96	42.64	26.33	39.72
1987	208.84	99.25	52.29	42.97	26.64	39.98
1988	210.78	100.15	52.69	43.39	27.12	40.12
1989	212.72	100.89	52.79	43.88	27.40	40.55
1990	214.56	101.83	53.24	44.24	27.61	40.88
1991	215.40	102.10	53.29	44.31	27.92	41.07
1992	216.01	102.32	52.94	44.52	28.05	41.12
1993	216.28	102.50	52.75	44.62	28.15	41.01
1994	197.27	83.22	52.68	44.77	28.27	41.01
1995	218.30	103.78	52.70	45.02	28.42	41.08
1996	219.21	104.44	52.82	44.89	28.63	41.25
1997	219.62	105.03	52.90	44.60	28.60	41.39
1998	220.09	105.43	52.93	44.68	28.61	41.37
1999	220.48	105.72	52.83	44.72	28.84	41.20
2000	222.45	106.83	53.14	45.11	28.94	41.57
2001	222.95	107.40	53.12	45.28	29.01	41.26
2002	223.77	108.25	53.14	45.20	28.89	41.42
2003	224.61	108.85	52.83	45.38	28.99	41.39
2004	224.97	109.43	52.73	45.45	28.96	41.13
2005	225.95	110.37	52.75	45.52	29.03	41.03
2006	227.52	111.24	53.02	45.69	29.28	41.31
2007	228.38	112.20	53.14	45.46	29.35	41.37
2008	228.79	114.11	53.11	45.51	27.92	41.26
2009	228.53	112.58	53.04	45.34	29.51	41.10
2010	228.91	114.68	53.15	45.20	27.89	41.15
2011	229.60	115.26	53.31	45.20	27.98	41.16
2012	228.40	115.47	53.36	44.44	27.78	40.71
2013	229.56	115.96	53.43	44.66	27.93	41.02
2014	230.53	116.58	53.45	44.88	28.04	41.04
2015	230.67	116.76	53.17	44.93	28.02	40.96
2016	231.12	117.15	53.05	44.99	28.07	40.92
2017	230.49	117.55	52.71	44.12	28.04	40.78
2018	230.13	117.82	52.39	43.76	27.93	40.62
2019	229.41	117.88	52.04	43.38	27.80	40.35

3－3　主要年份人口出生率

单位:‰

年份	全市	市区	#江都	宝应	仪征	高邮
1954	41.45	41.08	50.43	40.00	40.81	34.79
1955	33.31	30.77	33.69	32.62	33.24	33.55
1956	36.81	33.46	36.13	38.75	41.19	37.00
1957	36.27	34.28	35.41	40.33	34.39	36.73
1958	23.86	23.87	23.48	27.01	23.74	20.92
1959	22.58	21.82	23.42	26.76	19.07	20.12
1960	13.86	18.35	16.43	10.01	12.55	12.80
1961	12.84	14.57	12.00	12.35	11.69	13.16
1962	28.55	25.49	24.15	36.63	30.88	25.18
1963	34.28	35.09	30.90	36.50	41.20	28.70
1964	39.36	34.48	39.00	38.60	39.20	43.80
1965	41.39	33.96	41.90	44.10	40.20	45.20
1966	38.45	31.51	39.98	42.23	40.64	39.30
1967	38.42	30.06	40.19	41.36	38.70	41.49
1968	38.89	32.14	39.20	46.48	37.91	39.63
1969	37.10	31.13	38.35	42.11	37.22	38.01
1970	31.65	28.02	32.20	37.50	29.60	32.60
1971	27.02	23.41	27.24	29.28	25.06	29.86
1972	24.25	17.73	23.86	26.26	24.46	28.85
1973	20.11	16.19	21.10	20.73	19.92	21.91
1974	18.52	15.84	19.83	20.00	18.63	18.17
1975	18.34	16.93	19.75	19.60	17.54	17.24
1976	17.33	16.28	18.81	18.84	15.30	15.95
1977	17.42	15.61	17.91	19.18	16.47	16.74
1978	17.42	14.94	17.01	20.11	18.13	15.65
1979	16.31	14.93	16.67	18.34	17.59	14.45
1980	14.04	13.66	15.41	13.08	16.26	12.33
1981	13.78	14.97	14.35	13.26	15.03	10.75
1982	13.18	14.51	13.20	12.44	16.25	10.38
1983	10.05	11.30	9.50	10.19	11.11	8.49
1984	9.07	9.39	8.32	8.13	10.43	8.54
1985	9.48	9.99	8.52	8.42	10.92	8.74
1986	11.87	11.90	10.77	11.26	12.54	11.32

单位:‰

年　份	全　市	市　区	#江　都	宝　应	仪　征	高　邮
1987	13.85	13.48	13.65	13.99	14.29	13.36
1988	13.16	13.55	12.94	13.70	13.39	12.11
1989	15.23	14.54	14.55	16.06	16.17	14.44
1990	14.93	13.76	15.24	16.25	15.56	14.48
1991	12.75	11.23	11.99	14.63	14.27	13.01
1992	11.18	10.30	10.40	11.83	12.31	11.30
1993	10.47	9.84	9.66	11.04	12.81	9.87
1994	9.72	9.85	9.29	9.90	11.35	9.31
1995	9.84	9.96	10.10	9.54	10.01	10.40
1996	9.22	10.10	9.65	8.30	10.55	9.13
1997	9.23	9.90	9.14	9.77	8.52	8.84
1998	9.05	9.51	9.24	8.91	10.41	8.37
1999	8.47	8.81	8.53	8.52	9.19	8.20
2000	9.63	10.09	10.06	11.38	9.39	8.14
2001	7.86	8.03	8.42	8.15	7.93	7.03
2002	8.36	8.29	8.73	8.08	7.45	9.47
2003	7.53	8.85	9.09	3.88	6.49	8.84
2004	8.93	9.17	9.71	9.73	7.51	8.43
2005	10.19	9.77	9.66	11.02	10.94	9.77
2006	6.92	6.84	6.86	7.09	6.78	7.08
2007	8.07	7.69	7.29	8.77	7.90	8.45
2008	7.58	7.63	6.54	8.01	7.17	7.28
2009	7.18	7.49	7.02	8.25	7.26	5.08
2010	7.72	8.05	7.52	9.09	7.23	5.79
2011	7.87	8.28	7.14	8.78	8.10	6.31
2012	8.79	8.86	7.96	9.26	8.96	7.97
2013	8.74	8.76	7.59	9.64	9.43	7.22
2014	8.91	8.89	7.66	9.43	9.75	7.75
2015	8.95	8.85	7.60	9.31	9.11	8.71
2016	8.66	8.62	7.42	8.72	9.38	8.24
2017	9.87	12.16	7.73	10.02	10.19	9.96
2018	8.13	7.92	6.14	8.55	8.21	8.21
2019	6.45	6.51	5.15	6.44	6.67	6.12

3－4　主要年份人口死亡率

单位:‰

年 份	全 市	市 区	#江 都	宝 应	仪 征	高 邮
1954	16.94	16.55	21.70	17.56	13.26	14.06
1955	15.13	13.88	16.45	15.17	11.04	15.56
1956	13.59	12.56	14.96	13.77	13.67	12.84
1957	13.42	12.58	14.67	13.76	7.19	14.91
1958	12.84	11.92	13.91	14.39	8.39	13.48
1959	21.32	23.49	27.61	16.07	21.96	19.53
1960	40.06	28.84	36.95	53.38	35.27	40.99
1961	19.98	19.47	22.87	17.61	20.53	20.20
1962	13.06	12.37	12.89	15.52	9.19	13.57
1963	10.77	10.02	10.40	13.60	8.30	11.20
1964	10.52	9.58	10.40	12.30	8.30	10.10
1965	10.00	8.68	9.50	12.40	7.10	9.90
1966	7.67	7.22	7.29	9.62	6.05	7.09
1967	8.13	7.11	7.77	10.24	6.15	7.82
1968	8.99	7.72	8.90	9.27	7.08	8.91
1969	6.54	6.80	6.18	7.98	5.28	5.94
1970	6.54	6.97	6.60	7.60	5.90	5.60
1971	7.12	6.95	7.09	8.70	5.87	6.36
1972	6.88	6.71	6.58	8.47	6.04	6.58
1973	6.46	6.18	6.30	7.47	5.80	5.96
1974	6.51	6.49	6.37	7.49	5.96	6.04
1975	6.34	6.49	6.39	7.28	5.73	5.79
1976	6.33	6.64	6.46	7.04	5.59	5.80
1977	6.33	6.48	6.04	7.17	5.69	5.92
1978	6.07	6.26	5.93	6.91	5.40	5.74
1979	5.86	5.71	5.64	6.90	5.24	5.48
1980	6.75	6.41	6.68	7.09	6.95	6.27
1981	6.19	6.10	6.14	6.52	5.71	6.11
1982	5.67	5.72	5.69	6.05	5.32	5.42
1983	6.00	5.94	6.02	6.54	5.45	5.93
1984	6.13	5.93	6.09	6.34	5.51	6.00
1985	6.22	5.98	6.19	6.66	5.53	6.21
1986	6.24	6.02	6.33	6.31	5.85	6.27

3-4 续表 单位:‰

年 份	全 市	市 区	#江 都	宝 应	仪 征	高 邮
1987	6.20	5.86	6.31	6.36	6.13	6.03
1988	6.74	6.42	6.67	7.06	6.36	6.93
1989	6.13	5.64	6.15	6.44	5.81	6.21
1990	6.71	6.09	6.69	6.90	6.20	7.12
1991	6.45	6.06	6.51	6.72	5.72	6.71
1992	6.86	6.49	7.17	7.34	6.06	7.05
1993	6.51	6.02	6.61	6.81	6.12	6.57
1994	6.73	6.22	7.08	7.20	6.07	6.84
1995	6.82	6.18	7.17	7.08	5.89	7.43
1996	6.95	6.29	7.34	7.20	6.77	7.39
1997	6.66	6.00	6.96	6.87	5.93	6.90
1998	7.14	6.85	7.39	7.04	6.84	7.43
1999	6.44	6.06	7.12	6.58	4.99	6.68
2000	7.56	6.89	7.53	7.79	8.22	7.40
2001	6.43	6.79	7.39	6.40	5.08	6.47
2002	6.23	6.81	7.48	5.24	4.92	6.73
2003	6.40	7.54	8.08	4.10	4.55	7.26
2004	8.43	7.49	8.41	10.96	8.78	7.84
2005	6.39	7.10	7.69	4.46	3.67	8.50
2006	5.55	6.37	6.64	4.05	3.55	6.39
2007	8.92	6.76	7.30	13.82	9.82	8.70
2008	6.39	7.02	7.61	5.37	4.42	7.12
2009	8.86	7.97	9.00	10.34	10.49	8.53
2010	9.35	8.08	9.77	12.97	9.37	8.36
2011	7.62	6.83	7.55	8.72	7.44	8.22
2012	10.15	8.76	10.07	13.20	11.50	9.72
2013	7.07	7.47	8.29	5.48	7.36	7.50
2014	6.65	6.98	7.74	4.13	7.96	7.55
2015	7.15	7.66	8.52	4.64	7.69	8.15
2016	6.74	7.36	8.41	4.32	6.80	7.62
2017	11.48	10.81	10.12	22.33	8.76	9.38
2018	8.27	7.91	8.79	9.53	7.67	8.37
2019	7.35	7.10	8.00	7.75	7.03	7.84

3－5 主要年份人口自然增长率

单位:‰

年 份	全 市	市 区	#江 都	宝 应	仪 征	高 邮
1954	24.28	24.54	28.73	22.44	27.55	19.73
1955	18.38	16.89	17.24	17.45	22.2	18.99
1956	23.22	20.90	21.17	24.98	27.52	24.16
1957	22.84	21.70	20.74	26.57	27.2	21.82
1958	11.02	11.95	9.57	12.62	15.35	7.44
1959	1.26	－1.67	－4.19	10.69	－2.89	0.59
1960	－26.21	－10.48	－20.52	－43.37	－22.72	－28.19
1961	－7.14	－4.90	－10.87	－5.26	－8.84	－7.04
1962	15.49	13.11	11.26	21.11	21.69	11.61
1963	23.51	25.07	20.5	22.9	32.9	17.5
1964	28.84	24.90	28.6	26.3	30.9	33.7
1965	31.39	25.28	32.4	31.7	33.1	35.3
1966	30.78	24.28	32.69	32.61	34.59	32.21
1967	30.29	22.95	32.42	31.12	32.55	33.67
1968	29.9	24.43	30.3	37.21	30.83	30.72
1969	30.56	24.34	32.17	34.13	31.94	32.07
1970	25.1	21.05	25.6	29.9	23.7	27
1971	19.9	16.46	20.15	20.58	19.19	23.5
1972	17.37	11.03	17.28	17.79	18.42	22.27
1973	13.65	10.02	14.8	13.26	14.12	15.95
1974	12.01	9.36	13.46	12.51	12.67	12.13
1975	12	10.44	13.36	12.32	11.81	11.45
1976	11	9.63	12.35	11.8	9.71	10.15
1977	11.09	9.14	11.87	12.01	10.78	10.82
1978	11.36	8.67	11.08	13.2	12.73	9.91
1979	10.45	9.22	11.03	11.44	12.35	8.97
1980	7.29	7.25	8.73	5.99	9.31	6.06
1981	7.59	8.87	8.21	6.74	9.32	4.64
1982	7.51	8.79	7.51	6.39	10.93	4.96
1983	4.05	5.36	3.48	3.65	5.66	2.56
1984	2.94	3.46	2.23	1.79	4.92	2.54
1985	3.27	4.00	2.33	1.76	5.39	2.53
1986	5.62	5.88	4.44	4.95	6.69	5.05

3－5　续表　　单位:‰

年　份	全　市	市　区	#江　都	宝　应	仪　征	高　邮
1987	7.66	7.63	7.34	7.63	8.16	7.33
1988	6.42	7.13	6.27	6.64	7.03	5.18
1989	9.1	8.90	8.4	9.62	10.36	8.23
1990	8.22	7.67	8.55	9.35	9.36	7.36
1991	6.3	5.18	5.48	7.91	8.55	6.3
1992	4.32	3.81	3.23	4.49	6.25	4.25
1993	3.95	3.82	3.05	4.23	6.69	3.3
1994	2.99	3.63	2.21	2.7	5.28	2.47
1995	3.02	3.78	2.93	2.46	4.12	2.97
1996	2.27	3.81	2.31	1.1	3.78	1.74
1997	2.57	3.91	2.18	2.9	2.59	1.94
1998	1.91	2.66	1.85	1.87	3.57	0.94
1999	2.03	2.75	1.41	1.94	4.2	1.52
2000	2.07	3.20	2.53	3.59	1.18	0.73
2001	1.43	1.25	1.04	1.75	2.84	0.55
2002	2.13	1.48	1.25	2.84	2.53	2.74
2003	1.13	1.31	1.01	－0.23	1.94	1.59
2004	0.5	1.68	1.3	－1.23	－1.27	0.59
2005	3.81	2.66	1.97	6.56	7.27	1.27
2006	1.37	0.47	0.21	3.03	3.23	0.69
2007	－0.85	0.93	－0.01	－5.05	－1.92	－0.25
2008	1.19	0.61	－1.08	2.64	2.74	0.16
2009	－1.68	－0.49	－1.98	－2.09	－3.23	－3.45
2010	－1.63	－0.04	－2.25	－3.89	－2.14	－2.56
2011	0.25	1.45	－0.41	0.07	0.66	－1.91
2012	－1.36	0.1	－2.11	－3.93	－2.54	－1.75
2013	1.67	1.29	－0.69	4.16	2.06	－0.28
2014	2.26	1.91	－0.08	5.3	1.8	0.2
2015	1.8	1.19	－0.92	4.67	1.42	0.56
2016	1.92	1.26	－0.99	4.4	2.58	0.62
2017	－1.61	1.35	－2.39	－12.31	1.43	0.58
2018	－0.14	0.01	－2.65	－0.98	0.54	－0.16
2019	－0.9	－0.59	－2.85	－1.31	－0.36	－1.72

3－6　分地区人口数及构成

（2019 年）　　　　单位：人

地　区	总人口			性别比
	合计	男	女	
全　市	**4571431**	**2277341**	**2294090**	**99.27**
市　区	2331929	1153125	1178804	97.82
广陵	492771	242470	250301	96.87
邗江	801718	393664	408054	96.47
江都	1037440	516991	520449	99.34
宝　应	879668	445888	433780	102.79
仪　征	557163	279171	277992	100.42
高　邮	802671	399157	403514	98.92

3－7　分地区人口自然变动

（2019）　　　　单位：人

地　区	出　生		死　亡		自然增长	
	人　数	‰	人　数	‰	人　数	‰
全　市	**29467**	**6.45**	**33595**	**7.35**	**－4128**	**－0.90**
市　区	15173	6.51	16565	7.10	－1392	－0.59
广陵	3219	6.53	3717	7.54	－498	－1.01
邗江	6610	8.24	4546	5.67	2064	2.57
江都	5344	5.15	8302	8.00	－2958	－2.85
宝　应	5666	6.44	6819	7.75	－1153	－1.31
仪　征	3714	6.67	3918	7.03	－204	－0.36
高　邮	4914	6.12	6293	7.84	－1379	－1.72

3－8　分地区户数、平均人口及人口密度

（2019 年）

地　区	户　数（户）	平均每户人　数（人）	年平均人　口（人）	人口密度（人/平方公里）
全　市	**1477241**	**3.09**	**4579886**	**693.59**
市　区	775344	3.01	2332137	1011.24
广陵	170403	2.89	493392	1470.96
邗江	261195	3.07	797659	1250.73
江都	343746	3.02	1041086	780.03
宝　应	267698	3.29	883609	601.69
仪　征	182919	3.05	558711	617.70
高　邮	251280	3.19	805430	417.62

3－9　主要年份从业人员

（2019）　　单位:万人

年　份	农　村 劳动力	在岗职工 人　数	国　有	集　体	其它所有制
1978	142.37	37.72	19.09	18.63	
1979	138.17	36.92	20.83	16.09	
1980	139.43	40.04	23.02	17.02	
1981	141.08	42.49	24.89	17.60	
1982	147.82	44.96	27.25	17.71	
1983	151.51	46.12	28.26	17.86	
1984	158.78	48.55	27.47	21.02	0.06
1985	166.74	51.39	29.31	22.02	0.06
1986	169.18	54.16	30.95	23.14	0.07
1987	171.22	55.93	31.84	23.67	0.42
1988	174.25	58.20	33.52	24.19	0.49
1989	176.86	57.63	32.94	24.15	0.54
1990	182.66	58.28	33.11	24.52	0.65
1991	182.05	59.65	34.03	24.75	0.87
1992	179.06	60.14	35.27	23.82	1.05
1993	179.67	60.95	37.35	21.50	2.10
1994	185.17	61.14	35.68	21.08	4.38
1995	184.14	63.00	37.00	22.00	4.00
1996	182.22	61.67	36.17	20.06	5.43
1997	182.49	60.36	36.23	18.65	5.48
1998	178.68	51.91	31.26	13.74	6.91
1999	172.27	48.28	29.27	11.99	7.03
2000	166.67	45.25	27.24	9.61	8.40
2001	162.77	41.04	24.02	7.41	9.61
2002	160.26	38.31	20.96	5.21	12.15
2003	163.16	35.65	19.76	3.99	11.90
2004	164.62	33.48	18.43	3.20	11.85
2005	165.31	34.73	18.10	2.87	13.75
2006	166.05	34.73	17.72	2.71	14.30
2007	167.27	35.73	17.79	2.58	15.36
2008	166.90	35.88	16.78	2.86	16.24
2009	169.20	37.14	16.94	2.74	17.46
2010	177.14	38.16	16.94	2.75	17.47
2011	181.05	40.68	18.95	2.89	18.84
2012	180.62	41.33	18.35	2.96	20.02
2013	180.78	84.39	16.94	2.02	65.43
2014	182.48	89.42	17.19	2.49	69.74
2015	180.65	85.18	17.05	2.40	65.73
2016	181.45	96.89	16.80	2.28	77.81
2017	181.66	92.98	15.93	2.21	74.84
2018	180.59	89.99	17.66	1.44	70.89
2019	179.51	81.00	12.89	1.96	66.15

3－10　分行业城镇非私营单位在岗职工平均人数

（2019 年）　　单位：人

项　　目	合　计	国有经济	集体经济	其他经济
总　计	**812449**	**128526**	**19525**	**664398**
农、林、牧、渔业	852	325	157	370
采矿业	6324	19	0	6305
制造业	164357	486	2402	161469
电力、热力、燃气及水生产和供应业	5927	64	114	5749
建筑业	362116	1667	1168	359281
批发和零售业	24545	1586	500	22459
交通运输、仓储和邮政业	20270	4381	1819	14070
住宿和餐饮业	8771	299	54	8418
信息传输、软件和信息技术服务业	10851	85	34	10732
金融业	13859	1955	6	11898
房地产业	11959	310	708	10941
租赁和商务服务业	22913	5268	1741	15904
科学研究、技术服务业	21904	2800	1004	18100
水利、环境和公共设施管理业	6577	4195	1070	1312
居民服务、修理和其他服务业	1883	389	176	1318
教育	50503	36663	4376	9464
卫生和社会工作	23672	17005	3051	3616
文化、体育和娱乐业	4583	1629	270	2684
公共管理、社会保障和社会组织	50583	49400	875	308

3－11 分行业城镇非私营单位在岗职工工资总额

（2019 年）　　单位：千元

项　　目	合　计	国有经济	集体经济	其他经济
总　计	**66488678**	**15116209**	**1545768**	**49826701**
农、林、牧、渔业	58230	28231	11092	18907
采矿业	668663	2530	0	666133
制造业	12073111	26839	119459	11926813
电力、热力、燃气及水生产和供应业	620792	3691	5445	611656
建筑业	25905178	73941	77530	25753707
批发和零售业	1516659	174252	29904	1312503
交通运输、仓储和邮政业	1500280	410578	133331	956371
住宿和餐饮业	448239	16433	2568	429238
信息传输、软件和信息技术服务业	974175	4739	2336	967100
金融业	1919345	232167	511	1686667
房地产业	925674	27878	34084	863712
租赁和商务服务业	1423690	239935	89519	1094236
科学研究、技术服务业	2593480	284202	73557	2235721
水利、环境和公共设施管理业	515920	371931	66419	77570
居民服务、修理和其他服务业	115753	31853	10794	73106
教育	5724957	4510781	473890	740286
卫生和社会工作	2912485	2364670	310020	237795
文化、体育和娱乐业	324354	148573	23968	151813
公共管理、社会保障和社会组织	6267693	6162985	81341	23367

3－12　分行业城镇非私营单位在岗职工平均工资

（2019 年）　　单位:元

项　　目	合　计	国有经济	集体经济	其他经济
总　计	**81837**	**117612**	**79169**	**74995**
农、林、牧、渔业	68345	86865	70650	51100
采矿业	105734	133158		105652
制造业	73457	55224	49733	73864
电力、热力、燃气及水生产和供应业	104740	57672	47763	106393
建筑业	71538	44356	66378	71681
批发和零售业	61791	109869	59808	58440
交通运输、仓储和邮政业	74015	93718	73299	67972
住宿和餐饮业	51105	54960	47556	50990
信息传输、软件和信息技术服务业	89777	55753	68706	90114
金融业	138491	118755	85167	141761
房地产业	77404	89929	48141	78943
租赁和商务服务业	62135	45546	51418	68803
科学研究、技术服务业	118402	101501	73264	123520
水利、环境和公共设施管理业	78443	88661	62074	59123
居民服务、修理和其他服务业	61473	81884	61330	55467
教育	113359	123034	108293	78221
卫生和社会工作	123035	139057	101613	65762
文化、体育和娱乐业	70773	91205	88770	56562
公共管理、社会保障和社会组织	123909	124757	92961	75867

3－13 城镇非私营单位从业人员平均工资

（2019 年） 单位：元

项目	合计	国有经济	集体经济	其他经济
总计	**81266**	**115571**	**77655**	**74767**
农、林、牧、渔业	61104	66631	70650	50704
采矿业	105734	133158		105652
制造业	73198	54169	50006	73595
电力、热力、燃气及水生产和供应业	102487	57672	46333	104102
建筑业	71755	46882	59431	71923
批发和零售业	61455	109356	59804	58157
交通运输、仓储和邮政业	73000	92313	73249	66864
住宿和餐饮业	50269	54960	47556	50128
信息传输、软件和信息技术服务业	89690	55753	68706	90024
金融业	133479	118755	85167	135779
房地产业	75145	89929	48141	76390
租赁和商务服务业	62097	45339	51413	68750
科学研究、技术服务业	117836	100389	73050	123056
水利、环境和公共设施管理业	74849	83030	60424	59136
居民服务、修理和其他服务业	61331	81260	61330	55398
教育	111379	120794	104643	77562
卫生和社会工作	121058	136714	98851	65221
文化、体育和娱乐业	70167	88468	89318	56433
公共管理、社会保障和社会组织	122275	123170	92381	69070

4

固定资产投资和建筑业

编辑:顾鸿浩　钱小军　毛媛慧

4－1　主要年份固定资产投资主要指标比上年增长情况

单位:%

年　份	投资完成额	新增固定资产	房屋竣工面积	#住宅竣工面积
1979	38.8	29.6	24.5	34.0
1980	124.1	87.9	37.6	34.3
1981	-6.7	3.4	4.3	14.4
1982	79.1	39.9	19.0	23.3
1983	54.7	23.0	12.0	8.7
1984	24.8	95.5	219.6	289.9
1985	17.1	122.5	16.1	35.5
1986	22.9	-22.0	-8.7	-17.7
1987	23.8	17.2	-27.1	-25.8
1988	1.4	43.2	-7.8	-13.7
1989	9.1	-14.2	23.5	30.2
1990	2.5	34.4	-5.7	-10.2
1991	18.6	-8.8	-0.3	12.0
1992	25.8	18.1	-26.0	-29.8
1993	76.1	48.4	141.1	88.7
1994	70.2	57.6	-36.6	-22.4
1995	10.3	64.5	7.9	11.0
1996	11.9	2.7	-12.9	-16.6
1997	4.1	-17.5	4.0	3.5
1998	10.3	26.0	5.6	4.2
1999	-10.1	25.1	-4.2	-0.8
2000	11.7	10.5	-1.4	-4.1
2001	12.4	-16.0	-0.8	-4.5
2002	25.1	13.6	0.0	-5.3
2003	37.1	27.7	1.1	4.7
2004	33.6	49.9	22.1	7.7
2005	24.2	26.4	16.2	-2.0
2006	30.1	4.7	-21.7	-28.3
2007	34.6	36.7	6.4	1.4
2008	32.3	26.5	-16.0	7.8
2009	12.0	25.4	49.4	30.1
2010	25.2	37.1	15.2	-9.8
2011	10.8	13.0	-18.6	-4.0
2012	20.9	38.1	118.8	56.6
2013	20.3	-22.0	19.8	1.6
2014	19.3	36.1	1.9	-19.9
2015	18.2	32.3	-39.3	-11.6
2016	15.3	-12.6	-19.5	16.7
2017	12.2	42.9	-17.5	-10.8
2018	11.0	2.3	-18.6	-19.2
2019	6.1	-38.6	-25.5	-33.9

注:2018年起新增固定资产统计范围由计划总投资500万元及以上调整为5000万元及以上项目。

4－2　1979－2019年各地区固定资产投资比上年增长情况

单位：%

年份	全市	市区	开发区	广陵	邗江	江都	宝应	仪征	高邮
1979	38.8	45.3			68.3	117.2	177.2	－27.3	119.0
1980	124.1	72.8			62.1	129.7	－11.6	1487.4	86.8
1981	－6.7	－6.7			－68.7	－34.7	－28.0	－24.2	－23.1
1982	79.1	36.5			115.9	84.1	123.3	195.5	101.0
1983	54.7	12.0			25.2	－5.8	45.0	116.8	－22.2
1984	24.8	－14.9			－27.2	36.5	－6.4	－30.3	40.4
1985	17.1	43.8			99.1	46.2	171.5	－26.5	120.7
1986	22.9	184.4			769.0	822.4	14.3	67.8	38.3
1987	23.8	28.4			54.9	－6.8	56.7	43.2	30.4
1988	1.4	17.8			14.1	25.1	30.7	－12.1	13.9
1989	9.1	10.9			7.1	39.3	－32.1	11.6	－53.3
1990	2.5	－5.2			－15.6	－4.5	100.4	13.1	68.9
1991	18.6	35.8			40.7	32.6	36.4	－15.9	8.4
1992	25.8	27.8			40.4	－9.9	26.9	10.7	101.5
1993	76.1	64.4			106.4	23.5	48.7	90.2	195.5
1994	70.2	49.0			15.8	87.0	41.0	209.1	21.0
1995	10.3	23.0			33.1	5.2	29.7	－4.5	－16.3
1996	11.9	32.7			－14.2	－8.3	15.9	－42.5	119.2
1997	4.1	24.6			41.3	－9.4	－2.1	－27.7	8.9
1998	10.3	5.2			－1.2	25.3	12.0	37.9	19.9
1999	－10.1	－7.8			17.7	19.8	14.4	－45.1	7.0
2000	11.7	8.8			13.8	13.4	9.9	37.6	13.4
2001	12.4	6.7		19.7	14.4	10.7	10.3	53.1	12.5
2002	25.1	22.7		71.7	21.2	20.4	15.7	45.6	20.1
2003	37.1	43.0		52.5	42.9	41.1	27.9	18.6	33.8
2004	33.6	31.2		45.4	51.0	50.5	46.5	34.9	40.1
2005	24.2	14.1		42.5	30.9	39.5	63.3	40.1	41.3
2006	30.1	31.6		30.2	23.7	24.7	38.6	20.3	27.7
2007	34.6	30.8		41.8	40.2	46.1	37.3	42.3	43.7
2008	32.3	30.3	62.7	49.0	29.8	35.5	30.3	34.7	41.6
2009	12.0	12.5	13.3	15.1	11.4	12.5	10.2	10.0	12.9
2010	25.2	26.8	27.0	26.1	26.8	26.9	26.5	16.8	26.9
2011	10.8	11.0	13.3	91.2	27.8	11.7	13.0	6.3	13.7
2012	20.9	21.1	21.2	21.1	21.0	21.0	20.8	21.0	21.2
2013	20.3	20.9	20.5	28.1	14.7	20.8	20.5	20.1	20.7
2014	19.3	19.6	19.8	19.7	19.6	19.6	19.5	19.3	19.6
2015	18.2	18.5	17.9	17.9	18.7	19.0	20.3	19.6	20.0
2016	15.3	15.4	15.6	15.3	15.4	15.5	15.1	15.2	15.4
2017	12.2	7.3	－14.0	－24.9	27.9	17.4	18.9	16.8	23.6
2018	11.0	8.4	12.1	13.1	16.7	－2.3	11.6	15.5	16.0
2019	6.1	5.4	9.5	10.3	11.6	0.2	9.5	9.1	10.0

4－3　各地区固定资产投资比上年增长情况

（2019 年）　　单位:%

地　区	总　计	项目投资	工业投资	房地产开发
全　市	**6.1**	**4.3**	**3.4**	**12.1**
开发区	9.5	5.9	4.5	21.0
广　陵	10.3	12.6	11.2	7.3
邗　江	11.6	18.2	9.5	2.9
江　都	0.2	－5.5	0.3	46.4
宝　应	9.5	9.7	7.5	7.6
仪　征	9.1	－2.2	－0.5	58.9
高　邮	10.0	17.6	9.0	－27.8

4－4　房地产开发投资完成额

（2019 年）　　　　单位：万元

项　　目	全　市	市　区	开发区	广　陵	邗　江	江　都
本年完成投资	**6961827**	**4925377**	**443259**	**1189881**	**2498161**	**794076**
一、按登记注册类型分						
内资企业	6156048	4187544	373767	1113968	2177330	522479
国有企业	51068	50301		40801		9500
集体企业						
有限责任公司	2714580	1881138	368702	277771	1189601	45064
股份有限公司	38484	38484			32931	5553
私营企业	3251850	2117555	5065	795396	954798	362296
其他企业	100066	100066				100066
港、澳、台商投资企业	657149	589323	12188	75913	294141	207081
与港澳台商合资经营企业	355239	294622	11140	225	280267	2990
港澳台商独资经营企业	293174	285965	1048	75688	5138	204091
港澳台商投资股份有限公司	8736	8736			8736	
外商投资企业	148630	148510	57304		26690	64516
中外合资经营企业	148630	148510	57304		26690	64516
二、按资质等级分						
一级	31779	31779			31779	
二级	1081130	494703	5	49283	424505	20910
三级	76378	7452	58		1274	6120
四级						
暂定	4941402	3756788	443196	707833	1852418	753341
其他	831138	634655		432765	188185	13705
三、按构成分						
建筑工程	3964131	2669948	165034	642934	1482948	379032
安装工程	468900	379963	5883	52723	300944	20413
设备工器具购置	137937	115733	3393	12603	96294	3443
其他费用	2390859	1759733	268949	481621	617975	391188
旧建筑物购置费	5157	5000				5000
土地购置费	2209819	1609248	254543	474566	511511	368628
四、按工程用途分						
住宅	5026692	3494929	375548	872773	1576044	670564
办公楼	242957	161479	11267	10609	133483	6120
商业营业用房	801458	576054	36329	122153	333357	84215
其他	890720	692915	20115	184346	455277	33177

项　　目	宝　应	仪　征	高　邮
本年完成投资	**359142**	**1179590**	**497718**
一、按登记注册类型分			
内资企业	359142	1179590	429772
国有企业			767
集体企业			
有限责任公司	151633	593725	88084
股份有限公司			
私营企业	207509	585865	340921
其他企业			
港、澳、台商投资企业			67826
与港澳台商合资经营企业			60617
港澳台商独资经营企业			7209
港澳台商投资股份有限公司			
外商投资企业			120
中外合资经营企业			120
二、按资质等级分			
一级			
二级	163854	398573	24000
三级	10	59579	9337
四级			
暂定	157868	628421	398325
其他	37410	93017	66056
三、按构成分			
建筑工程	195438	780458	318287
安装工程	13835	38396	36706
设备工器具购置	2482	3540	16182
其他费用	147387	357196	126543
旧建筑物购置费			157
土地购置费	139130	353126	108315
四、按工程用途分			
住宅	269674	886399	375690
办公楼	236	68081	13161
商业营业用房	56708	102241	66455
其他	32524	122869	42412

4－5　房地产开发企业资金和土地情况

（2019 年）　　　　单位：万元、平方米

项　　目	全　市	市　区	开发区	广　陵	邗　江	江　都
上年末结余资金	3308854	2704262	410109	551594	1619917	122642
本年资金来源小计	9337328	6796488	698791	1490781	3250041	1356875
国内贷款	1335443	1001908	87900	320375	528733	64900
银行贷款	1104063	891463	87900	297900	440763	64900
非银行金融机构贷款	231380	110445		22475	87970	
利用外资						
自筹资金	2092666	1181421	169596	458222	347810	205793
定金及预收款	3615451	2760251	263685	465602	1345004	685960
个人按揭贷款	1479658	1096985	172268	182083	673816	68818
其他到位资金	814110	755923	5342	64499	354678	331404
各项应付款合计	2554928	1981770	119907	441119	858696	562048
工程款	1319411	972587	68830	293281	553044	57432
待开发土地面积	2762361	1581766	240677	84524	1256565	
购置土地面积	2289440	879909	160189	137618	346393	235709
土地成交价款	1283897	822270	233151	179196	195856	214067
拆迁补偿费	5018	5000				5000

项　　目	宝　应	仪　征	高　邮
上年末结余资金	135106	318325	151161
本年资金来源小计	558743	1317286	664811
国内贷款	160930	80605	92000
银行贷款	82000	38600	92000
非银行金融机构贷款	78930	42005	
利用外资			
自筹资金	118938	597793	194514
定金及预收款	206554	384728	263918
个人按揭贷款	72250	198001	112422
其他到位资金	71	56159	1957
各项应付款合计	145149	223183	204826
工程款	118578	131588	96658
待开发土地面积		674015	506580
购置土地面积	474990	425752	508789
土地成交价款	165783	156900	138944
拆迁补偿费	2		16

4－6　房地产开发销售情况

（2019 年）　　单位：万元、平方米

项　　目	全　市	市　区	开发区	广　陵	邗　江	江　都
商品房销售面积	**7271816**	**5163416**	**470307**	**1007388**	**2681888**	**1003833**
住宅	6421803	4494524	389020	832394	2312410	960700
#90 平方米及以下	706735	563201	46816	68151	362424	85810
144 平方米以上	1274745	885886	60253	99762	555577	170294
#别墅、高档公寓	230739	54570	31237	4158	14468	4707
办公楼	110046	94731	17020	5450	72090	171
商业营业用房	340061	214401	21534	51670	114816	26381
其他	399906	359760	42733	117874	182572	16581
现房销售面积	**1460146**	**1335988**	**62506**	**304325**	**826914**	**142243**
住宅	1021059	928610	24168	212562	550655	141225
#90 平方米及以下	184025	165539	1171	3865	90466	70037
144 平方米以上	352319	328856	8259	7566	247065	65966
#别墅、高档公寓	31091	9336	5843		3493	
办公楼	63302	63302	5244	5250	52808	
商业营业用房	181049	155114	5187	48991	99918	1018
其他	194736	188962	27907	37522	123533	
期房销售面积	**5811670**	**3827428**	**407801**	**703063**	**1854974**	**861590**
住宅	5400744	3565914	364852	619832	1761755	819475
#90 平方米及以下	522710	397662	45645	64286	271958	15773
144 平方米以上	922426	557030	51994	92196	308512	104328
#别墅、高档公寓	199648	45234	25394	4158	10975	4707
办公楼	46744	31429	11776	200	19282	171
商业营业用房	159012	59287	16347	2679	14898	25363
其他	205170	170798	14826	80352	59039	16581
待售面积	**2391523**	**1812036**	**338577**	**361771**	**1067004**	**44684**
住宅	741642	388714	24020	9868	330809	24017
#90 平方米及以下	62579	26205	1809	264	14675	9457
144 平方米以上	145889	69363	15672	1232	49613	2846

4－6　续表1　　（2019年）　　单位：万元、平方米

项　　目	全　市	市　区	开发区	广　陵	邗　江	江　都
#别墅、高档公寓	116567	38481	13237		25244	
办公楼	377813	377813	98624	29353	247606	2230
商业营业用房	782809	584120	81771	250463	235325	16561
其他	489259	461389	134162	72087	253264	1876
商品房销售额	**7634155**	**5876191**	**551976**	**1212369**	**3120296**	**991550**
住宅	6929140	5340008	490687	1060443	2829788	959090
#90平方米及以下	648293	526557	46100	79582	355466	45409
144平方米以上	1486534	1151116	86799	162140	691852	210325
#别墅、高档公寓	246876	79238	43497	7587	21124	7030
办公楼	99777	90301	17866	5703	66588	144
商业营业用房	433273	282918	30051	80680	145925	26262
其他	171965	162964	13372	65543	77995	6054
现房销售额	**1253080**	**1172696**	**50977**	**342840**	**655721**	**123158**
住宅	847450	789339	28819	222375	415456	122689
#90平方米及以下	105671	98102	1101	4340	62973	29688
144平方米以上	273546	248598	12314	6841	138887	90556
#别墅、高档公寓	40204	16079	10402		5677	
办公楼	59117	59117	5767	5506	47844	
商业营业用房	238179	218132	8869	76055	132739	469
其他	108334	106108	7522	38904	59682	
期房销售额	**6381075**	**4703495**	**500999**	**869529**	**2464575**	**868392**
住宅	6081690	4550669	461868	838068	2414332	836401
#90平方米及以下	542622	428455	44999	75242	292493	15721
144平方米以上	1212988	902518	74485	155299	552965	119769
#别墅、高档公寓	206672	63159	33095	7587	15447	7030
办公楼	40660	31184	12099	197	18744	144
商业营业用房	195094	64786	21182	4625	13186	25793
其他	63631	56856	5850	26639	18313	6054

4－6　续表2　　（2019年）　　单位:万元、平方米

项　　目	宝　应	仪　征	高　邮
商品房销售面积	**349422**	**1002955**	**756023**
住宅	317583	930212	679484
#90平方米及以下	22894	100172	20468
144平方米以上	19668	217954	151237
#别墅、高档公寓	255	158944	16970
办公楼		15315	
商业营业用房	27653	25866	72141
其他	4186	31562	4398
现房销售面积	**12725**	**17556**	**93877**
住宅	10475	12842	69132
#90平方米及以下	8714		9772
144平方米以上	255	12842	10366
#别墅、高档公寓	255	11742	9758
办公楼			
商业营业用房	874	4714	20347
其他	1376		4398
期房销售面积	**336697**	**985399**	**662146**
住宅	307108	917370	610352
#90平方米及以下	14180	100172	10696
144平方米以上	19413	205112	140871
#别墅、高档公寓		147202	7212
办公楼		15315	
商业营业用房	26779	21152	51794
其他	2810	31562	
待售面积	**80524**	**117409**	**381554**
住宅	28392	48016	276520
#90平方米及以下	11993		24381
144平方米以上	6159	38073	32294

4－6 续表3 （2019年） 单位：万元、平方米

项　　目	宝　应	仪　征	高　邮
#别墅、高档公寓	6159	38073	33854
办公楼			
商业营业用房	50405	69393	78891
其他	1727		26143
商品房销售额	**289906**	**916756**	**551302**
住宅	245938	862436	480758
#90平方米及以下	14473	94147	13116
144平方米以上	17609	205391	112418
#别墅、高档公寓	404	151464	15770
办公楼		9476	
商业营业用房	42611	39220	68524
其他	1357	5624	2020
现房销售额	**4299**	**19332**	**56753**
住宅	3445	14968	39698
#90平方米及以下	2387		5182
144平方米以上	404	14968	9576
#别墅、高档公寓	404	14341	9380
办公楼			
商业营业用房	648	4364	15035
其他	206		2020
期房销售额	**285607**	**897424**	**494549**
住宅	242493	847468	441060
#90平方米及以下	12086	94147	7934
144平方米以上	17205	190423	102842
#别墅、高档公寓		137123	6390
办公楼		9476	
商业营业用房	41963	34856	53489
其他	1151	5624	

4－7　房地产开发施工、竣工情况

（2019 年）　　　　单位：平方米

项　　目	全　市	市　区	开发区	广　陵	邗　江	江　都
房屋施工面积	**33003113**	**20497364**	**2135435**	**4915568**	**9708377**	**3737984**
住宅	23485934	14280157	1617382	3293494	6679114	2690167
#90 平方米及以下	3119373	2401444	175377	628156	1441693	156218
144 平方米以上	3958088	2132975	276162	247063	1136639	473111
#别墅、高档公寓	1372905	490906	106396	9081	327844	47585
办公楼	1352093	874611	107720	250780	498028	18083
商业营业用房	3556400	1864481	130042	287081	807531	639827
其他	4608686	3478115	280291	1084213	1723704	389907
房屋新开工面积	**11268482**	**6544115**	**912344**	**1550831**	**2578710**	**1502230**
住宅	7792257	4456233	687850	1057557	1770857	939969
#90 平方米及以下	567870	432482	15487	166258	244648	6089
144 平方米以上	1067459	601712	130465	108032	297280	65935
#别墅、高档公寓	370899	194108	51244	5017	90262	47585
办公楼	434084	262427	59406	36503	149084	17434
商业营业用房	1116486	594998	20531	81757	312178	180532
其他	1925655	1230457	144557	375014	346591	364295
房屋竣工面积	**3755346**	**2751939**	**618969**	**552126**	**1568741**	**12103**
住宅	2640507	1782072	425664	373812	970493	12103
#90 平方米及以下	339977	303924	109080	57691	137153	
144 平方米以上	328538	123471	23500	20819	79152	
#别墅、高档公寓	114293	48564	23500		25064	
办公楼	158198	146437	40771		105666	
商业营业用房	482263	395994	55697	42468	297829	
其他	474378	427436	96837	135846	194753	

项　目	宝　应	仪　征	高　邮
房屋施工面积	**2737146**	**4717433**	**5051170**
住宅	2021383	3377748	3806646
#90平方米及以下	122362	459287	136280
144平方米以上	173696	1051177	600240
#别墅、高档公寓	65516	763512	52971
办公楼	387	391786	85309
商业营业用房	445874	553979	692066
其他	269502	393920	467149
房屋新开工面积	**1137993**	**1850880**	**1735494**
住宅	746453	1134401	1455170
#90平方米及以下	31407	88105	15876
144平方米以上	65600	334690	65457
#别墅、高档公寓		173411	3380
办公楼		171657	
商业营业用房	147539	263148	110801
其他	244001	281674	169523
房屋竣工面积	**83870**	**141951**	**777586**
住宅	77674	86125	694636
#90平方米及以下	17248		18805
144平方米以上		56749	148318
#别墅、高档公寓		56749	8980
办公楼			11761
商业营业用房	3444	55826	26999
其他	2752		44190

4－8　房地产开发企业财务情况

（2019年）　　　　　　　　　　　　单位：万元

项　　目	全　市	市　区	开发区	广　陵	邗　江	江　都
企业个数	372	250	38	42	138	32
一、期末资产负债						
流动资产合计	25970231	20433217	2290086	4124706	11070202	2948223
#应收账款	1776364	1483772	69647	267420	819346	327360
固定资产原价	547492	455739	36874	6432	345887	66546
累计折旧	151775	124974	12181	3050	99233	10510
#本年折旧	33315	24891	1905	484	16387	6115
在建工程	960877	909138		192547	713527	3064
资产总计	30550240	24414124	2520010	4512650	14296164	3085299
流动负债合计	18431327	14135387	1458600	2654394	7670710	2351682
负债合计	23399795	18413241	1798798	3383077	10541613	2689754
所有者权益合计	7150444	6000883	721212	1129574	3754551	395546
二、损益及分配						
营业收入	6182100	4525687	393810	805229	2586167	740482
主营业务收入	6088378	4432739	392526	800374	2502504	737336
土地转让收入	71138	71138			71138	
商品房销售收入	5838674	4194753	375718	798409	2291794	728832
自持物业收入	22509	19138	11922	757	5668	791
房屋出租收入	10377	7637	1922	757	4167	791
其他主营业务收入	156056	147711	4886	1208	133905	7712
营业成本	4789560	3524714	268695	685747	1934002	636270
主营业务成本	4647297	3403644	262026	654196	1851289	636132
营业税金及附加	277394	210299	13950	21810	134931	39608
其他业务利润	6002	1914	829	－568	1569	84
销售费用	207919	154729	37280	15793	81181	20476
管理费用	206248	132047	13248	11533	85762	21504
研发费用	3	2		2		
财务费用	42699	35969	5233	4395	23853	2489
投资收益	47521	47599	22023	9028	16467	81
营业利润	767509	563665	84727	64778	382987	31173
营业外收入	14241	9228	1504	1394	6139	191
营业外支出	18588	14014	981	3045	4222	5766
利润总额	766022	561859	85250	73098	383536	19975
应交所得税	180740	150461	17579	18341	94612	19929
三、人工成本及增值税						
应付职工薪酬	104275	75038	8974	11373	46412	8278
应交增值税	224903	172117	21563	30760	87603	32191

4－8　续表　（2019 年）　单位:万元

项　　目	宝　应	仪　征	高　邮
企业个数	30	36	56
一、期末资产负债			
流动资产合计	1363703	2076503	2096808
#应收账款	11186	35574	245832
固定资产原价	47406	10010	34336
累计折旧	9156	5208	12437
#本年折旧	4997	1227	2201
在建工程	47	40112	11580
资产总计	1446624	2443339	2246154
流动负债合计	1085589	1737582	1472769
负债合计	1234680	2024451	1727424
所有者权益合计	211944	418887	518730
二、损益及分配			
营业收入	507028	486345	663041
主营业务收入	506850	485952	662837
土地转让收入			
商品房销售收入	504273	482337	657311
自持物业收入	1383	1989	
房屋出租收入	987	1752	
其他主营业务收入	1194	1626	5526
营业成本	390109	338794	535943
主营业务成本	389984	334185	519484
营业税金及附加	11160	27689	28246
其他业务利润	556	1081	2451
销售费用	11269	22598	19323
管理费用	13710	22072	38418
研发费用			1
财务费用	1766	4262	702
投资收益	－951	56	817
营业利润	78140	78237	47468
营业外收入	3894	871	248
营业外支出	645	2209	1719
利润总额	81388	76778	45997
应交所得税	9982	11615	8682
三、人工成本及增值税			
应付职工薪酬	8177	8794	12266
应交增值税	7368	11114	34305

4－9　分地区建筑业生产经营情况

（2019 年）

项　　目	全　市	市　区	开发区	广　陵	邗　江	江　都
企业个数(个)	644	366	35	64	148	119
一、建筑业合同情况(万元)						
签订合同额	57944687	32208134	892859	10503475	6348753	14463047
上年结转合同额	26063514	15777226	359726	4836470	1678252	8902778
本年新签合同额	31881173	16430908	533134	5667005	4670501	5560269
二、承包工程完成情况(万元)						
直接从建设单位承揽工程完成的产值	37440853	19893782	743742	6074597	4570633	8504810
自行完成施工产值	37431759	19886371	742982	6073493	4565426	8504471
分包出去工程的产值	9094	7411	760	1105	5207	339
从建设单位以外承揽工程完成的产值	4854224	2895404	282366	190989	415670	2006379
三、建筑业总产值(万元)	**42285982**	**22781775**	**1025348**	**6264482**	**4981096**	**10510850**
其中:装配式建筑工程产值	138072	103741	620	6393	72582	24146
装饰装修产值	2025515	1030979	23836	268812	638374	99957
在外省完成的产值	23292062	13880944	113470	4462994	1918943	7385537
建筑工程产值	39269221	20103748	1000176	6059120	4312143	8732310
安装工程产值	2735289	2598635	21502	188809	666512	1721813
其他建筑业产值	281473	79392	3670	16553	2442	56727
四、竣工产值(万元)	**36091952**	**17443924**	**810116**	**5384691**	**4368182**	**6880935**
五、房屋施工面积(万平方米)	**28178**	**13227**	**100**	**4351**	**2323**	**6453**
其中:房屋新开工面积	10519	4397	25	1335	1283	1754

4－9 续表 (2019 年)

项目	宝应	仪征	高邮
企业个数(个)	116	71	91
一、建筑业合同情况(万元)			
签订合同额	6675312	5149544	13911697
上年结转合同额	2819740	1978512	5488036
本年新签合同额	3855572	3171032	8423661
二、承包工程完成情况(万元)			
直接从建设单位承揽工程完成的产值	4853726	3297832	9395513
自行完成施工产值	4853534	3297262	9394592
分包出去工程的产值	192	570	921
从建设单位以外承揽工程完成的产值	852576	222461	883782
三、建筑业总产值(万元)	**5706110**	**3519723**	**10278375**
其中:装配式建筑工程产值		6852	27480
装饰装修产值	87282	592086	315168
在外省完成的产值	3546174	1816230	4048715
建筑工程产值	5679542	3397151	10088779
安装工程产值	7249	110449	18955
其他建筑业产值	19319	12123	170640
四、竣工产值(万元)	**6096399**	**3003383**	**9548246**
五、房屋施工面积(万平方米)	**6107**	**1897**	**6947**
其中:房屋新开工面积	2296	867	2960

4－10　分地区建筑业财务情况

（2019 年）　　　　单位：万元

项　　目	全　市	市　区	开发区	广　陵	邗　江	江　都
一、期末资产负债						
流动资产合计	16916026	9528158	818545	2632118	2739524	3337971
应收工程款	5303081	3158948	304263	907616	1006476	940593
存货	4723820	2802038	129168	894886	883442	894543
固定资产原价	2155554	1217275	64528	485091	249740	417915
固定资产累计折旧	920926	544378	19400	212823	115937	196218
固定资产本年折旧	129268	71032	2295	36994	13383	18361
在建工程	364508	168580	196	23960	49291	95132
资产合计	20242150	11411702	986838	3183085	3279400	3962380
流动负债合计	9390479	5940431	462259	1918723	1882485	1676964
应付账款	3370530	2456511	180380	1075237	883659	317235
非流动负债合计	1213918	393375	92325	201080	75137	24833
负债合计	10960657	6536695	566930	2123410	2062618	1783738
所有者权益	9281493	4875007	419908	1059674	1216782	2178642
二、损益及分配						
营业收入	29284618	16237024	1029963	4976008	4050823	6180229
主营业务收入	28935683	15996105	1025639	4766945	4034240	6169281
营业成本	26183604	14769936	880618	4505716	3718238	5665364
主营业务成本	25894211	14545303	875492	4330812	3681922	5657077
营业税金及附加	354872	170864	16509	46005	49713	58637
主营业务税金及附加	334191	159756	15771	39852	46915	57219
其他业务利润	35855	34553	1170	31702	385	1297
销售费用	132823	33925	768	13318	6629	13211
管理费用	744019	415905	33001	147079	80217	155608
研发费用	16803	6415	23	4674	982	736
财务费用	244165	127458	11308	56046	30735	29369
投资收益	9522	9383		7353	1693	338
营业利润	1654568	727567	89975	210376	166820	260396
营业外收入	15323	9423	93	4315	555	4460
营业外支出	13499	11858	463	5663	822	4910
利润总额	1656271	724333	89605	209029	166554	259145
应交所得税	379136	162886	8429	50876	41568	62013
三、人工成本及增值税						
本年应付职工薪酬	6002464	3314531	86597	1020982	929128	1277824
应交增值税	857188	435799	28932	136458	103390	167019

4－10 续表 （2019 年） 单位:万元

项目	宝应	仪征	高邮
一、期末资产负债			
流动资产合计	2007227	3082225	2298415
应收工程款	710996	604560	828577
存货	612673	387778	921331
固定资产原价	388751	210146	339383
固定资产累计折旧	147726	96427	132395
固定资产本年折旧	26503	12837	18897
在建工程	29093	66276	100559
资产合计	2308235	3559939	2962274
流动负债合计	949970	1626230	873849
应付账款	241377	386425	286218
非流动负债合计	111658	702463	6422
负债合计	1061756	2345559	1016648
所有者权益	1246480	1214381	1945626
二、损益及分配			
营业收入	3771829	2608182	6667584
主营业务收入	3753476	2601685	6584417
营业成本	3251376	2322712	5839580
主营业务成本	3250011	2320008	5778890
营业税金及附加	97562	30409	56038
主营业务税金及附加	96086	30391	47959
其他业务利润	26	703	573
销售费用	41743	3004	54151
管理费用	96281	60621	171213
研发费用		1871	8517
财务费用	46155	40366	30186
投资收益		99	40
营业利润	238713	150402	537885
营业外收入	1015	2535	2350
营业外支出	311	458	872
利润总额	239417	152478	540043
应交所得税	57494	28557	130200
三、人工成本及增值税			
本年应付职工薪酬	1128283	659298	900352
应交增值税	129496	66290	225603

4－11　分资质等级建筑业企业生产经营情况

（2019 年）

项　　　目	施工总承包	特　级	一　级	二　级	三　级
企业个数	397	11	46	121	219
一、建筑业合同情况（万元）					
签订的建筑合同额	55093943	27882644	16757967	7107806	3345525
上年结转建筑合同额	25061696	14390458	6788115	2769311	1113812
本年新签建筑合同额	30032247	13492187	9969851	4338495	2231713
二、承包工程完成情况（万元）					
直接从建设单位承揽工程完成的产值	35404169	17527473	10575569	5047021	2254106
自行完成施工产值	35396324	17527434	10570331	5046389	2252171
分包出去工程的产值	7845	39	5239	632	1935
从建设单位以外承揽工程完成的产值	3795592	830038	1105237	1143844	716474
三、建筑业总产值（万元）	**39191917**	**18357472**	**11675568**	**6190233**	**2968645**
其中：装配式建筑工程产值	126305	14736	82593	3915	25062
装饰装修产值	1183673	341379	756260	53416	32618
在外省完成的产值	21839814	12028740	6497613	2298424	1015037
建筑工程产值	37267695	17735577	10711587	5913294	2907236
安装工程产值	1656370	574454	791822	243067	47028
其他建筑业产值	267852	47441	172159	33872	14381
四、竣工产值（万元）	**34124462**	**16530225**	**9330211**	**5720240**	**2543786**
五、房屋施工面积（万平方米）	**27922**	**13696**	**7970**	**3951**	**2305**
其中：房屋新开工面积	10405	4459	3325	1572	1049

4－11　续表　　　　　　　　　　　　（2019 年）

项　　　　目	专业承包	一　级	二　级	三　级	不分等级
企业个数	247	40	69	130	8
一、建筑业合同情况（万元）					
签订的建筑合同额	2850744	1411672	958040	479696	1336
上年结转建筑合同额	1001818	585212	365154	51435	17
本年新签建筑合同额	1848927	826460	592887	428261	1319
二、承包工程完成情况（万元）					
直接从建设单位承揽工程完成的产值	2036683	854829	791739	388899	1216
自行完成施工产值	2035435	854704	791733	387781	1216
分包出去工程的产值	1249	125	6	1118	
从建设单位以外承揽工程完成的产值	1058631	836096	131516	90689	330
三、建筑业总产值（万元）	**3094066**	**1690801**	**923249**	**478470**	**1546**
其中：装配式建筑工程产值	11767	9481	123	2164	
装饰装修产值	841842	691655	76474	73713	
在外省完成的产值	1452248	1050939	274869	126440	
建筑工程产值	2001526	1102033	611785	286480	1229
安装工程产值	1078918	588322	308375	182222	
其他建筑业产值	13621	446	3089	9769	317
四、竣工产值（万元）	**1967490**	**964919**	**627525**	**374429**	**617**
五、房屋施工面积（万平方米）	**256**	**119**	**95**	**41**	
其中：房屋新开工面积	114	65	8	41	

4－12 分行业建筑业企业生产经营情况

（2019 年）

项目	建筑业	房屋建筑业	土木工程建筑业	建筑安装业	建筑装饰和其他建筑业
企业个数	644	300	121	112	111
一、建筑业合同情况（万元）					
签订的建筑合同额	57944687	50252270	4926361	1839243	926814
上年结转建筑合同额	26063514	23511785	1840080	524149	187500
本年新签建筑合同额	31881173	26740484	3086281	1315094	739314
二、承包工程完成情况（万元）					
直接从建设单位承揽工程完成的产值	37440853	31892580	3467576	1428233	652464
自行完成施工产值	37431759	31885184	3466928	1427312	652336
分包出去工程的产值	9094	7397	648	921	128
从建设单位以外承揽工程完成的产值	4854224	2842761	486633	1108287	416542
三、建筑业总产值（万元）	**42285982**	**34727944**	**3953562**	**2535599**	**1068878**
其中：装配式建筑工程产值	138072	125710	620	11742	
装饰装修产值	2025515	1166647	10273	10618	837978
在外省完成的产值	23292062	20162969	1085044	1610640	433410
建筑工程产值	39269221	33452213	3862573	1038737	915698
安装工程产值	2735289	1014950	88943	1490617	140779
其他建筑业产值	281473	260782	2046	6245	12400
四、竣工产值（万元）	**36091952**	**30628314**	**2822610**	**1764711**	**876317**
五、房屋施工面积（万平方米）	**28178**	**27703**	**292**	**127**	**56**
其中：房屋新开工面积	10519	10258	138	67	55

4－13　全市建筑企业总产值前50名

（2019年）

单 位 名 称	地区	位次
江苏省华建建设股份有限公司	广陵区	1
江苏江都建设集团有限公司	江都区	2
江苏邗建集团有限公司	邗江区	3
江苏弘盛建设工程集团有限公司	高邮市	4
安宜建设集团有限公司	宝应县	5
江苏省江建集团有限公司	江都区	6
江苏扬建集团有限公司	广陵区	7
江苏天宇建设集团有限公司	宝应县	8
江苏兴厦建设工程集团有限公司	高邮市	9
江苏弘发建设工程有限公司	高邮市	10
江苏瑞沃建设集团有限公司	高邮市	11
江苏华江建设集团有限公司	江都区	12
江苏润扬建设工程集团有限公司	高邮市	13
江苏东晟新诚建设集团有限公司	仪征市	14
江苏建宇建设集团有限公司	高邮市	15
江苏仪征苏中建设有限公司	仪征市	16
江苏华轩建设工程有限公司	宝应县	17
扬州一建集团有限公司	仪征市	18
江苏扬州建工建设集团有限公司	江都区	19
江苏鑫圣建设工程有限公司	江都区	20
扬州市润泽建设工程有限公司	高邮市	21
江苏新纪元公用事业建设有限公司	开发区	22
江苏清源建设有限公司	开发区	23
江苏华泰路桥建设集团有限公司	高邮市	24
仪征市交通工程处有限公司	仪征市	25

单 位 名 称	地区	位次
扬州市江都第六建设工程有限公司	江都区	26
江苏沪武建设集团有限公司	江都区	27
江苏兴业环境集团有限公司	邗江区	28
江苏江安集团有限公司	江都区	29
江苏龙腾坤鑫建设发展有限公司	江都区	30
江苏龙坤集团有限公司	江都区	31
江苏亘顺建设工程有限公司	仪征市	32
扬州市宝祥建设工程有限公司	江都区	33
江苏省水利建设工程有限公司	邗江区	34
扬州裕元建设有限公司	邗江区	35
江苏丰祥建设工程有限公司	宝应县	36
江苏协和装饰工程有限公司	邗江区	37
江苏威达建设有限公司	江都区	38
江苏伟业安装集团有限公司	邗江区	39
扬州市建设安装工程有限公司	江都区	40
江苏华宇装饰集团有限公司	邗江区	41
扬州市第五建筑安装工程有限公司	江都区	42
江苏中都建设工程有限公司	江都区	43
江苏亚鹏建设工程有限公司	宝应县	44
江苏省天地人建设集团有限公司	邗江区	45
江苏港宇建设工程有限公司	宝应县	46
江苏上方建工集团有限公司	高邮市	47
江苏邮城建设工程有限公司	高邮市	48
江苏空间新盛建设工程有限公司	江都区	49
江苏恒远建设工程有限公司	江都区	50

5

人民生活

编辑:叶进　周晶晶

5-1 历年居民家庭人均收入和支出

单位:元

年 份	城镇居民		农村居民	
	可支配收入	消费支出	可支配收入	消费支出
1985	813	725	500	432
1986	1021	893	556	504
1987	1127	958	619	568
1988	1423	1474	717	665
1989	1604	1414	805	745
1990	1750	1555	941	798
1991	2012	1790	903	841
1992	2562	2268	1012	885
1993	3294	2937	1276	993
1994	4423	3687	1660	1432
1995	5378	4636	2390	2020
1996	5535	4352	2937	2307
1997	5892	4686	3126	2590
1998	6101	4432	3257	2307
1999	6389	4663	3364	2245
2000	6734	4990	3464	2312
2001	7205	5416	3690	2396
2002	7833	5575	3926	2391
2003	8705	5910	4172	2648
2004	9851	6509	4677	3034
2005	11379	7388	5215	3710
2006	12945	8273	5813	4314
2007	15057	9696	6586	4945
2008	17398	11562	7450	5447
2009	19416	12888	8295	5930
2010	19228	12224	9173	7072
2011	22474	14301	10870	8123
2012	25306	15684	12294	9085
2013	27700	17116	13775	10140
2014	30322	18417	15284	11266
2015	32946	19780	16619	12316
2016	35659	21064	18057	13722
2017	38828	22093	19694	14766
2018	41999	23718	21457	15848
2019	45550	25696	23333	17215

注:2010 年后数据口径有调整。

5－2　居民家庭基本情况

（2019 年）

项　　目	单位	全体居民	城镇居民	农村居民
一、调查户数	户	1150	660	490
二、平均每户家庭人口	人	3.09	3.07	3.12
三、平均每户就业人口	人	1.80	1.68	2.00
四、平均每一就业人口负担人数	人	1.73	1.83	1.56
五、平均每户就业面	(%)	58.30	54.72	64.10
六、平均每人现住房建筑面积	平方米	51.80	47.1	59.5
七、人均可支配收入	元	37074	45550	23333
八、人均非收入所得	元	1265	1416	1021
#非经常性转移所得	元	1059	1217	803
九、人均借贷性所得	元	1221	1231	1206
#提取储蓄存款	元	937	1052	751
十、人均总支出	元	34872	37801	30124
#消费支出	元	22460	25696	17215
转移性支出	元	1772	2320	884
生产经营费用支出	元	1635	1048	2587
借贷性支出	元	1854	1743	2034
十一、人均通过互联网购买的商品和服务	元	262	385	63
十二、恩格尔系数	%	29.4	29.6	29.1
十三、百户接入互联网的移动电话	部	226	223.9	230.4
十四、百户接入互联网的计算机	台	70.3	81.5	52.1

5－3　居民家庭居住情况

（2019 年）　　单位:%

项　　目	全体居民	城镇居民	农村居民
一、按住宅建筑式样分	100.0	100.0	100.0
1. 单栋住宅	64.8	44.7	97.3
2. 四居室及以上单元房	1.9	3.0	0.2
3. 三居室单元房	19.8	31.4	1.0
4. 二居室单元房	12.0	19.2	0.4
5. 一居室单元房	0.8	1.2	0.0
6. 其他	0.7	0.5	1.1
二、按主要建筑材料分	100.0	100.0	100.0
1. 钢筋混凝土	37.8	47.7	21.7
2. 砖混材料	53.8	47.1	64.7
3. 砖瓦砖木	8.3	5.2	13.4
4. 其他	0.1	0.0	0.2
三、按房屋来源分	100.0	100.0	100.0
1. 租赁房	1.7	2.4	0.6
2. 自建住房	61.2	41.2	93.5
3. 购买商品房	26.4	41.8	1.4
4. 购买房改住房	3.6	5.6	0.4
5. 其他来源	7.1	9.0	4.1
四、按建筑面积分	100.0	100.0	100.0
1. 30 平方米以内	0.2	0.2	0.2
2. 30－60 平方米	2.7	3.6	1.3
3. 60－90 平方米	14.6	17.3	10.2
4. 90－120 平方米	23.9	29.4	14.9
5. 120－200 平方米	34.1	31.2	38.9
6. 200 平方米以上	24.5	18.3	34.5

5－4　居民家庭主要收支情况

（2019 年）　　　　单位:元

项　　目	全体居民	城镇居民	农村居民
可支配收入	37074	45550	23333
一、工资性收入	22152	27408	13631
1. 工资	21356	26340	13276
2. 实物福利	100	98	102
3. 其他	696	970	253
二、经营净收入	6164	6463	5680
1. 第一产业经营净收入	1383	492	2828
2. 第二产业经营净收入	1242	1223	1273
3. 第三产业经营净收入	3539	4748	1579
三、财产净收入	2964	4437	576
1. 利息净收入	404	581	118
2. 红利收入	217	301	82
3. 出租房屋财产性收入	386	571	86
四、转移净收入	5794	7242	3446
1. 转移性收入	7554	9613	4215
#养老金或离退休金	4906	7477	737
2. 转移性支出	1760	2371	769
消费支出	22460	25696	17215
一、食品烟酒	6613	7601	5012
1. 食品	4291	4851	3383
2. 烟酒	1073	1140	964
3. 饮料	136	154	108
4. 饮食服务	1113	1456	557
二、衣着	1719	2082	1131
1. 衣类	1375	1663	908

项　目	全体居民	城镇居民	农村居民
2. 鞋类	344	419	223
三、居住	4894	5671	3635
1. 租赁房房租	166	166	167
2. 住房维修及管理	711	722	694
3. 水电燃料及其他	1076	1150	957
4. 自有住房折算租金	2940	3633	1817
四、生活用品及服务	1275	1409	1058
1. 家具及室内装饰品	171	179	158
2. 家用器具	383	384	381
3. 家用纺织品	117	140	81
4. 家庭日用杂品	337	381	266
5. 个人用品	176	210	122
6. 家庭服务	90	115	50
五、交通通信	2608	2811	2279
1. 交通	1536	1687	1291
2. 通信	1072	1124	988
六、教育文化娱乐	3417	4042	2403
1. 教育	1716	1834	1525
2. 文化娱乐	1701	2208	878
七、医疗保健	1317	1375	1223
1. 医疗器具及药品	395	449	307
2. 医疗服务	922	926	916
八、其他用品和服务	617	705	474
1. 其他用品	363	410	287
2. 其他服务	254	295	187

5-5 居民家庭全年人均主要食品消费量

（2019 年）　　单位:公斤

项　　目	全体居民	城镇居民	农村居民
粮食	121.5	116.7	129.2
#谷物	107.5	102.5	115.6
豆类	11.9	11.6	12.4
油脂类	15.4	12.5	20.0
#植物油	15.2	12.4	19.8
蔬菜及菜制品	125.7	127.1	123.3
#鲜菜	111.4	112.4	109.7
肉类	30.9	32.7	28.1
#猪肉	23.4	24.2	22.2
禽类	19.2	22.3	14.2
#鸡	10.9	12.7	8.1
水产品	22.1	23.3	20.1
#鱼类	16.0	16.6	15.0
蛋类及蛋制品	11.7	12.4	10.6
#鲜蛋	10.7	11.2	9.9
奶和奶制品	18.0	20.1	14.5
#鲜奶	11.3	13.2	8.2
干鲜瓜果类	41.9	47.7	32.6
#鲜瓜果	38.1	42.8	30.4
糖果糕点类	5.5	6.1	4.5
酒	8.2	7.1	10.1

5-6 居民家庭年末平均每百户耐用消费品拥有量

（2019年）

项目	单位	全体居民	城镇居民	农村居民
家用汽车	辆	41.7	42.6	40.2
摩托车	辆	17.5	13.0	24.9
助力车	台	171.3	165.9	180.0
洗衣机	台	109.7	109.1	110.8
电冰箱(柜)	台	115.3	111.7	121.1
微波炉	台	95.7	95.9	95.3
彩色电视机	台	194.3	191.4	199.0
空调	台	213.7	233.0	182.5
热水器	台	120.2	122.6	116.4
洗碗机	台	1.4	1.8	0.8
排油烟机	台	76.7	88.3	57.9
固定电话	线	54.8	52.3	58.8
移动电话	部	270.8	265.8	278.9
#接入互联网	部	226.4	223.9	230.4
计算机	台	70.9	82.1	52.7
#接入互联网	台	70.3	81.5	52.1
照相机	台	17.9	25.5	5.7
中高档乐器	架	6.5	9.1	2.2
健身器材	台	5.8	7.4	3.3

5－7 分地区全体居民人均收入和支出

（2019 年）　　　　单位:元

项　　目	全市	广陵	邗江	江都	宝应	仪征	高邮
可支配收入	**37074**	**45639**	**47081**	**36904**	**28167**	**35189**	**31100**
一、工资性收入	22152	28374	33267	21845	16325	23539	18521
二、经营净收入	6164	5920	8022	6226	4997	6307	5709
三、财产净收入	2964	3844	1065	3120	2220	1076	2196
四、转移净收入	5794	7501	4727	5713	4625	4268	4674
消费支出	**22460**	**33895**	**32219**	**24139**	**17483**	**21114**	**20924**
一、食品烟酒	6613	9629	9474	7120	5440	6329	6048
二、衣着	1719	2191	1923	2091	1302	2044	1579
三、居住	4894	5942	3922	5478	3556	3938	4428
四、生活用品及服务	1275	1956	1634	1215	936	1570	1265
五、交通通信	2608	3772	3525	2963	2196	2281	2541
六、教育文化娱乐	3417	5574	6551	3387	2464	3605	3217
七、医疗保健	1317	2702	2897	1160	1038	884	1265
八、其他用品和服务	617	2129	2293	726	551	463	581

5－8　分地区城镇居民人均收入和支出

（2019年）　　单位:元

项　　目	全市	广陵	邗江	江都	宝应	仪征	高邮
可支配收入	**45550**	**48651**	**51265**	**46757**	**34455**	**46427**	**40203**
一、工资性收入	27408	29895	36481	28154	19806	32145	24463
二、经营净收入	6463	5961	8529	6546	4720	7877	5817
三、财产净收入	4437	4500	1134	5103	3893	1656	3794
四、转移净收入	7242	8295	5121	6954	6036	4748	6129
消费支出	**25696**	**36126**	**34550**	**27914**	**19798**	**25132**	**25145**
一、食品烟酒	7601	10399	10146	7531	6205	7545	7193
二、衣着	2082	2402	2087	2701	1524	2796	2053
三、居住	5671	6041	4311	6602	3986	4266	5457
四、生活用品及服务	1409	2234	1754	1417	1018	2086	1429
五、交通通信	2811	3686	3843	3441	2406	2514	2939
六、教育文化娱乐	4042	6092	6796	3993	2930	4236	4058
七、医疗保健	1375	2843	3096	1467	1045	1139	1329
八、其他用品和服务	705	2429	2517	762	684	550	687

5-9　分地区农村居民人均收入和支出

(2019年)　　单位:元

项　　目	全市	广陵	邗江	江都	宝应	仪征	高邮
可支配收入	**23333**	**31531**	**26114**	**25070**	**21929**	**22459**	**21941**
一、工资性收入	13631	21247	17166	14268	12872	13789	12543
二、经营净收入	5680	5730	5485	5841	5272	4528	5601
三、财产净收入	576	772	710	739	561	418	587
四、转移净收入	3446	3782	2753	4222	3224	3724	3210
消费支出	**17215**	**23441**	**20540**	**19604**	**15187**	**16562**	**16678**
一、食品烟酒	5012	6020	6113	6626	4682	4952	4896
二、衣着	1131	1202	1320	1358	1081	1192	1103
三、居住	3635	5480	2537	4128	3130	3566	3393
四、生活用品及服务	1058	654	1037	972	854	985	1100
五、交通通信	2279	4174	2109	2388	1988	2017	2140
六、教育文化娱乐	2403	3147	4247	2659	2001	2890	2370
七、医疗保健	1223	2040	2000	791	1033	595	1201
八、其他用品和服务	474	724	1177	682	418	364	475

6

居民消费价格指数

编辑:季杰

6－1　历年居民消费价格指数

（以上年价格为100）

项　　目	2017年	2018年	2019年
居民消费价格总指数	**101.7**	**102.2**	**103.0**
非食品烟酒价格指数	102.3	102.4	101.5
服务价格指数	102.1	101.6	101.8
消费品价格指数	101.4	102.7	103.7
扣除鲜菜鲜果价格指数	101.8	102.0	103.0
按类别分			
一、食品烟酒	100.1	101.7	106.8
#1、粮食	102.8	100.7	99.3
2、鲜菜	94.0	107.8	97.0
3、畜肉	95.8	99.5	130.6
4、水产品	102.7	96.5	99.4
5、蛋	95.8	114.5	105.2
6、鲜果	110.1	107.6	111.1
二、衣着	102.6	104.2	103.3
三、居住	103.2	101.8	101.1
四、生活用品及服务	102.2	105.2	101.4
五、交通和通信	101.9	104.2	97.5
六、教育文化和娱乐	102.8	101.1	104.9
七、医疗保健	99.6	100.2	100.4
八、其他用品和服务	102.4	101.7	104.5
商品零售价格总指数	**102.2**	**102.9**	**102.3**

6－2　居民消费价格分类指数

（2019年）

项　　目	以2018年价格为100
居民消费价格总指数	**103.0**
非食品烟酒价格指数	**101.5**
服务项目价格指数	**101.8**
消费品价格指数	**103.7**
扣除鲜菜鲜果价格指数	**103.0**
一、食品烟酒	**106.8**
1. 食品	108.5
（1）粮食	99.3
#大米	98.4
（2）薯类	100.2
（3）豆类	102.2
（4）食用油	101.1
（5）菜	97.7
#鲜菜	97.7
（6）畜肉类	130.6
#猪肉	140.4
（7）禽肉类	110.5
#鸡	113.0
（8）水产品	99.4
#淡水鱼	99.4
（9）蛋类	105.2
#鸡蛋	105.9
（10）奶类	102.7
（11）干鲜瓜果类	109.1
（12）糖果糕点类	102.3
（13）调味品	102.7
（14）其他食品类	103.1
2. 茶及饮料	100.1
3. 烟酒	102.6
（1）烟草	100.0

6－2　续表1　　　　　　　　　　　　（2019年）

项　　目	以2018年价格为100
（2）酒类	106.1
4.在外餐饮	105.2
二、衣着	**103.3**
1.服　装	104.9
（1）男式服装	106.4
（2）女式服装	103.6
（3）儿童服装	106.3
2.服装材料	102.1
3.其他衣着及配件	96.1
4.衣着加工服务费	100.1
5.鞋类	98.1
三、居住	**101.1**
1.租赁房房租	100.8
2.住房保养维修及管理	102.7
3.水电燃料	99.4
4.自有住房	101.3
四、生活用品及服务	**101.4**
1.家具及室内装饰品	100.5
2.家用器具	101.6
3.家用纺织品	104.8
4.家庭日杂用品	99.1
5.个人护理用品	101.1
6.家庭服务	103.3
五、交通和通信	**97.5**
1.交通	98.0
（1）交通工具	99.8
（2）交通工具用燃料	94.1
（3）交通工具使用和维护	96.0
（4）交通费	103.4
2.通信	96.7

6－2　续表2　　（2019年）

项　　目	以2018年价格为100
（1）通信工具	97.1
（2）通信服务	96.2
六、教育文化和娱乐	**104.9**
1.教育	109.5
（1）教育用品	111.3
（2）教育服务	109.5
2.文化娱乐	100.0
（1）文娱耐用消费品	102.0
（2）其他文娱用品	99.8
（3）文化娱乐服务	103.3
（4）旅游	98.3
七、医疗保健	**100.4**
1.药品及医疗器具	101.2
（1）中药	103.5
（2）西药	101.5
（3）滋补保健品	100.0
（4）医疗卫生器具	97.6
（5）保健器具	99.7
2.医疗服务	100.1
（1）综合医疗类	100.0
（2）诊断类	100.0
（3）治疗类	100.0
（4）康复类	100.0
（5）中医医疗服务类	100.5
（6）其他医疗服务	101.5
八、其他用品和服务	**104.5**
1.其他用品类	106.3
2.其他服务类	103.2

6－3 分月份居民消费价格指数

（以2018年同月价格为100）

项　　目	1月	2月	3月	4月	5月	6月
居民消费价格总指数	**102.1**	**101.8**	**102.8**	**103.0**	**102.8**	**102.7**
非食品烟酒价格指数	**101.9**	**101.8**	**102.4**	**102.3**	**101.8**	**101.7**
服务价格指数	**101.3**	**101.2**	**102.1**	**101.6**	**101.7**	**102.1**
消费品价格指数	**102.5**	**102.1**	**103.4**	**103.9**	**103.5**	**103.1**
扣除鲜菜鲜果价格指数	**102.0**	**101.7**	**102.5**	**102.6**	**102.4**	**102.4**
一、食品烟酒	102.6	101.7	104.0	104.9	105.4	105.5
1.食品	102.3	101.0	104.6	106.1	106.7	106.5
(1)粮食	101.0	98.1	101.0	99.6	99.9	100.2
(2)薯类	106.2	95.8	94.7	90.8	90.8	98.3
(3)豆类	101.0	101.0	101.3	101.9	101.9	101.7
(4)食用油	102.2	102.3	102.6	105.5	98.8	98.9
(5)菜	97.1	100.1	111.0	109.8	102.3	94.1
(6)畜肉类	103.6	102.2	105.8	111.3	115.4	115.6
(7)禽肉类	104.6	102.6	103.1	106.1	105.8	107.0
(8)水产品	99.3	93.9	97.4	97.8	98.0	98.6
(9)蛋类	101.5	95.8	98.0	104.3	109.8	106.3
(10)奶类	101.5	101.0	102.3	100.9	102.5	102.0
(11)干鲜瓜果类	110.7	109.2	110.1	111.6	121.9	127.8
(12)糖果糕点类	101.0	102.7	103.0	102.4	103.3	101.9
(13)调味品	109.7	110.2	106.1	108.9	103.4	99.8
(14)其他食品类	102.9	103.2	102.4	102.6	95.1	103.9
2.茶及饮料	100.3	100.2	100.2	99.0	99.0	100.4
3.烟酒	100.9	100.3	100.1	100.8	101.0	101.7
4.在外餐饮	104.7	104.7	104.9	104.7	105.1	105.2

6－3 续表1 （以2018年同月价格为100）

项　　目	1月	2月	3月	4月	5月	6月
二、衣着	107.2	106.0	106.4	107.1	105.7	104.2
三、居住	100.7	100.6	101.4	101.1	101.3	100.9
四、生活用品及服务	104.3	103.7	102.2	102.1	100.8	101.2
五、交通和通信	99.3	99.3	99.0	98.5	98.3	97.2
六、教育文化和娱乐	102.8	103.4	106.2	106.0	105.0	106.7
七、医疗保健	100.7	100.6	100.6	100.3	100.4	100.1
八、其他用品和服务	101.4	102.2	103.1	102.8	101.4	103.8
商品零售价格总指数	101.9	101.9	102.7	103.0	102.3	101.9
一、食品	102.8	101.8	104.7	105.9	106.5	106.2
二、饮料、烟酒	101.0	100.6	100.5	100.7	100.9	101.8
三、服装、鞋帽	107.2	105.9	106.3	107.0	105.7	104.1
四、纺织品	104.7	102.8	104.5	109.1	103.0	107.6
五、家用电器及音像器材	102.3	102.5	102.9	103.0	101.3	100.8
六、文化办公用品	104.6	104.6	105.2	104.9	104.9	104.4
七、日用品	101.9	101.7	100.6	99.3	99.5	101.5
八、体育娱乐用品	97.8	97.7	96.5	96.7	95.7	96.0
九、交通、通信用品	100.5	100.7	98.8	99.5	98.8	98.3
十、家具	102.4	102.8	103.0	102.4	102.4	100.6
十一、化妆品	100.8	101.7	102.4	104.8	101.3	104.7
十二、金银珠宝	97.2	99.6	99.4	99.7	96.0	103.4
十三、中西药品及医疗保健用品	101.8	101.8	101.5	100.6	101.0	100.6
十四、书报杂志及电子出版物	108.9	108.1	114.5	114.5	113.7	113.7
十五、燃料	94.5	96.8	102.3	101.2	99.3	95.0
十六、建筑材料及五金电料	104.7	105.4	105.5	106.8	106.1	105.2

6－3　续表2　（以2018年同月价格为100）

项　　目	7月	8月	9月	10月	11月	12月
居民消费价格总指数	**102.9**	**102.9**	**102.6**	**103.5**	**104.5**	**104.1**
非食品烟酒价格指数	**101.9**	**101.4**	**100.5**	**100.4**	**100.9**	**101.3**
服务价格指数	**102.3**	**102.4**	**101.7**	**101.7**	**102.0**	**101.9**
消费品价格指数	**103.3**	**103.2**	**103.1**	**104.7**	**106.1**	**105.5**
扣除鲜菜鲜果价格指数	**102.8**	**103.0**	**103.3**	**104.1**	**104.8**	**104.3**
一、食品烟酒	105.6	106.9	107.9	111.9	114.0	111.6
1. 食品	106.5	108.2	109.4	115.8	119.3	116.1
(1)粮食	98.9	100.1	99.1	97.2	95.5	100.4
(2)薯类	103.1	103.9	113.5	103.4	104.2	102.5
(3)豆类	102.6	102.9	103.6	103.4	102.3	102.3
(4)食用油	99.3	100.0	101.4	99.1	101.6	102.1
(5)菜	92.7	91.0	83.1	89.9	101.0	103.1
(6)畜肉类	118.8	129.6	146.9	169.0	178.9	163.5
(7)禽肉类	106.6	109.6	115.9	119.2	122.8	122.3
(8)水产品	99.8	102.8	102.1	104.7	100.7	97.9
(9)蛋类	109.9	107.0	108.8	108.4	109.0	103.1
(10)奶类	103.6	103.9	103.8	103.1	103.9	103.6
(11)干鲜瓜果类	122.0	114.4	99.7	96.9	93.1	94.6
(12)糖果糕点类	103.2	104.6	102.5	101.1	100.5	101.3
(13)调味品	98.5	98.2	102.0	102.3	98.1	97.3
(14)其他食品类	104.8	103.1	106.4	102.5	105.4	105.4
2. 茶及饮料	99.7	100.9	100.7	100.8	100.0	99.8
3. 烟酒	103.6	105.6	105.3	103.8	104.0	103.6
4. 在外餐饮	105.1	104.7	105.9	106.2	106.2	104.3

6－3 续表3 （以2018年同月价格为100）

项 目	7月	8月	9月	10月	11月	12月
二、衣着	105.5	103.0	99.9	99.1	99.1	97.2
三、居住	100.5	101.6	101.6	100.9	101.5	101.9
四、生活用品及服务	101.7	100.6	99.7	100.0	100.4	99.8
五、交通和通信	96.8	94.4	94.7	95.3	97.4	100.2
六、教育文化和娱乐	107.5	106.7	103.8	103.7	103.7	103.6
七、医疗保健	100.1	100.4	100.4	100.5	100.7	100.7
八、其他用品和服务	104.6	106.3	107.3	107.6	106.8	106.8
商品零售价格总指数	101.9	101.6	101.3	102.0	103.3	103.5
一、食品	106.2	107.7	109.0	114.5	117.6	114.7
二、饮料、烟酒	103.4	105.5	105.2	103.8	103.9	103.4
三、服装、鞋帽	105.4	102.9	99.7	98.7	98.8	97.1
四、纺织品	110.3	110.8	105.9	104.0	100.1	100.0
五、家用电器及音像器材	101.2	101.8	101.5	101.5	101.4	99.9
六、文化办公用品	103.9	99.9	99.5	97.1	96.4	96.6
七、日用品	101.3	99.7	99.6	100.0	100.7	100.7
八、体育娱乐用品	96.0	96.3	97.3	96.4	95.4	97.5
九、交通、通信用品	98.5	95.2	96.0	97.6	99.3	100.5
十、家具	100.4	100.7	101.3	100.3	101.1	99.1
十一、化妆品	103.7	98.5	97.7	99.2	99.2	99.8
十二、金银珠宝	106.0	115.1	120.5	118.8	117.3	121.9
十三、中西药品及医疗保健用品	100.7	101.3	101.3	101.5	102.1	101.4
十四、书报杂志及电子出版物	107.5	105.3	106.4	106.0	104.9	104.4
十五、燃料	92.4	93.8	90.1	88.6	93.4	102.9
十六、建筑材料及五金电料	105.9	106.1	106.6	103.9	104.8	105.0

7

农　业

编辑:丁超　熊庆全　陈甜甜

7－1　农村基层组织情况

项　　目	单位	1995 年	2000 年	2005 年	2010 年	2014 年	2015 年	2016 年	2017 年	2018 年	2019 年
一、农村组织情况											
乡个数	个	87	16	7	7	5	5	5	5	5	3
镇个数	个	71	87	70	70	61	61	62	62	62	62
村委会个数	个	2354	1511	1200	1130	1021	1020	1012	1014	1015	1012
村民小组个数	个	24897	18836	18062	18061	18083	18088	18099	18083	18063	17857
二、乡村户数、人口											
乡村户数	万户	100.43	97.79	100.32	102.07	101.81	101.18	100.85	100.53	100.22	101.14
乡村人口	万人	344.4	325.34	315.17	329.28	330.75	327.95	325.62	325.2	324.78	326.65
三、乡村劳动力合计	**万人**	**184.14**	**166.67**	**165.31**	**177.14**	**182.48**	**180.65**	**181.49**	**181.66**	**180.59**	**179.51**
(一)按性别分											
1. 男劳动力	万人	93.6	85.42	87.27	93.34	95.91	95.52	95.81	95.87	95.17	94.45
2. 女劳动力	万人	90.54	81.25	78.04	83.8	86.57	85.13	85.68	85.79	85.42	85.06
(二)按行业分											
1. 农林牧渔业劳动力	万人	95.02	79.35	49.79	38.32	34.09	33.69	33.22	32.81	32.15	31.7
#种植业劳动力	万人	84.64	69.44	42.28	30.62	26.57	26.03	26.09	25.36	24.56	23.68
2. 工业劳动力	万人	34.58	28.58	39.67	56.51	65.25	64.57	64.44	65.99	66.12	65.39
3. 建筑业劳动力	万人	19.98	21.29	29.68	32.57	34.4	34.41	34.69	34.65	34.24	34.35
4. 交通运输、仓储和邮电通讯业劳动力	万人	5.9	6.15	6.86	7.92	7.48	7.4	7.61	7.36	7.39	7.34
5. 批发零售贸易、餐饮业劳动力	万人	5.59	7.55	11.32	15.66	16.69	16.24	16.96	16.6	16.43	16.36
6. 金融、保险业劳动力	万人	0.13	0.14	0.46	0.61	0.84	0.89	0.9	0.94	1.02	1.08
7. 其它非农行业劳动力	万人	22.94	23.61	27.53	25.55	23.73	23.45	23.67	23.31	23.24	23.29

7－2　分地区农村基层组织情况

（2019 年）

项　　　目	单　位	全　市	瘦西湖风景区	生态科技新城	广　陵	邗　江
一、农村组织情况						
乡个数	个	3	1		1	
镇个数	个	62	0	2	4	7
村委会个数	个	1012	4	21	62	101
村民小组个数	个	17857	4	417	1295	2251
二、乡村户数、人口						
乡村户数	万户	101.14	1.48	1.56	5.99	10.93
乡村人口	万人	326.65	2.23	5.88	20.19	33.21
三、乡村劳动力合计	**万人**	**179.51**	**0.69**	**3.22**	**10.99**	**17.01**
（一）按性别分						
1. 男劳动力	万人	94.45	0.35	1.55	5.78	8.93
2. 女劳动力	万人	85.06	0.34	1.67	5.21	8.08
（二）按行业分						
1. 农林牧渔业劳动力	万人	31.7	0.05	0.21	1.15	1.99
#种植业劳动力	万人	23.68	0.02	0.17	0.59	1.41
2. 工业劳动力	万人	65.39	0.4	1.55	5.78	6.27
3. 建筑业劳动力	万人	34.35	0.07	0.1	0.59	2.77
4. 交通运输、仓储和邮电通讯业劳动力	万人	7.34	0.02	0.1	0.48	0.91
5. 批发零售贸易、餐饮业劳动力	万人	16.36	0.06	0.96	1.42	2.08
6. 金融、保险业劳动力	万人	1.08	0.01	0.01	0.07	0.16
7. 其它非农行业劳动力	万人	23.29	0.08	0.29	1.5	2.83

7－2　续表　　　　　　　　　　　　　（2019 年）

项　　目	单位	江都	宝应	开发区	仪征	高邮
一、农村组织情况						
乡个数	个					1
镇个数	个	13	14	3	9	10
村委会个数	个	259	223	32	136	174
村民小组个数	个	4324	2783	702	3472	2609
二、乡村户数、人口						
乡村户数	万户	27.09	20.39	2.63	11.94	19.13
乡村人口	万人	78.36	72.19	9.13	40.4	65.06
三、乡村劳动力合计	**万人**	**42.26**	**40.75**	**5.2**	**22.84**	**36.55**
（一）按性别分						
1. 男劳动力	万人	22.51	21.58	2.6	12.13	19.02
2. 女劳动力	万人	19.75	19.17	2.6	10.71	17.53
（二）按行业分						
1. 农林牧渔业劳动力	万人	5.99	9.99	0.33	3.2	8.79
#种植业劳动力	万人	4.95	7.24	0.31	2.55	6.44
2. 工业劳动力	万人	15.51	12.16	2.25	7.39	14.08
3. 建筑业劳动力	万人	8.85	9.76	0.41	5.12	6.68
4. 交通运输、仓储和邮电通讯业劳动力	万人	1.72	1.85	0.15	0.91	1.2
5. 批发零售贸易、餐饮业劳动力	万人	3.03	3.86	0.44	1.93	2.58
6. 金融、保险业劳动力	万人	0.27	0.18	0.05	0.21	0.12
7. 其它非农行业劳动力	万人	6.89	2.95	1.57	4.08	3.1

7－3　农林牧渔业分项产值

（2019 年）　　　　单位：万元

项　　　目	当 年 价 格
农林牧渔业总产值	**5157502**
一、农业产值	**2310954**
1. 谷物及其他作物	846952
#谷物	773044
棉花	39
油料	29734
2. 蔬菜园艺作物	1352279
#蔬菜（含菜用瓜）	1016107
花卉	34901
3. 水果、坚果、饮料和香料作物	108031
#水果坚果（含果用瓜）	91624
茶及其他饮料	16407
4. 中药材	3692
二、林业产值	**111565**
1. 林木的培养种植	68108
2. 竹木采运	41799
3. 林产品	1658
三、牧业产值	**535001**
1. 牲畜饲养	23962
#牛的饲养	4342
羊的饲养	15640
奶产品	3980
#牛奶	3980
2. 猪的饲养	181657
3. 家禽	324164
4. 狩猎和捕捉动物	
5. 其他畜牧业	5218
四、渔业产值	**1883982**
1. 海水产品	
2. 淡水产品	1883982
（1）鱼类	650004
（2）甲壳类	1071827
（3）贝类	11244
（4）其它	150907
五、农林牧渔服务业	**316000**

7－4　农林牧渔业总产值、中间消耗及增加值构成

（2019 年）

项　　目	绝对数（万元）	构成（%）
一、农林牧渔业总产值	**5157502**	**100**
农业产值	2310954	44.81
林业产值	111565	2.16
牧业产值	535001	10.37
渔业产值	1883982	36.53
农林牧渔服务业产值	316000	6.13
二、农林牧渔业中间消耗	**2046507**	**100**
农业中间消耗	696999	34.06
林业中间消耗	53531	2.62
牧业中间消耗	306993	15.00
渔业中间消耗	855983	41.83
农林牧渔服务业中间消耗	133001	6.50
三、农林牧渔业增加值	**3110995**	**100**
农业增加值	1613955	51.88
林业增加值	58034	1.87
牧业增加值	228008	7.33
渔业增加值	1027999	33.04
农林牧渔服务业增加值	182999	5.88

7－5　分地区农林牧渔业总产值

（2019 年）

单位：万元

地　　区	农林牧渔业总产值	一、农业产值	二、林业产值	三、牧业产值	四、渔业产值	五、农林牧渔服务业产值
全　市	5157502	2310954	111565	535001	1883982	316000
广　陵	185986	99881	2520	17424	53201	12960
邗　江	392184	165239	6904	25721	157730	36590
江　都	1151974	685002	33904	111040	278604	43424
宝　应	1383148	503821	29379	116105	659801	74042
开发区	28044	14835	0	3382	5258	4569
仪　征	430174	265582	19106	73236	21320	50930
高　邮	1551995	563219	16717	182629	698535	90895

7－6　分地区农林牧渔业增加值

（2019 年）

单位：万元

地　　区	农林牧渔业增加值	一、农业增加值	二、林业增加值	三、牧业增加值	四、渔业增加值	五、农林牧渔服务业增加值
全　市	3110995	1613955	58034	228008	1027999	182999
广　陵	92664	54036	1234	8469	23320	5605
邗　江	246144	104853	4081	9043	105012	23155
江　都	722563	509306	16917	39070	131824	25446
宝　应	839723	331685	19275	45475	398532	44756
开发区	16581	10162	0	3207	1785	1427
仪　征	255528	175474	9497	34813	10502	25242
高　邮	917799	418587	5475	85164	352231	56342

7－7 主要年份主要农产品产量

单位：吨

年份	粮食（万吨）	棉花	油料	麻类	蚕茧	水果
1949	64.49	161	7624	70	19	4
1950	79.19	201	8310	90	26	4
1951	81.12	301	7078	85	76	4
1952	83.73	286	8507	60	166	13
1953	92.12	644	8274	170	189	19
1954	84.23	179	6897	5	217	13
1955	107.64	468	9251	155	251	33
1956	88.55	72	9537	140	293	99
1957	92.98	62	8967	200	294	122
1958	97.82	73	12097	90	306	136
1959	69.14	187	8209	110	334	198
1960	65.35	139	4549	170	244	225
1961	65.2	54	2400	15	143	311
1962	57.06	17	2033	20	167	622
1963	87.78	40	2980	55	299	399
1964	96.57	195	6105	200	346	181
1965	113.97	664	5218	975	451	609
1966	110.75	3464	7052	3225	522	591
1967	114.61	4643	8890	2530	767	735
1968	125.66	3616	6371	1660	1326	1174
1969	114.81	3735	8033	900	1467	1398
1970	128.97	5834	7045	1025	1717	1319
1971	150.39	6336	11333	1115	1745	1455
1972	148.75	7095	14873	1345	2058	1683
1973	162.55	12118	18316	3040	2033	2202
1974	163.57	12180	13163	2615	2003	2651
1975	163.06	10457	16994	2450	1861	2475
1976	171.53	13479	11811	3430	1706	2796
1977	151.44	11049	8760	4085	1685	2538
1978	202.49	13275	21848	3880	1525	3076
1979	211.86	15537	35304	2680	1855	3276
1980	197.13	13450	22957	1455	2208	4254
1981	206.69	21709	42129	2203	2318	4395
1982	226.53	18523	51809	2405	2765	6368
1983	240.61	20735	43722	1545	2650	5543

7－7　续表　　单位:吨

年份	粮食 (万吨)	棉花	油料	麻类	蚕茧	水果
1984	261.82	20180	36514	2075	3341	6494
1985	248.51	16658	52797	5873	3607	7577
1986	258.94	11467	53482	4109	4168	8096
1987	255.57	17414	57667	2038	4040	8410
1988	250.78	18433	29214	1816	4661	9876
1989	255.12	17199	43238	1160	6312	8362
1990	238.65	18141	48296	1068	6165	7923
1991	188.07	14440	49551	698	6313	6685
1992	228.44	19626	60848	709	7418	8541
1993	220.05	18332	57216	726	9373	10528
1994	208.25	21745	55337	568	11217	12650
1995	222.07	26676	73444	401	10784	16370
1996	244.93	26188	85088	436	2218	16873
1997	243.01	23253	76786	223	3948	20575
1998	231.51	24681	51808	209	4922	21999
1999	252.57	8645	88924	105	4888	23869
2000	225.16	10376	124631	55	4431	26861
2001	205.88	16065	140020	65	5537	38532
2002	212.87	10958	117104	37	5100	33862
2003	180.13	10495	125656	31	4511	35831
2004	204.97	10444	137062	19	3956	37646
2005	226.43	6897	122751		3132	39114
2006	245.08	8372	114675		3510	41812
2007	240.63	6225	76137		2628	39376
2008	269.42	6024	79533		2344	45816
2009	282.36	4488	82899		1038	40508
2010	287.09	5378	80124		687	38445
2011	305.68	4523	70279		638	46856
2012	308.35	4695	74122		527	51866
2013	312.19	4637	75724		364	71420
2014	314.1	2482	73855		358	67130
2015	314.41	1066	71660		260	106469
2016	300.3	1144	68669		102	92825
2017	285.42	369	65315		48	94336
2018	287.36	62	38809		48	95223
2019	285.60	11	44843		41	115057

7－8　主要农作物播种面积和产量

（2019 年）

项　　目	播种面积（千公顷）	单　产（公斤/公顷）	总产量（吨）
农作物总播种面积	**471.07**		
一、粮食作物总计	**386.20**	**7395**	**2855986**
1. 夏粮	176.29	5662	998123
小麦	172.97	5696	985292
大麦	0.84	4782	4017
蚕豌豆	2.48	3554	8814
2. 秋粮	209.91	8851	1857863
稻谷	192.85	9278	1789239
中稻			
单季晚稻			
双季后作稻			
玉米	2.01	5507	11069
其它谷物	0.04	4325	173
豆类	13.4	3445	46162
薯类	1.61	6969	11220
二、经济作物	**79.07**		
1. 棉花		1833	11
2. 油料	15.68	2860	44843
#花生	0.97	2984	2894
油菜籽	14.19	2873	40755
芝麻	0.51	2282	1173
3. 麻类			
#黄麻			
红麻			
苎麻			
4. 糖类		39150	783
#甘蔗		39150	783
甜菜			
5. 药材	0.32		
6. 蔬菜瓜类	63.07	37335	2354538
（1）蔬菜	59.54	37614	2239481
（2）瓜类	3.53	32622	115057
三、其它农作物	**5.8**		
#青饲料	0.69		
绿肥	0.51		

7－9　分地区粮棉油播种面积

（2019 年）　　单位:公顷

地　区	粮　食	夏　粮	秋　粮	棉　花	油　料	#油菜籽
全　市	386200	176290	209910	6	15680	14186
广　陵	10090	4840	5250		660	620
邗　江	17520	6250	11270	1	640	430
江　都	90060	42340	47720		4050	3300
宝　应	112740	54510	58230		3760	3733
开发区	4160	2120	2040		110	110
仪　征	35450	10710	24740	5	1890	1500
高　邮	113420	54280	59140		4480	4420

7－10　分地区粮棉油产量

（2019 年）　　单位:吨

地　区	粮　食	夏　粮	秋　粮	棉　花	油　料	#油菜籽
全　市	2855986	998123	1857863	11	44843	40755
广　陵	66542	21410	45132		1825	1772
邗　江	122472	28221	94251	2	1831	1228
江　都	654528	235256	419272		11795	9554
宝　应	869034	329005	540029		11125	11078
开发区	26886	9158	17728		283	283
仪　征	257190	50507	206683	9	4618	3690
高　邮	840844	319256	521588		13078	12929

7－11　分地区经济作物播种面积

（2019 年）　　　　单位:公顷

地　区	麻　类	糖　类	药　材	蔬　菜	瓜果类
全　市		20		59538	3527
广　陵				4037	214
邗　江				5492	312
江　都		20		15227	650
宝　应				13602	1372
开发区				545	25
仪　征				7238	151
高　邮				12639	780

7－12　分地区经济作物产量

（2019 年）　　　　单位:吨

地　区	麻　类	糖　类	蔬　菜	瓜果类
全　市		783	2239481	115057
广　陵			139058	8109
邗　江			256600	8742
江　都		783	481961	19510
宝　应			419883	38839
开发区			8048	339
仪　征			290415	4601
高　邮			625514	34239

7－13 水产品生产情况

（2019 年）　　　　公顷、吨

项　　目	全　市	市　区			宝应县	仪征市	高邮市
			广陵区	邗江区	江都区			
淡水养殖面积合计	71127	11133	1656	2513	6675	26672	2364	30958
池塘	57320	9077	1086	1687	6088	23034	1131	24078
湖泊	6769					893		5876
水库	1271	128		128			1123	20
河沟	5454	1928	570	698	587	2465	110	951
其它	314	1			1	280		33
稻田（不纳入总面积）	3912	596	100	109	387	1850	98	1368
淡水养殖产量合计	368547	60124	3254	12185	42795	131236	6558	170629
池塘	333812	53595	2842	9293	40090	114273	4846	161098
湖泊	12052					6494		5558
水库	1868	270		270			1548	50
河沟	7981	4523	332	1286	2385	1606		1852
其它	2006	1212		1212		560	129	105
稻田	10828	524	80	124	320	8303	35	1966
水产品产量按生产性质分								
1、养殖产量	368547	60124	3254	12185	42795	131236	6558	170629
2、捕捞产量	27364	7904	1348	2641	3198	14006	942	4512
水产品产量按类别分								
1、鱼类	258015	39970	2575	8769	26968	89342	6228	122475
2、甲壳类	101458	17136	635	1363	14966	36181	317	47824
3、贝类	3264	621		5	563	2460		183
4、藻类								
5、其它	5810	2397	44	2048	298	3253	13	147

7－14　主要农作物种植结构

单位:%

项　　目	2011 年	2012 年	2013 年	2014 年	2015 年	2016 年	2017 年	2018 年	2019 年
农作物总播种面积	**100**	**100**	**100**	**100**	**100**	**100**	**100**	**100**	**100**
粮食作物	82.36	82.57	82.27	82.66	82.73	82.59	81.19	83.12	81.98
#稻谷	41.22	41.02	40.84	40.85	40.86	40.75	41.47	41.25	40.94
小麦	36.15	36.60	36.46	36.68	36.83	36.87	34.84	37.56	36.72
豆类	3.68	3.69	3.65	3.88	3.29	3.86	3.87	3.41	2.84
薯类	0.42	0.42	0.44	0.40	0.41	0.41	0.40	0.34	0.34
油料作物	5.86	5.49	5.50	5.30	5.10	4.95	4.83	2.90	3.33
#油菜籽	5.42	5.07	5.04	4.89	4.71	4.52	4.45	2.59	3.01
花生	0.21	0.20	0.24	0.21	0.20	0.23	0.23	0.21	0.21
棉花	0.69	0.64	0.63	0.33	0.33	0.10	0.02	0.00	0.00
糖料	0.01	0.01	0.00	0.00	0.00	0.00	0.01	0.00	0.00
药材	0.04	0.05	0.44	0.46	0.31	0.03	0.05	0.07	0.07
蔬菜	9.28	9.45	9.41	9.52	10.08	10.70	11.94	12.29	12.64
瓜果类	0.37	0.38	0.40	0.46	0.46	0.46	0.59	0.60	0.75
其他农作物	1.38	1.42	1.35	1.27	1.22	1.17	1.37	1.02	1.23

7－15　分县(市)茶叶、水果生产情况

(2019 年)

单位:公顷、吨

地　区	面　积		产　量	
	茶　园	果　园	茶　叶	水　果
全　市	**2229**	**4038**	**690**	**63831**
广　陵		311		2742
邗　江	37	272	61	5037
江　都		791		16717
宝　应		591		10900
仪　征	2154	937	597	8551
高　邮	38	1137	32	19885

7－16　畜牧业生产情况

指标名称	计量单位	2019 年
当年出栏量		
一、猪	万头	72.82
二、牛	万头	0.26
三、羊	万只	9.67
四、活家禽	万只	5390.28
期末存栏量		
一、猪	万头	15.25
其中:能繁母猪	万头	2.03
二、牛	万头	0.66
三、羊	万只	2.74
四、活家禽	万只	1551.05
肉类及其其他产量		
一、肉类总产量	吨	146335
(一)猪肉	吨	55400
(二)禽肉	吨	88787
(三)牛肉	吨	481
(四)羊肉	吨	981
(五)其他肉产量	吨	685
二、奶类产量	吨	18185
其中:生牛奶	吨	18185
三、禽蛋产量	吨	135243
(一)鸡蛋	吨	96556
(二)鸭蛋、鹅蛋	吨	38538

7－17 生猪、家禽、羊数

（2019 年）

万只、万头

地 区	生 猪			家 禽		羊	
	出 栏	存 栏	能繁母猪	出 栏	存 栏	出 栏	存 栏
全 市	**72.82**	**15.25**	**2.03**	**5390.28**	**1551.05**	**9.67**	**2.74**
市 区	21.80	5.47	0.33	1234.49	431.45	2.03	1.09
广陵	1.48	0.17	0.01	111.21	36.95	1.09	0.45
邗江	4.14	0.74	0.11	49.49	55.63	0.02	0.02
江都	15.99	4.55	0.21	1055	328	0.84	0.62
宝 应	20.64	4.12	1.21	789	201.11	3.00	0.64
仪 征	12.44	4.22	0.31	331.45	126.53	1.82	0.18
高 邮	17.93	1.43	0.18	3036	792	2.82	0.82

7－18 农田水利现代化建设情况

（2019 年）

项 目	全市	市区	广陵区	邗江区	江都区	宝应县	仪征市	高邮市
一、有效灌溉面积	276733	95300	7797	14920	63740	72287	37840	71307
二、旱涝保收田面积	265527	92694	7323	14467	62333	67699	36867	68267
三、节水灌溉面积	206280	73680	5229	14000	48733	46667	23933	62000
其中：高效节水灌溉面积	27713	16180	2380	3467	10333	2600	6933	2000
四、灌溉水利用系数	0.628	2.569	0.647	0.647	0.628	0.623	0.631	0.624
五、水土流失治理面积	76427	8227	3079	1198	3950	2523	57520	8157

8

工　业

编辑:张汉翔

8－1　规模以上工业企业单位数

单位：个

项　目	合计	市区	开发区	广陵	邗江	江都
总　计	**3026**	**1532**	**140**	**316**	**442**	**634**
一、按企业登记注册类型分组						
内资企业	2727	1346	91	275	386	594
国有企业	3	1			1	
中央企业						
地方企业	3	1			1	
集体企业	31	17		3	4	10
股份合作企业	2	2	1		1	
联营企业	1	1				1
集体联营企业						
其他联营企业	1	1				1
有限责任公司	272	147	22	29	36	60
国有独资公司	15	11	2	5	3	1
其他有限责任公司	257	136	20	24	33	59
股份有限公司	74	35	5	7	8	15
私营企业	2344	1143	63	236	336	508
私营独资企业	107	66	3	16	12	35
私营合作企业	1					
私营有限责任公司	2165	1038	58	212	310	458
私营股份有限公司	71	39	2	8	14	15
其他企业						
港、澳、台商投资企业	142	85	18	21	31	15
合资经营企业(港或澳、台资)	69	44	9	11	17	7
合作经营企业(港或澳、台资)	2					
港澳台商独资经营企业	70	40	9	10	13	8
港澳台商投资股份有限公司	1	1			1	

8－1　续表1　　　　单位:个

项　目	全市	市区				
			开发区	广陵	邗江	江都
其他港澳台商投资企业						
外商投资企业	157	101	31	20	25	25
中外合资经营企业	86	55	6	11	15	23
中外合作经营企业	2					
外资企业	67	46	25	9	10	2
外商投资股份有限公司						
二、在总计中:亏损企业	1	1	1			
三、在总计中:国有控股企业	82	47	14	17	9	7
四、在总计中:轻工业	1076	480	36	144	140	160
重工业	1950	1052	104	172	302	474
五、在总计中:大型企业	52	40	12	9	10	9
中型企业	379	202	23	59	52	68
小型企业	2471	1239	99	238	371	531
微型企业	124	51	6	10	9	26
六、按行业分组						
采矿业	1	1	1			
煤炭开采和洗选业						
石油和天然气开采业	1	1	1			
黑色金属矿采选业						
制造业	2987	1515	134	313	440	628
农副食品加工业	70	14	1	2	1	10
食品制造业	21	16	3	9	3	1
酒、饮料和精制茶制造业	6	3		1	2	
纺织业	131	41	2	10	13	16
纺织服装、服饰业	116	55	5	11	31	8
皮革、毛皮、羽毛及其制品和制鞋业	123	66	5	17	24	20

8－1　续表2　　单位:个

项　　　目	全市	市区	开发区	广陵	邗江	江都
木材加工和木、竹、藤、棕、草制品业	20	5	1	1	1	2
家具制造业	11	10	4		3	3
造纸和纸制品业	20	8	3	3	2	
印刷和记录媒介复制业	16	12		2	4	6
文教、工美、体育和娱乐用品制造业	157	82	1	6	26	49
石油、煤炭及其他燃料加工业	6	3	1			2
化学原料和化学制品制造业	151	82	4	16	10	52
医药制造业	38	23	1	6	7	9
化学纤维制造业	30	3			2	1
橡胶和塑料制品业	121	59	5	25	11	18
非金属矿物制品业	134	67	4	5	29	29
黑色金属冶炼和压延加工业	47	17		1	3	13
有色金属冶炼和压延加工业	81	36		2	5	29
金属制品业	228	123	10	19	31	63
通用设备制造业	246	147	10	33	48	56
专用设备制造业	196	137	10	19	37	71
汽车制造业	218	124	6	22	43	53
铁路、船舶、航空航天和其他运输设备制造业	42	19		4	1	14
电气机械和器材制造业	496	216	28	56	48	84
计算机、通信和其他电子设备制造业	157	67	23	13	23	8
仪器仪表制造业	57	46	6	7	29	4
其他制造业	34	30		23	2	5
废弃资源综合利用业	14	4	1		1	2
电力、热力和水的生产和供应业	38	16	5	3	2	6
电力、热力生产和供应业	19	6	4		2	
燃气生产和供应业	10	4		1		3
水的生产和供应业	9	6	1	2		3

8－1　续表3　　　　单位:个

项　　目	宝应	仪征	高邮
总　计	**469**	**427**	**598**
一、按企业登记注册类型分组			
内资企业	438	378	565
国有企业	2		
中央企业			
地方企业	2		
集体企业	4	1	9
股份合作企业			
联营企业			
集体联营企业			
其他联营企业			
有限责任公司	31	47	47
国有独资公司	2	2	
其他有限责任公司	29	45	47
股份有限公司	11	16	12
私营企业	390	314	497
私营独资企业	14	9	18
私营合作企业		1	
私营有限责任公	369	291	467
私营股份有限公司	7	13	12
其他企业			
港、澳、台商投资企业	15	24	18
合资经营企业(港或澳、台资)	6	8	11
合作经营企业(港或澳、台资)		1	1
港澳台商独资经营企业	9	15	6
港澳台商投资股份有限公司			

8－1　续表4　　　　　　　　　　　　　　　　　　　　　　　　单位:个

项　　　目	宝应	仪征	高邮
其他港澳台商投资企业			
外商投资企业	16	25	15
中外合资经营企业	9	12	10
中外合作经营企业	1		1
外资企业	6	12	3
外商投资股份有限公司			
二、在总计中:亏损企业			
三、在总计中:国有控股企业	11	19	5
四、在总计中:轻工业	189	160	247
重工业	280	267	351
五、在总计中:大型企业	4	5	3
中型企业	83	28	66
小型企业	355	361	516
微型企业	27	33	13
六、按行业分组			
采矿业			
煤炭开采和洗选业			
石油和天然气开采业			
黑色金属矿采选业			
制造业	464	419	589
农副食品加工业	24	4	28
食品制造业	2	1	2
酒、饮料和精制茶制造业	2	1	
纺织业	35	44	11
纺织服装、服饰业	10	6	45
皮革、毛皮、羽毛及其制品和制鞋业	17	9	31

单位:个

项　　　目	宝应	仪征	高邮
木材加工和木、竹、藤、棕、草制品业	10	1	4
家具制造业	1		
造纸和纸制品业	5	4	3
印刷和记录媒介复制业		2	2
文教、工美、体育和娱乐用品制造业	35	28	12
石油、煤炭及其他燃料加工业		2	1
化学原料和化学制品制造业	10	22	37
医药制造业	3	2	10
化学纤维制造业	2	22	3
橡胶和塑料制品业	12	27	23
非金属矿物制品业	30	26	11
黑色金属冶炼和压延加工业	9	4	17
有色金属冶炼和压延加工业	28	5	12
金属制品业	35	35	35
通用设备制造业	27	37	35
专用设备制造业	15	19	25
汽车制造业	38	39	17
铁路、船舶、航空航天和其他运输设备制造业	3	12	8
电气机械和器材制造业	92	35	153
计算机、通信和其他电子设备制造业	12	19	59
仪器仪表制造业	5	2	4
其他制造业	2	2	
废弃资源综合利用业		9	1
电力、热力和水的生产和供应业	5	8	9
电力、热力生产和供应业	4	3	6
燃气生产和供应业	1	3	2
水的生产和供应业		2	1

8－2　规模以上工业企业主要产品产量

产　品　名　称	计量单位	2019 年
原油	万吨	106.09
天然气	万立方米	5092
发电量	亿千瓦小时	243.43
塑料制品	万吨	21.96
化学纤维	万吨	142.70
纱	万吨	12.30
布	万米	11686.30
毛机织物（呢绒）	万米	183.90
服装	万件	10121.79
皮革鞋靴	万双	1835.48
机制纸及纸板	万吨	11.12
纸制品	万吨	89.73
烧碱（折 100％）	万吨	32.93
农用氮、磷、钾化学肥料总计（折纯）	万吨	0.14
化学农药原药	吨	163539.81
合成纤维聚合物	万吨	210.43
化学药品原药	吨	1583.76
水泥	万吨	1020.72
钢材	万吨	532.74
附:用外购国产钢材再加工生产的钢材	万吨	24.09
金属切削机床	台	26998
金属成形机床	台	22721
汽车	辆	316255
金属集装箱	万立方米	92.54
电力电缆	万千米	348.70
通信及电子网络用电缆	对千米	87.25
单晶硅	万千克	318.2
交流电动机	万千瓦	1381.94
电动手提式工具	万台	39.73
民用钢质船舶	载重吨	2942033

8－3　规模以上工业企业主要财务指标

单位:万元

项　　目	营业收入	营业成本	利润总额	亏损企业亏损额	销售费用	管理费用	财务费用
总　　计	**48292197**	**41728085**	**2083672**	**406504**	**1249705**	**1959720**	**414134**
一、按企业登记注册类型分组							
内资企业	38238788	33151573	1443287	324751	976182	1604061	379070
国有企业	11761	8326	715		952	1354	310
中央企业							
地方企业	11761	8326	715		952	1354	310
集体企业	99964	86993	4529	1	2627	4673	434
股份合作企业	12095	10803	792		41	549	102
联营企业	1886	1821	2		14	69	4
集体联营企业							
其他联营企业	1886	1821	2		14	69	4
有限责任公司	12152860	10910247	281788	220574	203774	434413	99059
国有独资公司	2186284	2090975	－28507	43754	12018	32295	23631
其他有限责任公司	9966576	8819272	310295	176820	191756	402119	75427
股份有限公司	3939909	3332311	163270	5434	149860	187074	59633
私营企业	22020315	18801073	992190	98743	618914	975929	219528
私营独资企业	361503	323634	12147	251	7051	12616	2657
私营合作企业	1964	1847	41			68	3
私营有限责任公司	20242262	17412380	866068	91036	525208	867239	207601
私营股份有限公司	1414586	1063212	113934	7456	86655	96007	9267
其他企业							
港、澳、台商投资企业	3801903	3268576	199077	16709	144399	129521	5773
合资经营企业(港或澳、台资)	1856780	1563533	123820	4405	95121	54113	－2380
合作经营企业(港或澳、台资)	9802	6327	912		882	1219	375
港澳台商独资经营企业	1934250	1697977	74256	12305	48350	74013	7770
港澳台商投资股份有限公司	1071	739	89		47	176	7

项　　目	营业收入	营业成本	利润总额	亏损企业亏损额	销售费用	管理费用	财务费用
其他港澳台商投资企业							
外商投资企业	6251507	5307936	441309	65044	129123	226139	29292
中外合资经营企业	3577556	2960248	345825	7285	64743	108587	1412
中外合作经营企业	44940	40859	987		1022	1029	186
外资企业	2622891	2300039	95311	56791	63283	116009	26804
外商投资股份有限公司							
二、在总计中:亏损企业	91092	79212	7275		1633	1837	233
三、在总计中:国有控股企业	14333758	12684879	575897	192169	199204	496442	110502
四、在总计中:轻工业	10817438	9251668	398035	61903	446800	497140	80037
重工业	37474759	32476417	1685637	344601	802905	1462580	334097
五、在总计中:大型企业	16360188	14463686	725844	184239	226782	544432	106327
中型企业	12532249	10591908	619078	108876	458789	504145	97593
小型企业	18865898	16207235	717090	110347	558802	891915	193370
微型企业	533862	465255	21660	3042	5332	19229	16843
六、按行业分组							
采矿业	375903	293922	－95805	95805	2859	65503	23147
煤炭开采和洗选业							
石油和天然气开采业	375903	293922	－95805	95805	2859	65503	23147
黑色金属矿采选业							
制造业	46518484	40253537	2064533	309911	1231779	1862555	341036
农副食品加工业	815982	753944	16415	1498	18070	17112	5514
食品制造业	173574	137424	2895	4144	10295	18695	541
酒、饮料和精制茶制造业	178985	145091	7061	316	17974	7077	1124
纺织业	891555	768565	41114	1844	21529	40766	9696
纺织服装、服饰业	702992	591888	40588	4205	16616	41749	6134
皮革、毛皮、羽毛及其制品和制鞋业	777908	692088	19846	9498	17765	32044	7409

8－3　续表2　　　　单位:万元

项　　目	营业收入	营业成本	利润总额	亏损企业亏损额	销售费用	管理费用	财务费用
木材加工和木、竹、藤、棕、草制品业	153678	142022	3733	1214	2650	3888	2170
家具制造业	193716	149606	12311	72	12467	13158	940
造纸和纸制品业	469495	442786	－10741	16332	13086	12700	10870
印刷和记录媒介复制业	101533	72427	14919	244	4416	7803	556
文教、工美、体育和娱乐用品制造业	687765	592322	24390	1890	24492	35615	4755
石油、煤炭及其他燃料加工业	273704	221955	4049	43	1638	8541	－551
化学原料和化学制品制造业	3708958	3022554	380376	29937	150942	140614	13924
医药制造业	611187	371446	63625	1179	110694	37438	2703
化学纤维制造业	2139727	1954122	34039	3172	27771	109608	4188
橡胶和塑料制品业	697373	587144	26181	2383	22006	38252	9365
非金属矿物制品业	1440670	1236465	74744	2189	45381	60009	11579
黑色金属冶炼和压延加工业	3702951	3367882	201083	76	26322	27366	10623
有色金属冶炼和压延加工业	2348295	2189506	89645	5353	18546	32065	10030
金属制品业	1801214	1530414	58927	11181	55552	96680	21301
通用设备制造业	1806711	1494052	74166	13787	68546	107343	18757
专用设备制造业	1183104	946899	49465	3699	51126	98306	12541
汽车制造业	6331451	5366937	455435	38843	103386	277263	30229
铁路、船舶、航空航天和其他运输设备制造业	1123554	1029961	－62349	77528	4785	48220	14813
电气机械和器材制造业	9016040	7994119	235636	25839	234415	303136	97193
计算机、通信和其他电子设备制造业	3194574	2803432	107946	46611	59326	149091	16783
仪器仪表制造业	1406624	1137710	70547	4498	76231	78187	10679
其他制造业	417786	363729	21115	453	13774	14282	4255
废弃资源综合利用业	167378	147047	7372	1888	1979	5548	2917
电力、热力、燃气及水的生产和供应业	1397810	1180626	114944	789	15067	31662	49951
电力、热力生产和供应业	1105481	958100	79252		500	17130	43787
燃气生产和供应业	198818	157839	27289		6940	6668	572
水的生产和供应业	93512	64687	8402	789	7628	7863	5592

8－3　续表3　　单位:万元

项　　目	资产总计	流动资产合　计	应收票据及应收账款	产成品	负债总计	从业人员年平均人数（人）
总　计	**47934566**	**27491670**	**10912316**	**1900258**	**25411514**	**429510**
一、按企业登记注册类型分组						
内资企业	38379692	22223662	8984712	1553917	20839569	348407
国有企业	32003	28347	3989	4980	16835	285
中央企业						
地方企业	32003	28347	3989	4980	16835	285
集体企业	84788	60870	30957	5136	36578	2070
股份合作企业	47110	41703	31462	818	36849	257
联营企业	1540	1235	715	20	618	48
集体联营企业						
其他联营企业	1540	1235	715	20	618	48
有限责任公司	11781729	5709121	1731833	306128	6720114	63363
国有独资公司	1429695	635154	71000	5133	954499	2722
其他有限责任公司	10352033	5073968	1660833	300995	5765615	60641
股份有限公司	4925340	2904957	1447421	187701	2647002	26093
私营企业	21507183	13477428	5738335	1049135	11381572	256291
私营独资企业	205833	139049	59953	18168	128369	7632
私营合作企业	768	699	670	5	621	94
私营有限责任公司	19198832	12097234	5268451	933204	10349201	232497
私营股份有限公司	2101750	1240445	409261	97758	903381	16068
其他企业						
港、澳、台商投资企业	4171736	2443300	987532	186797	1757497	39943
合资经营企业(港或澳、台资)	1674528	965656	349721	108492	612242	16454
合作经营企业(港或澳、台资)	47222	4686	729	0	19186	233
港澳台商独资经营企业	2445437	1470266	636744	78248	1123663	23140
港澳台商投资股份有限公司	4550	2693	338	58	2406	116

项　　　目	资产总计	流动资产合　计	应收票据及应收账款	产成品	负债总计	从业人员年平均人数（人）
其他港澳台商投资企业						
外商投资企业	5383138	2824708	940072	159544	2814448	41160
中外合资经营企业	2293952	1433984	363478	79441	1295340	16075
中外合作经营企业	36985	20233	11999	1428	19163	361
外资企业	3039344	1357821	559272	78619	1493593	24661
外商投资股份有限公司						
二、在总计中：亏损企业	51373	24006	14539	368	9307	168
三、在总计中：国有控股企业	12332838	5850793	1803316	240874	7042644	46808
四、在总计中：轻工业	9571062	5352687	1948533	530348	4778790	152452
重工业	38363504	22138983	8963782	1369911	20632724	277058
五、在总计中：大型企业	13997709	7144314	2517659	449914	7467189	86556
中型企业	13088172	7931160	3107142	558211	7083189	126807
小型企业	19802649	11905441	5106003	870581	10260402	213988
微型企业	1046035	510756	181511	21552	600735	2159
六、按行业分组						
采矿业	608430	67684	1619	2755	658042	6157
煤炭开采和洗选业						
石油和天然气开采业	608430	67684	1619	2755	658042	6157
黑色金属矿采选业						
制造业	44205148	26453064	10675230	1896637	22970944	417701
农副食品加工业	559238	346423	70619	45752	341864	6420
食品制造业	249756	138950	39761	15188	120252	3953
酒、饮料和精制茶制造业	158418	71740	28964	11158	86289	1417
纺织业	873613	485263	170560	44235	419041	14620
纺织服装、服饰业	1005855	582271	149447	43323	528240	24969
皮革、毛皮、羽毛及其制品和制鞋业	687913	505510	182589	54137	466531	21148

8－3　续表5　　单位:万元

项　　目	资产总计	流动资产合　计	应收票据及应收账款	产成品	负债总计	从业人员年平均人数（人）
木材加工和木、竹、藤、棕、草制品业	113570	59359	11595	9195	63904	1427
家具制造业	185487	96920	49519	15329	72592	2328
造纸和纸制品业	511956	216942	107552	5462	403913	3312
印刷和记录媒介复制业	121299	65452	18280	9654	53297	1816
文教、工美、体育和娱乐用品制造业	456836	274581	95455	26038	253809	17876
石油、煤炭及其他燃料加工业	98475	66002	3644	2487	38095	744
化学原料和化学制品制造业	4699693	2646039	895199	207192	1781728	18962
医药制造业	681953	374861	133053	49427	263335	5859
化学纤维制造业	1227890	438724	136888	76049	485498	9789
橡胶和塑料制品业	743346	418673	179029	35843	363188	9957
非金属矿物制品业	1280655	808730	417604	51994	676625	11920
黑色金属冶炼和压延加工业	2495560	1556638	577593	155336	1275021	13164
有色金属冶炼和压延加工业	1078962	697842	213541	44119	641553	6393
金属制品业	1909802	1250518	566575	84041	1065020	25333
通用设备制造业	1997372	1305790	498152	132581	989006	27850
专用设备制造业	1392843	950338	424552	55150	730271	18235
汽车制造业	5795384	3490259	1440942	247458	3506562	43243
铁路、船舶、航空航天和其他运输设	1832461	900552	176775	7269	1269775	5817
电气机械和器材制造业	7714161	4836037	2491183	218914	4126298	62073
计算机、通信和其他电子设备制造业	4038813	2442971	1190310	150711	1759978	38656
仪器仪表制造业	1707902	1095171	305259	79388	926787	11363
其他制造业	434144	239945	81784	14360	150617	7943
废弃资源综合利用业	151792	90567	18810	4847	111857	1114
电力、热力、燃气及水的生产和供应业	3120988	970922	235467	867	1782528	5652
电力、热力生产和供应业	2074928	496813	196746	126	1144571	2368
燃气生产和供应业	295130	109726	30003	741	78260	1584
水的生产和供应业	750930	364383	8718	0	559698	1700

8－4 大中型工业企业主要财务指标

单位：万元

项目	营业收入	营业成本	利润总额	亏损企业亏损额	销售费用	管理费用	财务费用
总计	**28892437**	**25055594**	**1344922**	**293115**	**685571**	**1048577**	**203920**
一、按企业登记注册类型分组							
内资企业	21565575	18827376	827832	243465	503170	809040	189002
国有企业							
中央企业							
地方企业							
集体企业	6161	5515	35			431	49
股份合作企业							
联营企业							
集体联营企业							
其他联营企业							
有限责任公司	9082611	8206669	164174	193309	137046	322771	59785
国有独资公司	2043220	1973152	－36526	43626	8687	23385	19376
其他有限责任公司	7039391	6233516	200700	149683	128360	299385	40409
股份有限公司	3408011	2876064	145741	1781	128229	162461	52834
私营企业	9068793	7739128	517883	48376	237895	323377	76334
私营独资企业	84640	76822	3308		1657	2057	448
私营合作企业							
私营有限责任公司	8131893	7020422	439925	46021	182872	270169	71968
私营股份有限公司	852260	641885	74649	2355	53366	51152	3918
其他企业							
港、澳、台商投资企业	2633962	2251549	140485	10921	119783	77455	－935
合资经营企业（港或澳、台资）	998390	802784	76522	2840	83844	25781	－5166
合作经营企业（港或澳、台资）							
港澳台商独资经营企业	1635572	1448765	63963	8081	35939	51674	4232
港澳台商投资股份有限公司							

8－4 续表1 单位:万元

项目	营业收入	营业成本	利润总额	亏损企业亏损额	销售费用	管理费用	财务费用
其他港澳台商投资企业							
外商投资企业	4692900	3976669	376604	38729	62618	162082	15854
中外合资经营企业	2889555	2419459	304842	4201	11255	78048	－2514
中外合作经营企业							
外资企业	1803345	1557210	71763	34528	51363	84034	18368
外商投资股份有限公司							
二、在总计中:亏损企业	91092	79212	7275		1633	1837	233
三、在总计中:国有控股企业	12500522	11044388	488051	173854	174497	452291	87281
四、在总计中:轻工业	5794873	4967063	219094	41458	252151	261495	34416
重工业	23097564	20088531	1125828	251657	433420	787082	169505
五、按行业分组							
采矿业	375903	293922	－95805	95805	2859	65503	23147
煤炭开采和洗选业							
石油和天然气开采业	375903	293922	－95805	95805	2859	65503	23147
黑色金属矿采选业							
制造业	28176334	24467590	1423734	197311	673587	975503	169871
农副食品加工业	122112	101203	5587	476	6799	3755	720
食品制造业	51059	42489	1561	1306	1920	4202	488
酒、饮料和精制茶制造业	139608	112242	6470		16389	4065	140
纺织业	379362	325640	16815	499	9638	18312	4503
纺织服装、服饰业	279741	233147	5084	2946	9587	23892	4005
皮革、毛皮、羽毛及其制品和制鞋业	355655	316293	8854	8615	7427	16128	3911
木材加工和木、竹、藤、棕、草制品业	102626	96136	1757	739	1887	2192	1723
家具制造业	145643	113083	11512		9261	6334	889
造纸和纸制品业	314866	305198	－15110	16301	10179	5434	9331

8－4　续表2　　　　单位：万元

项　目	营业收入	营业成本	利润总额	亏损企业亏损额	销售费用	管理费用	财务费用
印刷和记录媒介复制业	64441	41397	13170		3310	5675	194
文教、工美、体育和娱乐用品制造业	187747	157076	12297	9	6027	9198	465
石油、煤炭及其他燃料加工业	234063	186267	2023		1595	7042	－731
化学原料和化学制品制造业	2189603	1677461	336520	220	112016	79226	4032
医药制造业	254265	148172	35749		45417	14418	580
化学纤维制造业	2033697	1855388	34888	1425	25812	106577	2608
橡胶和塑料制品业	167765	141125	4377	169	6302	10022	1551
非金属矿物制品业	230411	190839	16869		4745	15051	497
黑色金属冶炼和压延加工业	3066350	2767332	191841		19158	19543	6221
有色金属冶炼和压延加工业	1406048	1331122	53063	168	10201	9680	－18
金属制品业	617240	522224	10763	7099	23974	38053	7056
通用设备制造业	731694	608463	36249	4739	30282	35611	5082
专用设备制造业	171245	129027	10163	1354	9795	16622	2754
汽车制造业	4864092	4103477	403909	30469	65295	200217	17038
铁路、船舶、航空航天和其他运输设	879219	815156	－66609	76367	209	32497	13137
电气机械和器材制造业	5943252	5379776	132532	18308	129663	147731	67730
计算机、通信和其他电子设备制造业	1943272	1715333	80341	22010	31666	80178	4952
仪器仪表制造业	985356	776125	55255	4092	64340	54834	7636
其他制造业	315902	276399	17802		10696	9014	3379
废弃资源综合利用业							
电力、热力、燃气及水的生产和供应业	340200	294082	16992		9125	7571	10903
电力、热力生产和供应业	208896	199620	532				7659
燃气生产和供应业	78753	60517	10229		3617	4137	－238
水的生产和供应业	52550	33945	6232		5508	3434	3482

8－4 续表3 单位:万元

项目	资产总计	流动资产合计	应收票据及应收账款	产成品	负债总计	从业人员年平均人数（人）
总计	**27085882**	**15075474**	**5624801**	**1008125**	**14550377**	**213363**
一、按企业登记注册类型分组						
内资企业	20996170	11584098	4255385	786918	11374860	155581
国有企业						
中央企业						
地方企业						
集体企业	2437	2183	1247	303	1420	92
股份合作企业						
联营企业						
集体联营企业						
其他联营企业						
有限责任公司	7973030	3864676	1042403	180050	4516340	42410
国有独资公司	1054078	475581	51603	3380	765756	1658
其他有限责任公司	6918952	3389095	990801	176670	3750584	40752
股份有限公司	4270294	2483514	1236673	168848	2342871	20892
私营企业	8750409	5233725	1975062	437717	4514228	92187
私营独资企业	23944	12897	3750	936	14618	1543
私营合作企业						
私营有限责任公司	7577431	4579472	1756318	376228	4044911	81662
私营股份有限公司	1149034	641356	214995	60553	454700	8982
其他企业						
港、澳、台商投资企业	2653028	1701068	791555	124082	1179694	29023
合资经营企业(港或澳、台资)	877617	575971	240148	62207	331255	10173
合作经营企业(港或澳、台资)						
港澳台商独资经营企业	1775411	1125097	551408	61875	848440	18850
港澳台商投资股份有限公司						

8－4　续表4　　　　　　　　　　　　　　　　　　　　　　　　　　　　　单位:万元

项　　　目	资产总计	流动资产合　　计	应收票据及应收账款	产成品	负债总计	从业人员年平均人数（人）
其他港澳台商投资企业						
外商投资企业	3436683	1790308	577861	97125	1995823	28759
中外合资经营企业	1410981	877151	148621	42236	926109	8935
中外合作经营企业						
外资企业	2025702	913157	429239	54890	1069714	19824
外商投资股份有限公司						
二、在总计中:亏损企业	51373	24006	14539	368	9307	168
三、在总计中:国有控股企业	10206815	5052239	1487610	194054	5962791	41761
四、在总计中:轻工业	5069463	2632062	918380	280993	2506989	72568
重工业	22016419	12443412	4706421	727132	12043388	140795
五、按行业分组						
采矿业	608430	67684	1619	2755	658042	6157
煤炭开采和洗选业						
石油和天然气开采业	608430	67684	1619	2755	658042	6157
黑色金属矿采选业						
制造业	25748996	14857730	5590083	1005100	13479196	204234
农副食品加工业	124434	57741	14636	5725	74508	1751
食品制造业	52147	24963	9167	4147	29524	1725
酒、饮料和精制茶制造业	110426	37976	17843	4401	62055	1089
纺织业	423266	237527	58520	26019	210305	7506
纺织服装、服饰业	619646	407556	68472	26677	339214	14259
皮革、毛皮、羽毛及其制品和制鞋业	354174	272624	95172	22426	257528	11163
木材加工和木、竹、藤、棕、草制品业	75838	40444	5722	5876	53496	831
家具制造业	121270	73104	40283	12552	48022	1570
造纸和纸制品业	404846	154508	78939	1865	342904	1816

8－4　续表5　　　　单位:万元

项　　目	资产总计	流动资产合　计	应收票据及应收账款	产成品	负债总计	从业人员年平均人数（人）
印刷和记录媒介复制业	61349	33307	11466	4948	21397	941
文教、工美、体育和娱乐用品制造业	97351	46200	16580	4500	41876	5169
石油、煤炭及其他燃料加工业	65652	44625	449	2272	15268	658
化学原料和化学制品制造业	3200959	1710891	510778	121685	975679	9285
医药制造业	285657	151969	54060	22201	102108	2152
化学纤维制造业	1120348	365004	123318	69092	423534	8488
橡胶和塑料制品业	198804	88151	39359	11113	66762	2088
非金属矿物制品业	174667	81012	37647	5982	63254	2184
黑色金属冶炼和压延加工业	2035601	1265221	447792	119553	998867	10483
有色金属冶炼和压延加工业	510580	323988	44920	14012	317798	1363
金属制品业	647047	439103	202138	36386	385531	9340
通用设备制造业	790140	504634	141198	55988	366173	10025
专用设备制造业	335181	188050	80167	12229	178434	3754
汽车制造业	4191463	2565680	963741	147158	2592178	27433
铁路、船舶、航空航天和其他运输设	1417149	707852	105286	38	1108931	2772
电气机械和器材制造业	4457380	2600456	1393868	111319	2601607	28601
计算机、通信和其他电子设备制造业	2477845	1503909	764118	102864	1054621	25195
仪器仪表制造业	1038514	741764	202716	44373	638249	7174
其他制造业	357263	189474	61731	9701	109376	5419
废弃资源综合利用业						
电力、热力、燃气及水的生产和供应业	728455	150060	33100	271	413139	2972
电力、热力生产和供应业	316851	35269	19648		205532	995
燃气生产和供应业	132950	44766	12120	271	21418	1039
水的生产和供应业	278654	70025	1332		186189	938

8－5　规模以上私营工业企业主要财务指标

单位:万元

项　　　目	营业收入	营业成本	利润总额	亏损企业亏损额	销售费用	管理费用	财务费用
总　　计	**22020315**	**18801073**	**992190**	**98743**	**618914**	**975929**	**219528**
一、按企业登记注册类型分组							
私营企业	22020315	18801073	992190	98743	618914	975929	219528
私营独资企业	361503	323634	12147	251	7051	12616	2657
私营合作企业	1964	1847	41			68	3
私营有限责任公司	20242262	17412380	866068	91036	525208	867239	207601
私营股份有限公司	1414586	1063212	113934	7456	86655	96007	9267
二、在总计中:亏损企业							
三、在总计中:轻工业	5486137	4626549	258829	24996	188661	265346	54409
重工业	16534178	14174524	733361	73747	430253	710583	165119
四、在总计中:大型企业	3694061	3205827	256148	1702	64257	66263	15456
中型企业	5374732	4533301	261735	46674	173638	257114	60878
小型企业	12494756	10654198	461842	49283	376816	637237	130402
微型企业	456767	407747	12465	1084	4203	15315	12792
五、按行业分组							
制造业	21914623	18727981	978450	98743	618555	973855	204030
农副食品加工业	405066	358366	11541	146	13792	11310	3343
食品制造业	92219	73476	1836	493	4408	11035	734
酒、饮料和精制茶制造业	1593	1250	9			261	5
纺织业	601994	515311	26952	1844	15908	29471	6946
纺织服装、服饰业	482286	401144	38243	1320	10395	24690	5855
皮革、毛皮、羽毛及其制品和制鞋业	477597	421517	17180	886	10658	17507	4652
木材加工和木、竹、藤、棕、草制品业	147491	136814	3772	880	2537	3278	1981
家具制造业	167608	131083	11907		10628	8092	936
造纸和纸制品业	61977	53975	1148	141	1898	3210	791

8－5　续表1　　单位:万元

项　　目	营业收入	营业成本	利润总额	亏损企业亏损额	销售费用	管理费用	财务费用
印刷和记录媒介复制业	96363	68136	14694	116	4193	7468	497
文教、工美、体育和娱乐用品制造业	508888	440036	20533	1730	18089	23177	3898
石油、煤炭及其他燃料加工业	39641	35688	2026	43	43	1498	180
化学原料和化学制品制造业	1062612	875462	78494	8162	28635	54966	8327
医药制造业	268405	194385	18196	1179	27120	16531	1843
化学纤维制造业	486325	418795	33686	3172	7956	15814	2755
橡胶和塑料制品业	442388	370681	18493	549	12792	25416	6315
非金属矿物制品业	990024	853667	39851	2146	29711	48217	9315
黑色金属冶炼和压延加工业	3328331	3019299	192068	76	18157	23013	12993
有色金属冶炼和压延加工业	1105606	1026400	42051	1311	6399	18114	8316
金属制品业	1156109	982852	34925	10861	35450	63036	15074
通用设备制造业	1167300	944531	46904	9120	50260	74189	14638
专用设备制造业	946579	749294	39831	2060	42476	83386	10629
汽车制造业	1254825	1019936	55461	14548	50479	85646	16612
铁路、船舶、航空航天和其他运输设备制造业	158279	134543	3882	225	3749	13145	1016
电气机械和器材制造业	3610916	3085186	108186	24244	114692	174791	37924
计算机、通信和其他电子设备制造业	1592872	1390171	61311	10233	32890	64141	11532
仪器仪表制造业	801927	625849	36784	1327	51588	55559	9647
其他制造业	303745	259149	16219	50	11711	12024	4354
废弃资源综合利用业	155659	140985	2269	1888	1942	4869	2922
电力、热力、燃气及水生产和供应业	105692	73091	13740		360	2075	15498
电力、热力生产和供应业	103742	71236	13698		360	1963	15478
燃气生产和供应业							
水的生产和供应业	1950	1856	42			112	20

8-5　续表2　　单位:万元

项　　　目	资产总计	流动资产合　　计	应收票据及应收账款	产成品	负债总计	从业人员年平均人数（人）
总　计	**21507183**	**13477428**	**5738335**	**1049135**	**11381572**	**256291**
一、按企业登记注册类型分组						
私营企业	21507183	13477428	5738335	1049135	11381572	256291
私营独资企业	205833	139049	59953	18168	128369	7632
私营合作企业	768	699	670	5	621	94
私营有限责任公司	19198832	12097234	5268451	933204	10349201	232497
私营股份有限公司	2101750	1240445	409261	97758	903381	16068
二、在总计中:亏损企业						
三、在总计中:轻工业	5061054	3105673	1100817	289605	2614508	97081
重工业	16446129	10371755	4637517	759530	8767064	159210
四、在总计中:大型企业	3017693	1729637	630612	170517	1334297	21720
中型企业	5732716	3504088	1344451	267201	3179931	70467
小型企业	12156273	7974559	3613058	592112	6559201	162268
微型企业	600500	269144	150214	19306	308143	1836
五、按行业分组						
制造业	21062617	13343113	5675264	1049009	11073715	255975
农副食品加工业	318106	163702	46138	20612	184778	4342
食品制造业	110718	61069	20104	8566	65296	2090
酒、饮料和精制茶制造业	2086	847		810	42	77
纺织业	552591	351908	116865	32589	307554	11666
纺织服装、服饰业	683349	422522	110051	31005	369677	16046
皮革、毛皮、羽毛及其制品和制鞋业	367502	259954	95528	35448	240158	11663
木材加工和木、竹、藤、棕、草制品业	99348	53098	11279	7456	61096	1360
家具制造业	131003	81361	41687	13427	54083	1923
造纸和纸制品业	45322	29698	10150	2325	25961	1247

单位:万元

项　　　目	资产总计	流动资产合　计	应收票据及应收账款	产成品	负债总计	从业人员年平均人数（人）
印刷和记录媒介复制业	103465	58501	17535	6055	45106	1642
文教、工美、体育和娱乐用品制造业	329793	194846	75602	16185	187182	12473
石油、煤炭及其他燃料加工业	32823	21378	3195	215	22827	86
化学原料和化学制品制造业	998626	654998	281030	57275	517500	9596
医药制造业	252014	157053	60873	21175	120795	2871
化学纤维制造业	384620	216241	42419	33153	191975	3901
橡胶和塑料制品业	443300	276963	129145	19851	240206	6805
非金属矿物制品业	829355	580972	310362	36622	456944	9110
黑色金属冶炼和压延加工业	2112125	1338414	528820	129951	1099421	11367
有色金属冶炼和压延加工业	595880	373582	152525	36668	343888	4390
金属制品业	1269821	827462	366800	53855	706216	16658
通用设备制造业	1347817	870452	308620	85348	693945	19741
专用设备制造业	1083045	705971	309021	43776	589567	14414
汽车制造业	1570808	1051333	572477	65600	968149	19961
铁路、船舶、航空航天和其他运输设	291396	137411	65373	1771	85558	2442
电气机械和器材制造业	3724639	2433512	1167021	129223	1818171	38363
计算机、通信和其他电子设备制造业	1822813	1114067	601113	70218	799323	16897
仪器仪表制造业	1133375	648099	150707	71115	640189	8439
其他制造业	291784	178288	66883	13960	127698	5387
废弃资源综合利用业	135096	79410	13944	4759	110412	1018
电力、热力、燃气及水生产和供应业	444565	134315	63071	126	307857	316
电力、热力生产和供应业	435691	128810	61405	126	304309	266
燃气生产和供应业						
水的生产和供应业	8874	5505	1666	0	3548	50

8－6　分地区规模以上工业企业主要财务指标

单位:万元

地　区	营业收入	利润总额	亏损企业亏损额	资产总计	负债总计	销售费用	管理费用	财务费用	从业人员年平均人数(人)
总　计	**48292197**	**2083672**	**406504**	**47934566**	**25411514**	**1249705**	**1959720**	**414134**	**429510**
市　区	23951423	952655	315878	28612508	14939228	770401	1167471	212412	240973
开发区	5509070	99379	158859	6578393	3548016	86067	289039	60701	47646
广陵	5241928	380286	12742	5857562	2606761	167103	210220	29547	51957
邗江	5267715	275834	16077	7685567	4015962	292921	316802	48407	69374
江都	7932710	197156	128200	8490987	4768489	224310	351410	73758	71996
宝　应	6993215	210186	20291	5213461	3102261	159752	214134	92920	55624
仪　征	10252289	609111	49683	7977590	4269280	133740	366294	44302	55997
高　邮	7095270	311720	20652	6131006	3100746	185812	211821	64500	76916

8－7　大中型工业企业名录

单　位　名　称	地　区	序　号
大型企业:		
上海大众汽车有限公司仪征公司	仪征	1
中国石化仪征化纤有限责任公司	仪征	2
宝胜集团有限公司	宝应	3
扬州恒润海洋重工有限公司	广陵	4
宝胜科技创新股份有限公司	宝应	5
扬州市秦邮特种金属材料有限公司	高邮	6
亚普汽车部件股份有限公司	开发区	7
江苏扬农化工集团有限公司	广陵	8
海信容声(扬州)冰箱有限公司	开发区	9
晶澳(扬州)太阳能科技有限公司	开发区	10
中国石化集团江苏石油勘探局有限公司	开发区	11
扬州中远海运重工有限公司	江都	12
扬州龙川钢管有限公司	江都	13

8－7　续表1

单　位　名　称	地　区	序　号
潍柴动力扬州柴油机有限责任公司	开发区	14
江苏长青农化股份有限公司	江都	15
西门子电机(中国)有限公司	仪征	16
扬力集团股份有限公司	邗江	17
骏升科技(扬州)有限公司	宝应	18
扬州中集通华专用车有限公司	开发区	19
江苏华电扬州发电有限公司	邗江	20
川奇光电科技(扬州)有限公司	开发区	21
中铁宝桥(扬州)有限公司	广陵	22
中航鼎衡造船有限公司	江都	23
扬州扬杰电子科技股份有限公司	邗江	24
森萨塔科技(宝应)有限公司	宝应	25
扬州华航特钢有限公司	江都	26
江苏亚威机床股份有限公司	江都	27
扬州诚德钢管有限公司	江都	28
李尔汽车系统(扬州)有限公司	邗江	29
江苏金飞达电动工具有限公司	高邮	30
扬州锻压机床股份有限公司	邗江	31
高露洁三笑有限公司	生态	32
扬州真牛机械有限公司	生态	33
扬州保来得科技实业有限公司	开发区	34
江苏传艺科技股份有限公司	高邮	35
扬州中燃城市燃气发展有限公司	广陵	36
扬州五亭桥缸套有限公司	邗江	37
仪征亚新科双环活塞环有限公司	仪征	38
扬州依利安达电子有限公司	仪征	39
倍加洁集团股份有限公司	生态	40
扬州乾照光电有限公司	开发区	41

单 位 名 称	地 区	序 号
江苏九龙汽车制造有限公司	江都	42
扬州金泉旅游用品有限公司	邗江	43
扬州宝亿制鞋有限公司	开发区	44
扬州国联制衣厂有限公司	邗江	45
江苏扬力坚城锻压机床有限公司	开发区	46
同扬光电(江苏)有限公司	开发区	47
扬州纪元纺织有限公司	广陵	48
潍柴(扬州)亚星汽车有限公司	邗江	49
江苏恒通发电机制造有限公司	江都	50
江苏牧羊集团有限公司	邗江	51
扬州永新制衣有限公司	广陵	52
中型企业:		
扬州泰富特种材料有限公司	江都	1
江苏瑞祥化工有限公司	化工园	2
江苏江扬电缆有限公司	邗江	3
江苏美钢管业有限公司	江都	4
永丰余造纸(扬州)有限公司	开发区	5
实友化工(扬州)有限公司	化工园	6
扬州石化有限责任公司	江都	7
江苏优士化学有限公司	化工园	8
江苏奥克化学有限公司	化工园	9
扬州协鑫光伏科技有限公司	开发区	10
新大洋造船有限公司	广陵	11
江苏金陵船舶有限责任公司	仪征	12
江苏丰尚智能科技有限公司	邗江	13
扬州江淮轻型汽车有限公司	江都	14
扬州曙光电缆股份有限公司	高邮	15
海沃机械(中国)有限公司	广陵	16

8－7　续表3

单　位　名　称	地　区	序　号
扬州完美日用品有限公司	邗江	17
延锋安道拓(仪征)座椅有限公司	仪征	18
大连化工(江苏)有限公司	化工园	19
宝生时代包装材料江苏有限公司	宝应	20
扬州顶津食品有限公司	邗江	21
扬州联博药业有限公司	邗江	22
扬州富威尔复合材料有限公司	仪征	23
扬州荣德新能源科技有限公司	开发区	24
江苏摩恩电工有限公司	宝应	25
江苏兴盛刷业有限公司	生态	26
宝胜系统集成科技股份有限公司	宝应	27
江苏新潮光伏能源发展有限公司	高邮	28
江苏晶科天晟能源有限公司	宝应	29
扬州亚东水泥有限公司	开发区	30
扬州金世缘床上用品有限公司	江都	31
江苏迎浪科技集团有限公司	宝应	32
江苏奔宇车身制造有限公司	江都	33
扬州晨化新材料股份有限公司	宝应	34
江苏润华电缆股份有限公司	高邮	35
江苏迅达电磁线有限公司	宝应	36
快乐木业集团有限公司	江都	37
扬州阿波罗蓄电池有限公司	开发区	38
扬州北辰电气集团有限公司	开发区	39
江苏罗思韦尔电气有限公司	邗江	40
江苏诚德钢管股份有限公司	江都	41
江苏太极实业新材料有限公司	广陵	42
仪化东丽聚酯薄膜有限公司	仪征	43
江苏嵘泰工业股份有限公司	江都	44

8－7 续表4

单 位 名 称	地 区	序 号
扬州通利冷藏集装箱有限公司	开发区	45
扬州日兴生物科技股份有限公司	高邮	46
李尔汽车内饰材料(扬州)有限公司	开发区	47
扬州天富龙科技纤维有限公司	仪征	48
江苏康博新材料科技有限公司	高邮	49
迈安德集团有限公司	邗江	50
江苏江扬线缆有限公司	邗江	51
江苏金方圆数控机床有限公司	邗江	52
扬州神舟汽车内饰件有限公司	江都	53
江苏三笑集团	生态	54
江苏扬泰中天管桩有限公司	江都	55
江苏赛德电气有限公司	高邮	56
江苏博鑫泰光电科技有限公司	宝应	57
江苏扬力铸锻有限公司	广陵	58
两面针(江苏)实业有限公司	生态	59
江苏奥力威传感高科股份有限公司	邗江	60
扬州润扬物流装备有限公司	开发区	61
江苏金鑫电器有限公司	江都	62
扬州宝源食品有限公司	宝应	63
扬州市扬子钣金制造有限公司	邗江	64
江苏菲达宝开电气股份有限公司	宝应	65
扬州盛达特种车有限公司	邗江	66
江苏嘉和热系统股份有限公司	广陵	67
江苏联环药业股份有限公司	广陵	68
高邮市卫星卷烟材料有限公司	高邮	69
扬州强凌有限公司	邗江	70
扬州龙鼎金属制品厂	宝应	71
江苏爱德福乳胶制品有限公司	江都	72

8－7　续表 5

单　位　名　称	地　区	序　号
江苏中兴派能电池有限公司	仪征	73
仪征同舟汽车零部件有限公司	仪征	74
扬州英谛车材实业有限公司	广陵	75
创利皮革(扬州)有限公司	开发区	76
江苏宝杰隆电磁线有限公司	宝应	77
龙腾照明集团有限公司	高邮	78
扬州华光橡塑新材料有限公司	广陵	79
永道无线射频标签(扬州)有限公司	开发区	80
扬州光明电缆有限公司	高邮	81
江苏新扬新材料股份有限公司	邗江	82
江苏天诚智能集团有限公司	广陵	83
中航宝胜电气股份有限公司	宝应	84
扬州续笙新能源科技有限公司	宝应	85
江苏捷凯电力器材有限公司	江都	86
扬州祥恒包装有限公司	生态	87
扬州杰利半导体有限公司	邗江	88
江苏长江水务股份有限公司	开发区	89
江苏康源纺织有限公司	宝应	90
江苏中油天工机械有限公司	江都	91
扬州东升汽车零部件股份有限公司	仪征	92
江苏双汇电力发展股份有限公司	江都	93
扬州日新通运物流装备有限公司	江都	94
江苏金材科技有限公司	生态	95
扬州虹扬科技发展有限公司	邗江	96
扬州电力设备修造厂有限公司	广陵	97
江苏欧力特能源科技有限公司	高邮	98
江苏苏美达车轮有限公司	宝应	99
江苏金阳光科教设备集团有限公司	宝应	100

8－7　续表6

单位名称	地区	序号
江苏省阿珂姆野营用品有限公司	邗江	101
高邮市经纬纺织有限公司	高邮	102
宝应县天华工艺材料有限公司	宝应	103
扬州恒诚织布有限公司	邗江	104
扬州天富龙汽车内饰纤维有限公司	仪征	105
江苏兴洋管业股份有限公司	宝应	106
江苏璨扬光电有限公司	开发区	107
江苏天和制药有限公司	江都	108
扬州凯翔精铸科技有限公司	宝应	109
江苏晶旺新能源科技有限公司	高邮	110
江苏美霖铜业有限公司	宝应	111
扬州市管件厂有限公司	宝应	112
江苏省金鑫安防设备有限公司	江都	113
仪征威英化纤有限公司	仪征	114
扬州万福压力容器有限公司	生态	115
江苏扬力数控机床有限公司	开发区	116
江苏金陵特种涂料有限公司	江都	117
江苏怡人纺织科技股份有限公司	仪征	118
扬州国汇箱包有限公司	江都	119
扬州制药有限公司	广陵	120
江苏翔宇纺织品有限公司	宝应	121
扬州市三药制药有限公司	江都	122
昕诺飞工业(中国)有限公司	仪征	123
国充充电科技江苏股份有限公司	邗江	124
江苏汇成光电有限公司	邗江	125
江苏虎豹服饰发展有限公司	邗江	126
扬州道爵新能源发展有限公司	高邮	127
扬州戴卡轮毂制造有限公司	高邮	128

8－7　续表 7

单位名称	地区	序号
扬州宏远电子有限公司	高邮	129
江苏江成冶金设备制造有限公司	江都	130
扬州晶新微电子有限公司	开发区	131
江苏银宝专用车有限公司	宝应	132
江苏恒远国际工程有限公司	江都	133
江苏新光华机械有限公司	江都	134
扬州添茂鞋业有限公司	广陵	135
扬州市智勇电子科技有限公司	宝应	136
江苏国力锻压机床有限公司	邗江	137
中广核新奇特(扬州)电气有限公司	宝应	138
江苏荣能集团股份有限公司	邗江	139
扬州亿泰纺织有限公司	高邮	140
江苏田森宝电子科技有限公司	宝应	141
中电科技扬州宝军电子有限公司	广陵	142
扬州和益电动工具有限公司	高邮	143
高邮市万嘉面粉有限公司	高邮	144
江苏金丰机电有限公司	高邮	145
江苏虎豹集团有限公司	邗江	146
胜赛思精密压铸(扬州)有限公司	江都	147
扬州三源机械有限公司	邗江	148
扬州市昌盛车业有限公司	江都	149
扬州市天宇鞋业有限公司	高邮	150
百家丽(中国)照明电器有限公司	仪征	151
江苏航天水力设备有限公司	高邮	152
江苏长宏铝业有限公司	邗江	153
扬州艾笛森光电有限公司	开发区	154
江苏江源木业有限公司	江都	155
江苏亚洛科技有限公司	宝应	156

8－7　续表8

单　位　名　称	地　区	序　号
扬州赛乐服饰有限公司	邗江	157
环讯电子（扬州）有限公司	宝应	158
扬州三和四美酱菜有限公司	广陵	159
江苏柏泰集团有限公司	邗江	160
亚新科凸轮轴（仪征）有限公司	仪征	161
江苏陆昂实业有限公司	江都	162
江苏苏扬包装股份有限公司	仪征	163
青岛啤酒（扬州）有限公司	广陵	164
扬州鑫晶光伏科技有限公司	高邮	165
扬州江淮宏运客车有限公司	江都	166
江苏庆峰工程集团有限公司	景区	167
扬州宝进制衣有限公司	开发区	168
扬州市鸿利达鞋业有限公司	高邮	169
江苏江盈家居用品有限公司	开发区	170
康而富精密电子（宝应）有限公司	宝应	171
扬州市江都永坚有限公司	江都	172
扬州万和鞋业有限公司	高邮	173
江苏宝南木业制造有限公司	宝应	174
宝应县春然金属制品厂	宝应	175
可瑞尔科技（扬州）有限公司	开发区	176
扬州市新丽美织造有限公司	宝应	177
仪征华纳斯化工有限责任公司	化工园	178
扬州维邦园林机械有限公司	邗江	179
扬州市邗江扬子汽车内饰件有限公司	邗江	180
高邮市永盛纺织饰品有限公司	高邮	181
扬州宇理电子有限公司	开发区	182
扬州宏运车业有限公司	江都	183
江苏大康实业有限公司	仪征	184

8－7　续表9

单　位　名　称	地　区	序　号
扬州光大帽业有限公司	广陵	185
江苏天雨环保集团有限公司	江都	186
扬州艺林玩具有限公司	邗江	187
扬州动易运动用品有限公司	广陵	188
江苏弗莱迪斯汽车系统有限公司	邗江	189
扬州暻泰车材实业有限公司	广陵	190
扬州市江源供水有限责任公司	广陵	191
江苏华富储能新技术股份有限公司	高邮	192
扬州冶春食品生产配送股份有限公司	邗江	193
扬州华瑞金属制品有限公司	宝应	194
扬州市永昌鞋业有限公司	高邮	195
扬州市恒通环保科技有限公司	高邮	196
扬州秀杰塑胶制品有限公司	高邮	197
扬州福腾门窗幕墙有限公司	邗江	198
扬州广菱电子有限公司	广陵	199
江苏江佳电子股份有限公司	江都	200
江苏星浪光学仪器有限公司	高邮	201
扬州尼尔工程塑料有限公司	宝应	202
扬州天禾食品有限公司	宝应	203
九力绳缆有限公司	宝应	204
宝应县永健米业有限公司	宝应	205
扬州市南洋混凝土有限公司	宝应	206
扬州巨力体育用品有限公司	江都	207
扬州久扬渔具有限公司	邗江	208
江苏扬州合力橡胶制品有限公司	广陵	209
扬州市丽邮人造板有限公司	高邮	210
扬州江新电子有限公司	广陵	211
高邮市红太阳食品有限公司	高邮	212

8－7 续表 10

单位名称	地区	序号
扬州金陵钢结构工程有限公司	仪征	213
扬州祖名豆制食品有限公司	开发区	214
扬州市洪泉实业有限公司	江都	215
江苏舜天国际集团江都工具有限公司	江都	216
恒远国际工程集团有限公司	江都	217
江苏凤凰扬州鑫华印刷有限公司	邗江	218
扬州五丰富春食品有限公司	开发区	219
江苏琴曼集团有限公司	邗江	220
高邮市佰蒂服饰有限公司	高邮	221
江苏富莱士机械有限公司	高邮	222
高邮市双宇鞋服辅料厂	高邮	223
扬州双银金属制品有限公司	江都	224
扬州海星鞋业有限公司	生态	225
扬州三星塑胶有限公司	生态	226
扬州旭升鞋业有限公司	江都	227
扬州华盟电子有限公司	高邮	228
扬州嘉盛鞋业有限公司	江都	229
江苏波司登制衣有限公司	高邮	230
江苏欧弟娜工贸有限公司	高邮	231
扬州万坤玩具有限公司	邗江	232
江苏亚光医疗器械有限公司	广陵	233
扬州金力电动工具有限公司	邗江	234
扬州市江都区洪业汽车部件有限公司	江都	235
仪征申荣焊接有限公司	仪征	236
江苏宝乐实业有限公司	宝应	237
江苏高瀚电路科技有限公司	江都	238
江苏京都印务有限公司	江都	239
高邮福荣制衣有限公司	高邮	240

8－7　续表 11

单位名称	地区	序号
扬州裕兴纸品包装有限公司	宝应	241
仪征康隆包装有限公司	仪征	242
扬州市百仕德礼品工艺有限公司	高邮	243
扬州美瑞华工艺礼品有限公司	宝应	244
扬州新江正工具有限公司	江都	245
江苏双盛锌业股份有限公司	邗江	246
江苏金夏纺织有限公司	宝应	247
昆山沪光汽车电器仪征有限公司	仪征	248
扬州万兴工贸有限公司	高邮	249
江苏玉河教玩具有限公司	宝应	250
扬州五亭食品有限公司	广陵	251
江苏科凌医疗器械有限公司	高邮	252
扬州恒胜服饰有限公司	高邮	253
扬州惠众服饰有限公司	高邮	254
江苏王牌电机制造有限公司	宝应	255
仪征市山一防水布有限公司	化工园	256
江苏环宇起重运输机械有限责任公司	宝应	257
江苏凯森鞋业有限公司	江都	258
扬州市恒达服饰有限公司	高邮	259
扬州吉山津田光电科技有限公司	宝应	260
扬州天宇服饰股份有限公司	高邮	261
扬州晨光特种设备有限公司	宝应	262
扬州祥和鞋业有限公司	高邮	263
尚宝罗江苏节能科技股份有限公司	宝应	264
扬州灯泡有限公司	广陵	265
扬州金圆化工设备有限公司	邗江	266
江苏维尔电气有限公司	宝应	267
江苏弘鼎汽车零部件有限公司	高邮	268

8－7　续表 12

单 位 名 称	地 区	序 号
扬州市金威机械有限公司	邗江	269
扬州莱茵切削工具有限公司	江都	270
江苏帝华线缆有限公司	广陵	271
江苏远洋东泽电缆股份有限公司	邗江	272
江苏兴达电讯器材有限公司	广陵	273
扬州市苏中电力设备有限公司	宝应	274
扬州市顺驰电气有限公司	宝应	275
扬州明泰机械有限公司	广陵	276
高邮市景晖鞋业有限公司	高邮	277
扬州市凤鸣电缆厂	宝应	278
扬州和汇服饰有限公司	宝应	279
扬州市龙祥包装制品有限公司	高邮	280
江苏友恒机械有限公司	邗江	281
扬州市金盈电器有限公司	广陵	282
扬州峻茂光电有限公司	开发区	283
高邮市民靖针织服饰有限公司	高邮	284
扬州诚森塑胶有限公司	生态	285
扬州新世界鞋业有限公司	高邮	286
扬州振华液压成套设备公司	广陵	287
江苏坤城实业有限公司	江都	288
扬州恒德工业科技有限公司	邗江	289
扬州市飞鹰电子科技有限公司	宝应	290
扬州银鹭纺织有限公司	宝应	291
高邮市鸿运制衣厂	高邮	292
扬州鸿元鞋业有限公司	高邮	293
宝应帆洋船舶电器配件制造有限公司	宝应	294
江苏江鹤滑线电气有限公司	宝应	295
江苏嘉耀金属有限公司	邗江	296

8－7　续表13

单　位　名　称	地　区	序　号
扬州润丰塑胶有限公司	生态	297
扬州万达散热器有限公司	江都	298
扬州市天诗美景日化有限公司	生态	299
高邮市三湖蛋品有限公司	高邮	300
高邮市金景服饰有限公司	高邮	301
江苏金阳光新能源科技有限公司	江都	302
扬州市银河制衣有限公司	高邮	303
江苏华宝电气有限公司	宝应	304
宝应县启华帆布有限公司	宝应	305
高邮市日月钢业有限公司	高邮	306
扬州华电电气有限公司	宝应	307
东方娃教学设备有限公司	宝应	308
扬州新奇特电缆材料有限公司	宝应	309
江苏拿得劳鞋业有限公司	江都	310
扬州市中春针织公司	江都	311
扬州三和化工有限公司	宝应	312
扬州市广陵区茂林五金机械厂	广陵	313
江苏凯高鞋业有限公司	高邮	314
扬州舜天玻璃工艺品有限公司	宝应	315
扬州宇通服装有限公司	高邮	316
扬州森斯伯特体育用品有限公司	江都	317
扬州市天宝电气有限公司	宝应	318
扬州润友复合材料有限公司	宝应	319
江苏耐安特种电缆有限公司	宝应	320
扬州星汉玻璃工艺品有限公司	宝应	321
扬州市华亚管业有限公司	宝应	322
扬州市恒宇机械制造有限公司	宝应	323
扬州市龙洋法兰管业制造有限公司	宝应	324

8－7　续表 14

单 位 名 称	地 区	序 号
扬州市金轮泵阀有限公司	宝应	325
扬州高洁牙刷厂	生态	326
扬州申高鞋业有限公司	高邮	327
扬州市凤凰岛机械设备有限公司	生态	328
扬州中瑞锅炉有限公司	生态	329
江苏扬工动力机械有限公司	宝应	330
扬州市华敏光电线缆有限公司	广陵	331
江苏华厦电力成套设备有限公司	江都	332
江苏琼花集团有限公司	生态	333
扬州市海信纺织机械制造有限公司	邗江	334
扬州兴夏纺织有限公司	宝应	335
扬州市天池给排水设备制造有限公司	江都	336
江苏安信锅炉有限公司	生态	337
扬州同茂车业有限公司	江都	338
扬州回民制衣有限公司	高邮	339
扬州亿达机械压力管道元件有限公司	生态	340
扬州润夏纺织有限公司	宝应	341
高邮市博爱鞋业有限公司	高邮	342
扬州华铁铁路配件有限公司	生态	343
扬州市邗江龙欣服饰制品有限公司	生态	344
仪征市新扬船舶制造有限公司	仪征	345
江苏大成羽绒制品有限公司	宝应	346
高邮市维扬鞋业有限公司	高邮	347
扬州普天鞋业有限公司	高邮	348
扬州市加气混凝土有限公司	邗江	349
扬州金桥服饰有限公司	高邮	350
扬州富通机械有限公司	生态	351
扬州精益纺织品有限公司	生态	352

单 位 名 称	地 区	序 号
扬州飞菱工具有限公司	广陵	353
扬州通盈机械制造有限公司	生态	354
扬州市嵘盛电缆材料有限公司	宝应	355
扬州中江混凝土有限公司	邗江	356
扬州金运钣焊机械有限公司	邗江	357
扬州市玖玖鞋业有限公司	江都	358
扬州高新橡塑有限公司	邗江	359
扬州市莱克化工有限公司	江都	360
扬州弘扬无纺布织造有限公司	广陵	361
扬州显业集团有限公司	江都	362
扬州市百兴工具有限公司	江都	363
扬州市金峰树脂原料有限公司	江都	364
扬州明宏汽车配件有限公司	江都	365
扬州名人刷业有限公司	生态	366
扬州市天力机电有限公司	江都	367
江苏建炜家纺制品有限公司	宝应	368
扬州市锦佳服装辅料有限公司	江都	369
扬州金驰玛服饰材料厂	江都	370
江苏腾龙钢业有限公司	宝应	371
江苏冬思羽绒制品有限公司	江都	372
扬州赛尔机械制造有限公司	生态	373
扬州天晟光电科技有限公司	宝应	374
扬州市万利精密陶瓷有限公司	宝应	375
江苏中允机械装备有限公司	江都	376
玛切嘉利(中国)有限责任公司	广陵	377
江苏华伦富特化工有限公司	江都	378
宝应县宁丰纺织有限公司	宝应	379

9

国内贸易

编辑:孔安安　戴征宇　叶建军

9－1 主要年份全市社会消费品零售总额

单位:万元

年 份	全 市	市 区			宝 应	仪 征	高 邮
			邗 江	江 都			
1978	65629	36110	7125	16564	10036	7330	12153
1979	81506	44510	9907	19732	12483	9117	15396
1980	102669	56192	13080	24534	16066	11961	18450
1981	112404	62099	13746	26490	17568	12653	20084
1982	129602	70256	15807	31219	21194	15979	22173
1983	143034	76844	15977	34709	23149	17599	25442
1984	167000	90949	16806	41079	26979	19036	30036
1985	217443	128236	18796	57990	30028	24764	34415
1986	256891	151866	22933	60441	33202	31453	40370
1987	297686	167194	26914	66312	39220	43973	47299
1988	389049	218449	37116	83648	50839	56032	63730
1989	418993	235732	38997	89379	55484	57684	70093
1990	411172	230291	40804	83773	55672	55670	69539
1991	448889	254144	42005	95672	57608	73108	64029
1992	519588	298409	109829	104327	62429	82564	76186
1993	712218	413760	150782	117502	55020	174666	68773
1994	847159	525562	178242	150656	81006	145757	94834
1995	1004881	651954	222733	198151	92412	154852	105664
1996	1168454	744974	233572	233234	114182	186846	122452
1997	1259957	810072	241190	264074	125321	193754	130810
1998	1298047	833310	247713	274632	133039	197359	134339
1999	1364736	882347	278679	288456	139604	203707	139078
2000	1463788	950321	302059	310508	148737	218368	146362
2001	1710995	1113474	317381	363238	172694	255240	169588
2002	1943406	1266537	337035	411285	194328	287249	195291
2003	2255193	1452657	361863	478358	233355	337995	231186
2004	2509764	1625607	404468	535071	255054	377007	252097
2005	2837506	1852740	496782	552886	300800	388356	295610
2006	3268309	2152603	636591	605517	347430	427573	340703
2007	3829262	2532756	796637	707010	403399	498711	394396
2008	4733191	3181997	966918	856743	503083	569278	478833
2009	5504457	3656441	1184529	1029680	586853	689372	571792
2010	6506727	4326718	1448617	1271406	690179	818449	671381
2011	7629898	5075030	1649135	1489731	806251	964922	783694
2012	8607778	5716240	1875156	1685729	906741	1095827	888969
2013	9704593	6507243	2146433	1913159	1022651	1193523	981177
2014	9561774	6648921	2294046	1751054	1034325	842187	1036341
2015	10404198	7276449	2562012	1886287	1085863	913463	1128424
2016	11298959	7889935	2797358	2040210	1186291	990920	1231812
2017	12339342	8622349	3087216	2223660	1293037	1085072	1338884
2018	13368662	9339556	3374618	2406595	1408178	1166708	1454221
2019	14232002	9636724	3017847	2684105	1659393	1177174	1758711

9－2 分地区社会消费品零售总额

(2019 年)　　单位:万元

指　标	全 市	市 区			
			开发区	广 陵	邗 江
社会消费品零售总额	14232002	9636724	826749	3108021	3017847
按地区分					
城镇	12727611	8618076	739358	2779489	2698846
#城区	9516081	6443496	552797	2078146	2017852
乡村	1504391	1018648	87391	328533	319001
按行业分					
批发业	2356006	1625843	98578	594313	537526
零售业	10413007	7093184	645295	2172440	2205680
住宿业	142842	95848	8366	23970	26707
餐饮业	1320147	821848	74510	317298	247935

9－2 续表　　(2019 年)　　单位:万元

指　标		宝 应	仪 征	高 邮
	江 都			
社会消费品零售总额	2684105	1659393	1177174	1758711
按地区分				
城镇	2400383	1483987	1052741	1572807
#城区	1794699	1109536	787105	1175944
乡村	283723	175406	124433	185904
按行业分				
批发业	395427	276477	119844	333842
零售业	2069769	1236346	933413	1150065
住宿业	36805	26965	9796	10232
餐饮业	182105	119605	114121	264573

9-3 限额以上批发和零售业企业财务状况

（2019年） 单位：万元

指标名称	资产总计	主营业务收入	主营业务成本	营业利润	应付职工薪酬
总　计	**4963445**	**14358423**	**13031367**	**611207**	**222748**
一、批发业	**3181594**	**10860571**	**9907673**	**489210**	**98560**
其中：国有控股	771321	1413871	1193057	80785	24347
1、按登记注册类型分组					
内资企业	2630386	7630729	7019256	218206	96934
国有企业	438804	666762	485257	76293	12877
集体企业	6113	19737	18106	164	236
有限责任公司	504476	1124088	1048816	17194	18733
国有独资公司	14108	46372	45137	-1343	474
其他有限责任公司	490368	1077716	1003679	18537	18260
股份有限公司	100087	256919	245621	-728	4701
私营企业	1545136	5502971	5166905	121603	58444
私营独资公司	12448	48223	46216	307	656
私营有限责任公司	1511165	5369905	5039151	121080	56662
私营股份有限公司	19134	84475	81238	212	1103
其他企业	15792	54161	51264	3354	1611
外商投资企业	369070	3016083	2728594	270803	507
中外合资经营企业	2017	15190	13656	1187	110
2、按国民经济行业分组					
农、林、牧产品批发	207023	259704	243566	916	5665
谷物、豆及薯类批发	163394	147334	135974	-2651	3468
种子批发	31961	36928	33211	1245	1396
其他农牧产品批发	3941	14061	13638	239	100
食品、饮料及烟草制品批发	495797	916917	712233	103586	21197
米、面制品及食用油批发	26357	67901	64164	-922	765
肉、禽、蛋、奶及水产品批发	73304	147196	136338	19487	3594
酒、饮料及茶叶批发	21765	41164	37554	101	1233

指标名称	资产总计	主营业务收　入	主营业务成　本	营业利润	应付职工薪　酬
烟草制品批发	338941	571513	396360	81600	12277
其他食品批发	13147	42560	38619	753	478
纺织、服装及家庭用品批发	196917	566962	501069	12482	12978
纺织品、针织品及原料批发	39998	168873	155627	3209	2869
服装批发	29919	52503	46109	411	1440
鞋帽批发	24696	69315	58845	1958	2420
化妆品及卫生用品批发	7817	29229	25191	296	861
厨具卫具及日用杂品批发	4175	29938	26972	1547	319
家用试听设备批发	24587	45520	40318	167	1124
其他家庭用品批发	8235	41113	38351	1163	703
文化、体育用品及器材批发	36049	106784	88662	3092	4732
文具用品批发	14255	26631	24392	458	485
体育用品及器材批发	476	1153	888	27	265
其他文化用品批发	17355	65814	52174	2526	3406
医药及医疗器材批发	300049	780680	725094	13125	11703
西药批发	252029	639595	596928	9565	7879
中药批发	11617	32920	33697	149	850
矿产品、建材及化工产品批发	1187657	3687285	3478420	47828	26831
煤炭及制品批发	24637	82565	79202	230	179
石油及制品批发	126594	458577	447364	-3111	5927
非金属矿及制品批发	7108	9347	8945	129	99
金属及金属矿批发	481300	1326641	1219800	16533	5886
建材批发	271624	705224	686827	15438	5159
化肥批发	2161	4671	4060	373	115
农药批发	25423	55631	49306	3949	1435
其他化工产品批发	248811	1044628	982917	14287	8033

指标名称	资产总计	主营业务收　入	主营业务成　本	营业利润	应付职工薪　酬
机械设备、五金产品及电子产品批发	505379	3598169	3241325	306040	11300
农业机械批发	15022	29253	26917	－1149	714
汽车及零配件批发	355412	2921834	2626466	280077	1877
五金产品批发	28229	97655	89194	5704	1474
电气设备批发	29194	87108	81452	1644	1335
通讯及广播电视设备批发	8475	237528	212016	12958	1784
其他机械设备及电子产品批发	65302	211277	192238	6736	3435
贸易经纪与代理	40874	89324	82367	2992	796
贸易代理	40417	88083	81368	2979	790
其他批发业	211849	854749	834938	－850	3359
再生物资回收与批发	117038	639563	628060	－5292	1210
其他未列明批发业	91630	198461	191354	4162	1677
3、按经营方式分组					
独立门店	2568271	9051714	8178335	466155	82898
连锁总店(总部)	2305	4900	4262	589	420
其他	608916	1799548	1721829	22666	14354
4、按单位规模分					
大型	512709	1071048	879663	82748	19158
中型	981913	3108564	2910667	49620	37211
小型	830042	2992921	2788366	71184	39604
微型	856929	3688038	3328977	285658	2587
二、零售业	**1781851**	**3497852**	**3123693**	**121998**	**124188**
其中:国有控股	61987	107448	96231	2930	9026
1、按经济注册类型分组					
内资企业	1204577	2669998	2381269	96898	103915
国有企业	8010	10878	9680	345	1051

9－3 续表3 （2019年） 单位:万元

指标名称	资产总计	主营业务收入	主营业务成本	营业利润	应付职工薪酬
集体企业	1509	4262	3370	510	251
有限责任公司	331265	814749	726207	37472	33655
其他有限责任公司	320216	808849	722223	37448	33605
股份有限公司	90399	149215	130701	5855	7658
私营企业	773393	1690895	1511312	52716	61300
私营独资企业	11482	23516	20454	986	1081
私营合伙企业	2079	4402	3787	179	220
私营有限责任公司	752604	1612762	1446888	41103	53584
私营股份有限公司	7229	50215	40183	10448	6415
港、澳、台商投资企业	310734	300871	265662	－662	15022
港、澳、台商独资经营企业	310734	300871	265662	－662	15022
2、按国民经济行业分组					
综合零售	366087	607186	501419	44195	33578
百货零售	235283	313809	253530	42412	10309
超级市场零售	129066	285236	240750	3269	22279
其他综合零售	82	2781	2594	168	22
食品、饮料及烟草制品专门零售	52006	115136	102166	1888	4979
粮油零售	2051	2430	1771	194	651
果品、蔬菜零售	3947	2261	1977	－6	205
酒、饮料及茶叶零售	14366	22574	20041	363	1058
烟草制品零售	25001	57502	49779	568	2413
其他食品零售	4804	26567	25291	590	296
纺织、服装及日用品专门零售	116171	181816	156563	5190	8555
服装零售	102403	145890	129905	3186	5945
化妆品及卫生用品零售	6985	19890	12755	1736	1590

9－3　续表4　　　　（2019年）　　　　单位:万元

指标名称	资产总计	主营业务收入	主营业务成本	营业利润	应付职工薪酬
自行车等代步设备零售	501	1270	1210	13	72
文化、体育用品及器材专门零售	67685	99902	83377	8730	4910
文具用品零售	3350	8750	6964	429	439
图书、报刊零售	4555	203	151	－337	150
珠宝首饰零售	35508	34810	27290	2601	1293
工艺美术品及收藏品零售	17023	28720	24064	3244	2409
医药及医疗器材专门零售	66241	135663	112668	5796	11009
药品零售	58947	127580	106394	5083	10785
医疗用品及器材零售	7294	8083	6274	713	224
汽车、摩托车、燃料及零配件专门零售	724512	1920951	1778100	55129	41956
汽车零售	476638	1293491	1212713	24674	34797
汽车零配件零售	14748	38092	34263	575	1267
摩托车及零配件零售	827	3088	2387	612	31
机动车燃料零售	232299	586280	528737	29269	5861
家用电器及电子产品专门零售	313915	301204	275985	－6524	13123
家用视听设备零售	1881	7213	6367	220	213
日用家电设备零售	276625	194838	177894	－8032	9203
计算机、软件及辅助设备零售	3291	6359	5601	158	341
通信设备零售	17748	78751	74726	534	2424
五金、家具及室内装饰材料专门零售	45448	67987	54760	6345	2736
五金零售	14286	29701	24185	2641	945
灯具零售	2354	5990	4877	686	364
家具零售	3990	5333	4143	－56	468
涂料零售	871	3254	2949	73	124
木质装饰材料零售	1306	2194	1775	157	52

9－3　续表5　　（2019年）　　单位:万元

指标名称	资产总计	主营业务收　　入	主营业务成　　本	营业利润	应付职工薪　　酬
其他室内装饰材料零售	20090	13148	10633	838	525
货摊、无店铺及其他零售业	29786	68008	58655	1250	3342
生活用燃料零售	13285	26718	22886	1078	1529
其他未列明零售业	7870	13027	12417	137	248
3、按经营方式分组					
独立门店	1504706	2978701	2674432	114392	88367
连锁总店(总部)	114934	254322	223081	3458	17142
连锁门店	99362	167950	140436	2468	14573
其他	62848	96878	85745	1679	4106
4、按零售业态分组					
有店铺零售	1744921	3423013	3058828	121421	120640
便利店	87669	132590	111554	5686	9356
超市	17885	46537	38714	1566	4085
大型超市	103037	234622	197128	1170	18234
百货店	213979	324293	271273	41932	7124
专业店	785547	1338138	1202107	36482	40911
专卖店	488992	1295080	1195590	32247	38161
家居建材店	22598	19452	15519	805	1225
厂家直销中心	18841	26805	22783	1590	816
无店铺零售	36930	74839	64865	577	3548
网上商店	5962	21245	17351	－85	1146
5、按单位规模分					
大型	203664	436355	379951	12462	30236
中型	1030368	1964641	1768377	81200	58507
小型	477262	907715	807446	18671	31547
微型	70557	189140	167919	9666	3899

9－4 限额以上批发和零售业商品购进、销售、库存总额

（2019 年）　　　　单位：万元

指标名称	商品购进总额	商品销售总额	批发额	零售额	期末商品库存总额
总　计	**13732434**	**15532792**	**11590857**	**3941935**	**696022**
一、批发业	**10424656**	**11780368**	**11317080**	**463288**	**413451**
其中：国有控股	1315588	1591042	1490300	100742	102825
1、按登记注册类型分组					
内资企业	7141885	8339675	7879117	460558	339754
国有企业	554761	748284	745997	2287	58200
集体企业	20186	20629	20629		377
有限责任公司	1100031	1238349	1193469	44880	70155
国有独资公司	49181	51379	42145	9235	2269
其他有限责任公司	1050850	1186970	1151324	35645	67887
股份有限公司	278748	286311	216262	70049	11086
私营企业	5135928	5982828	5644526	338302	198147
私营独资公司	40372	50390	47307	3083	3417
私营有限责任公司	5008622	5840541	5519264	321277	192730
私营股份有限公司	86817	91481	77539	13942	1999
其他企业	46579	57038	51998	5040	1385
外商投资企业	3051538	3201634	3201634		73177
中外合资经营企业	17232	17164	17164		223
2、按国民经济行业分组					
农、林、牧产品批发	245555	266451	258557	7894	42122
谷物、豆及薯类批发	134069	149364	144742	4622	32377
种子批发	35898	37536	37320	215	9614
其他农牧产品批发	12728	14071	13460	611	36
食品、饮料及烟草制品批发	744961	1030337	1016166	14170	53988
米、面制品及食用油批发	66703	70349	70227	122	3513
肉、禽、蛋、奶及水产品批发	102588	167000	164836	2165	7461
酒、饮料及茶叶批发	39362	45069	43419	1650	6917

9－4　续表1　　（2019年）　　单位:万元

指标名称	商品购进总　额	商品销售总　额	批发额	零售额	期末商品库存总额
烟草制品批发	456558	652211	652211		32416
其他食品批发	43761	47723	43019	4704	1649
纺织、服装及家庭用品批发	535586	602019	574411	27607	26324
纺织品、针织品及原料批发	164436	178950	177336	1614	1195
服装批发	48059	54886	50773	4113	4121
鞋帽批发	61814	69714	69714		2537
化妆品及卫生用品批发	27552	30753	28506	2247	1737
厨房、卫生间用具及日用杂货批发	32469	33803	33803		223
日用电器批发	84514	95590	91502	4088	10948
其他家庭用品批发	41872	41928	39336	2592	1732
文化、体育用品及器材批发	90312	110709	105598	5112	6142
文具用品批发	24671	27567	27084	482	2299
体育用品及器材批发	888	1154	1154		
其他文化用品批发	55052	69751	66666	3085	3815
医药及医疗器材批发	792287	865671	846591	19080	50335
西药批发	682468	715711	702149	13562	43902
中药批发	29642	37739	37656	84	3978
矿产品、建材及化工产品批发	3623416	4015758	3841664	174094	121829
煤炭及制品批发	39042	87152	87152		3819
石油及制品批发	455866	495041	421529	73512	8681
非金属矿及制品批发	8943	10336	10336		675
金属及金属矿批发	1298912	1466324	1444777	21546	42951
建材批发	730205	775330	746332	28998	34331
化肥批发	4629	4671	4671		307
农药批发	50713	56379	56094	286	3378
其他化工产品批发	1035106	1120526	1070774	49752	27688

指标名称	商品购进总　额	商品销售总　额	批发额	零售额	期末商品库存总额
机械设备、五金产品及电子产品批发	3372755	3818774	3628653	190121	103016
农业机械批发	23557	27504	18263	9242	3120
汽车及零配件批发	2925473	3085396	3071053	14343	77779
五金产品批发	92575	107165	80080	27085	2242
电气设备批发	82382	93596	80209	13387	9580
通讯及广播电视设备批发	38731	264434	177504	86930	2161
其他机械设备及电子产品批发	198842	226826	188334	38493	8055
贸易经纪与代理	100010	104158	103509	650	2639
贸易代理	99061	102917	102268	650	2616
其他批发业	919774	966491	941931	24561	7056
再生物资回收与批发	698960	726393	725179	1214	3022
其他未列明批发业	205031	221285	197938	23347	3656
3、按经营方式分组					
独立门店	8641355	9812560	9414763	397797	346141
连锁总店(总部)	3784	3812	3526	286	490
其他	1774732	1959062	1898791	60272	65688
4、按单位规模分					
大型	1018995	1222691	1139340	83351	63280
中型	2759770	3396916	3221014	175902	139037
小型	2897806	3220820	3039567	181253	126723
微型	3748086	3939941	3917160	22781	84412
二、零售业	**3307778**	**3752425**	**273778**	**3478647**	**282571**
其中:国有控股	109351	118291	1761	116530	25158
1、按经济注册类型分组					
内资企业	2578550	2909568	144961	2764607	258652
国有企业	11229	11463		11463	3498

9-4 续表3 (2019年) 单位:万元

指标名称	商品购进总额	商品销售总额	批发额	零售额	期末商品库存总额
集体企业	12726	13966	150	13816	297
有限责任公司	812753	895618	26418	869201	87849
其他有限责任公司	808598	889718	26418	863301	86899
股份有限公司	86245	157435	19230	138206	14500
私营企业	1655597	1831085	99164	1731921	152507
私营独资企业	21502	25045	2110	22935	2549
私营合伙企业	3900	4739	610	4129	173
私营有限责任公司	1583156	1749760	95156	1654604	147258
私营股份有限公司	47040	51541	1288	50254	2528
港、澳、台商投资企业	234158	317242	718	316524	18938
港、澳、台商独资经营企业	234158	317242	718	316524	18938
外商投资企业	495071	525616	128099	397517	4980
中外合资经营企业	3772	3760		3760	12
外资企业	6837	8511		8511	
2、按国民经济行业分组					
行业类别(GB/T 4754-2011)					
综合零售	498943	667658	1878	665780	62424
百货零售	198782	350895	152	350743	14036
超级市场零售	292572	308212	718	307495	48047
其他综合零售	2685	2780	1008	1771	5
食品、饮料及烟草制品专门零售	100696	117783	30055	87728	11049
粮油零售	1815	2451		2451	159
果品、蔬菜零售	2007	2546	578	1968	285
酒、饮料及茶叶零售	20492	24099	10279	13820	2785
烟草制品零售	51194	58134	16495	41639	7058
其他食品零售	21676	26679	1876	24803	509

指标名称	商品购进总额	商品销售总额	批发额	零售额	期末商品库存总额
纺织、服装及日用品专门零售	163964	201296	37446	163851	15508
服装零售	141070	162921	30645	132276	13161
化妆品及卫生用品零售	14333	21771	3694	18077	710
自行车等代步设备零售	1366	1435		1435	43
文化、体育用品及器材专门零售	93888	116063	1644	114419	21787
文具用品零售	6672	9671		9671	203
图书、报刊零售	56	226		226	1309
珠宝首饰零售	41683	45824	247	45577	15429
工艺美术品及收藏品零售	21912	30943		30943	3519
医药及医疗器材专门零售	140502	148042	1582	146460	19520
药品零售	134177	140016		140016	19249
医疗用品及器材零售	6325	8026	1582	6444	271
汽车、摩托车、燃料及零配件专门零售	1887150	2035330	142540	1892790	114929
汽车零售	1296930	1401161	8777	1392384	103668
汽车零配件零售	33444	35493	2728	32766	4024
摩托车及零配件零售	3353	3489		3489	31
机动车燃料零售	553423	595187	131036	464151	7205
家用电器及电子产品专门零售	303791	321798	30084	291713	29749
家用视听设备零售	3511	8063	1554	6509	776
日用家电设备零售	202802	209284	22208	187076	19903
计算机、软件及辅助设备零售	5975	7127		7127	126
通信设备零售	77434	82617	6322	76295	7069
五金、家具及室内装饰材料专门零售	58302	71068	9415	61653	4638
五金零售	27834	32242	5696	26546	1327
灯具零售	4921	5821		5821	499
家具零售	2494	5905		5905	918

指标名称	商品购进总　额	商品销售总　额	批发额	零售额	期末商品库存总额
涂料零售	2959	3708	200	3508	111
木质装饰材料零售	2021	2349	537	1812	31
其他室内装饰材料零售	10868	13516	2982	10533	1092
货摊、无店铺及其他零售业	60542	73388	19134	54254	2968
生活用燃料零售	24510	28382	855	27527	839
其他未列明零售业	9691	14328	11841	2486	87
3、按经营方式分组					
独立门店	2820508	3200893	223517	2977376	192515
连锁总店（总部）	178743	270477	26163	244315	28259
连锁门店	190741	175291	250	175041	33968
其他	117786	105764	23847	81916	27829
4、按零售业态分组					
有店铺零售	3229462	3670400	253762	3416638	270032
便利店	65379	144294	827	143467	18830
超市	50055	49932	7275	42657	9704
大型超市	234859	249986	718	249269	33980
百货店	283812	369703	19382	350321	10320
专业店	1262027	1400380	194574	1205805	70641
专卖店	1289623	1401184	17232	1383952	115289
家居建材店	14293	20371	828	19543	2556
厂家直销中心	25386	28821	12348	16473	7221
无店铺零售	78317	82025	20016	62010	12538
网上商店	20157	23040	2990	20050	1072
5、按单位规模分					
大型	401301	478597	29328	449269	54358
中型	1875900	2081962	153195	1928767	131940
小型	847161	986395	55841	930554	87606
微型	174238	196228	35413	160815	8632

9-5 限额以上批发零售业基本情况

（2018年）

指标名称	企业法人（个）	所属全部批零住餐活动单位（个）	从业人员（人）	销售额（万元）
总　计	**1102**	**1102**	**35608**	**15532792**
一、批发业	**647**	**647**	**14664**	**11780368**
其中：国有控股	24	24	2081	1591042
1、按登记注册类型分组				
内资企业	633	633	14320	8339675
国有企业	6	6	840	748284
集体企业	4	4	41	20629
有限责任公司	68	68	2512	1238349
国有独资公司	3	3	82	51379
其他有限责任公司	65	65	2430	1186970
股份有限公司	8	8	431	286311
私营企业	532	532	10060	5982828
私营独资公司	6	6	124	50390
私营有限责任公司	517	517	9723	5840541
私营股份有限公司	8	8	209	91481
其他企业	13	13	378	57038
外商投资企业	6	6	60	3201634
中外合资经营企业	2	2	18	17164
2、按国民经济行业分组				
农、林、牧产品批发	28	28	1088	266451
谷物、豆及薯类批发	15	15	716	149364
种子批发	5	5	199	37536
其他农牧产品批发	2	2	18	14071
食品、饮料及烟草制品批发	55	55	2662	1030337
米、面制品及食用油批发	10	10	175	70349
肉、禽、蛋、奶及水产品批发	19	19	669	167000
酒、饮料及茶叶批发	9	9	315	45069

9－5　续表1　　　　　　　　　　　　　　　（2019年）

指标名称	企业法人（个）	所属全部批零住餐活动单位（个）	从业人员（人）	销售额（万元）
烟草制品批发	1	1	760	652211
其他食品批发	5	5	93	47723
纺织、服装及家庭用品批发	78	78	2083	602019
纺织品、针织品及原料批发	23	23	386	178950
服装批发	8	8	281	54886
鞋帽批发	12	12	334	69714
化妆品及卫生用品批发	5	5	141	30753
厨房、卫生间用具及日用杂货批发	3	3	48	33803
日用电器批发	12	12	563	95590
其他家庭用品批发	5	5	110	41928
文化、体育用品及器材批发	27	27	602	110709
文具用品批发	7	7	108	27567
体育用品及器材批发	1	1	6	1154
其他文化用品批发	15	15	398	69751
医药及医疗器材批发	32	32	1671	865671
西药批发	10	10	988	715711
中药批发	2	2	141	37739
矿产品、建材及化工产品批发	288	288	4011	4015758
煤炭及制品批发	5	5	39	87152
石油及制品批发	19	19	702	495041
非金属矿及制品批发	3	3	16	10336
金属及金属矿批发	93	93	993	1466324
建材批发	72	72	900	775330
化肥批发	1	1	21	4671
农药批发	9	9	189	56379
农用薄膜批发				
其他化工产品批发	86	86	1151	1120526

9－5　续表2　（2019年）

指标名称	企业法人（个）	所属全部批零住餐活动单位（个）	从业人员（人）	销售额（万元）
机械设备、五金产品及电子产品批发	101	101	1873	3818774
农业机械批发	9	9	175	27504
汽车及零配件批发	22	22	230	3085396
五金产品批发	19	19	226	107165
电气设备批发	12	12	189	93596
通讯及广播电视设备批发	5	5	166	264434
其他机械设备及电子产品批发	29	29	484	226826
贸易经纪与代理	10	10	113	104158
贸易代理	9	9	99	102917
其他批发业	28	28	561	966491
再生物资回收与批发	8	8	230	726393
其他未列明批发业	17	17	278	221285
3、按经营方式分组				
独立门店	542	542	11751	9812560
连锁总店（总部）	1	1	99	3812
其他	103	103	2648	1959062
4、按单位规模分				
大型	3	3	1425	1222691
中型	114	114	5893	3396916
小型	427	427	6965	3220820
微型	103	103	381	3939941
二、零售业	**455**	**455**	**20944**	**3752425**
其中：国有控股	14	14	1760	118291
1、按经济注册类型分组				
内资企业	442	442	18427	2909568
国有企业	3	3	158	11463

9－5　续表3　　（2019年）

指标名称	企业法人（个）	所属全部批零住餐活动单位（个）	从业人员（人）	销售额（万元）
集体企业	3	3	69	13966
有限责任公司	69	69	5517	895618
其他有限责任公司	68	68	5367	889718
股份有限公司	4	4	2137	157435
私营企业	363	363	10546	1831085
私营独资企业	18	18	227	25045
私营合伙企业	5	5	55	4739
私营有限责任公司	334	334	9767	1749760
私营股份有限公司	6	6	497	51541
其他				
港、澳、台商投资企业	10	10	2155	317242
港、澳、台商独资经营企业	10	10	2155	317242
外商投资企业	3	3	362	525616
中外合资经营企业	1	1	124	3760
外资企业	1	1	58	8511
2、按国民经济行业分组				
综合零售	35	35	6108	667658
百货零售	14	14	1934	350895
超级市场零售	18	18	4098	308212
其他综合零售	1	1	5	2780
食品、饮料及烟草制品专门零售	36	36	1201	117783
粮油零售	2	2	81	2451
果品、蔬菜零售	3	3	45	2546
营养和保健品零售				
酒、饮料及茶叶零售	10	10	200	24099
烟草制品零售	9	9	430	58134
其他食品零售	7	7	58	26679

9－5　续表4　　（2019年）

指标名称	企业法人（个）	所属全部批零住餐活动单位（个）	从业人员（人）	销售额（万元）
纺织、服装及日用品专门零售	31	31	2137	201296
服装零售	13	13	1720	162921
化妆品及卫生用品零售	8	8	226	21771
自行车等代步工具零售	1	1	18	1435
文化、休育用品及器材专门零售	43	43	790	116063
文具用品零售	7	7	78	9671
图书、报刊零售	1	1	28	226
珠宝首饰零售	7	7	205	45824
工艺美术品及收藏品零售	16	16	339	30943
照相器材零售				
医药及医疗器材专门零售	21	21	2368	148042
药品零售	14	14	2310	140016
医疗用品及器材零售	6	6	47	8026
汽车、摩托车、燃料及零配件专门零售	154	154	5255	2035330
汽车零售	111	111	4459	1401161
汽车零配件零售	9	9	201	35493
摩托车及零配件零售	1	1	5	3489
机动车燃料零售	31	31	560	595187
家用电器及电子产品专门零售	61	61	1927	321798
家用视听设备零售	4	4	32	8063
日用家电设备零售	33	33	1257	209284
计算机、软件及辅助设备零售	5	5	67	7127
通信设备零售	14	14	442	82617
五金、家具及室内装饰材料专门零售	42	42	537	71068
五金零售	22	22	189	32242
灯具零售	4	4	55	5821
家具零售	2	2	86	5905

指标名称	企业法人（个）	所属全部批零住餐活动单位（个）	从业人员（人）	销售额（万元）
涂料零售	2	2	32	3708
木质装饰材料零售	2	2	12	2349
其他室内装饰材料零售	7	7	114	13516
货摊、无店铺及其他零售业	32	32	621	73388
生活用燃料零售	16	16	316	28382
其他未列明零售业	3	3	43	14328
3、按经营方式分组				
独立门店	407	407	14375	3200893
连锁总店（总部）	9	9	3204	270477
连锁门店	13	13	2451	175291
其他	26	26	914	105764
4、按零售业态分组				
有店铺零售	429	429	20361	3670400
便利店	15	15	2047	144294
超市	19	19	798	49932
大型超市	13	13	3147	249986
百货店	17	17	1388	369703
专业店	201	201	6929	1400380
专卖店	133	133	5172	1401184
家居建材店	8	8	247	20371
厂家直销中心	15	15	153	28821
无店铺零售	26	26	583	82025
网上商店	7	7	164	23040
5、按单位规模分				
大型	9	9	5817	478597
中型	75	75	8876	2081962
小型	242	242	5490	986395
微型	129	129	746	196228

9－6 限额以上住宿餐饮业基本情况

（2019 年）

指标名称	企业法人（个）	所属全部批零住餐活动单位（个）	从业人员（人）	营业额（万元）
总　　计	**221**	**221**	**14807**	**324666.2**
一、住宿业	**84**	**84**	**6771**	**132176.9**
其中：国有控股	16	16	2235	46793.9
1、按登记注册类型分组				
内资企业	78	78	5436	110353.6
国有企业				
集体企业	1	1	25	912.8
有限责任公司	25	25	2809	58417.5
其他有限责任公司	19	19	2065	42938.4
股份有限公司	2	2	272	5956.7
私营企业	49	49	2315	44973.3
私营独资企业	2	2	75	799.5
私营有限责任公司	45	45	2029	37637.2
港、澳、台商投资企业	2	2	521	9162.9
港、澳、台商独资经营企业	2	2	303	3890.7
外商投资企业	4	4	814	12660.4
中外合资经营企业	2	2	500	7729.9
外资企业	2	2	314	4930.5
2、按国民经济行业分组				
旅游饭店	43	43	4801	88889.8
一般旅馆	35	35	1377	30955.1
其他住宿服务	4	4	555	12064
3、按星级等级分组				
二星	3	3	164	3805.7
三星	11	11	675	10014.9
四星	9	9	1562	23290.9
五星	7	7	1274	27208
其他	54	54	3096	67857.4
4、按经营方式分组				
独立门店	73	73	6359	121894
连锁门店	8	8	179	3553.9
其他	54	54	3096	67857.4
5、按单位规模分				
中型	17	17	3499	69892.9
小型	64	64	2696	51969.8
微型	3	3	30	745.1

9-6 续表 (2019年)

指标名称	企业法人（个）	所属全部批零住餐活动单位（个）	从业人员（人）	营业额（万元）
二、餐饮业	**137**	**137**	**8036**	**192489.3**
其中:国有控股	10	10	1874	49722.8
1、按登记注册类型分组				
内资企业	133	133	7062	172879.4
国有企业	2	2	399	21695.7
集体企业				
有限责任公司	38	38	2711	68307.7
其他有限责任公司	36	36	2420	61029.8
股份有限公司	3	3	677	9123.4
私营企业	90	90	3275	73752.6
私营独资企业	17	17	630	20812.4
私营合伙企业				
私营有限责任公司	73	73	2645	52940.2
私营股份有限公司				
港、澳、台商投资企业	2	2	230	3808.8
港、澳、台商独资经营企业	2	2	230	3808.8
外商投资企业	2	2	744	15801.1
外资企业	2	2	744	15801.1
2、按国民经济行业分组				
正餐服务	111	111	6912	162575.8
快餐服务	11	11	684	13584.4
其他餐饮业	3	3	106	5595.1
其他未列明餐饮业	5	5	119	2014.4
3、按经营方式分组				
独立门店	109	109	5788	144087.7
连锁总店(总部)	3	3	645	9564.9
连锁门店	11	11	1027	28492.6
其他	14	14	576	10344.1
4、按单位规模分组				
大型	1	1	301	14945.2
中型	11	11	2737	52534.5
小型	111	111	4162	97641.8
微型	14	14	91	2693.4

9－7　限额以上住宿和餐饮业经营情况

（2019 年）　　单位:万元

指标名称	营业额	客房收入	餐费收入	商品销售额
总　计	**324666.2**	**95306.7**	**201285.9**	**10803.6**
一、住宿业	**132176.9**	**67097.5**	**53208.9**	**2550**
其中:国有控股	46793.9	21645.8	15399.6	1903.7
1、按登记注册类型分组				
内资企业	110353.6	57926.3	40737.8	2403
国有企业				
集体企业	912.8	437.4	473.6	1.8
有限责任公司	58417.5	27560.9	21796.6	1975
其他有限责任公司	42938.4	22133	15279.1	827.2
股份有限公司	5956.7	1358.8	3412.4	0.1
私营企业	44973.3	28476.4	15055.2	425.9
私营独资企业	799.5	256.8	523.6	17.6
私营有限责任公司	37637.2	25521.1	11220.1	325.9
港、澳、台商投资企业	9162.9	3677.7	5382	82.8
港、澳、台商独资经营企业	3890.7	1848.7	2004.4	17.2
外商投资企业	12660.4	5493.5	7089.1	64.2
中外合资经营企业	7729.9	4332.6	3372.1	11.6
外资企业	4930.5	1160.9	3717	52.6
2、按国民经济行业分组				
旅游饭店	88889.8	40707.1	38315.1	2078.5
一般旅馆	30955.1	22749.7	6580.2	387
其他住宿服务	12064	3562.2	8144.6	66.1
3、按星级等级分组				
二星	3805.7	1697.3	1694.8	35.2
三星	10014.9	3131.9	5552.2	112.6
四星	23290.9	8169	13276.3	1678.8
五星	27208	11998.2	12092.6	156.7
其他	67857.4	42101.1	20593	566.7
4、按经营方式分组				
独立门店	121894	59759.9	50809.4	2465.3
连锁门店	3553.9	3286.8	190	60.2
其他	67857.4	42101.1	20593	566.7
5、按单位规模分				
中型	69892.9	29560.6	33263.3	1843.1
小型	51969.8	32997.8	14236.7	641
微型	745.1	744.5		0.3

指标名称	营业额	客房收入	餐费收入	商　品 销售额
二、餐饮业	**192489.3**	**28209.2**	**148077**	**8253.6**
其中:国有控股	49722.8	7789.4	37163.3	723.9
1、按登记注册类型分组				
内资企业	172879.4	22645.1	135036.9	7952.3
国有企业	21695.7	4383.7	13056.2	1779.8
集体企业				
有限责任公司	68307.7	7495.9	57068	1862.1
其他有限责任公司	61029.8	5048.2	52415.2	1764.2
股份有限公司	9123.4	151.2	8423.1	0.4
私营企业	73752.6	10614.3	56489.6	4310
私营独资企业	20812.4	3880.2	13321.3	1829.4
私营合伙企业				
私营有限责任公司	52940.2	6734.1	43168.3	2480.6
私营股份有限公司				
港、澳、台商投资企业	3808.8	969	2420.2	287.3
港、澳、台商独资经营企业	3808.8	969	2420.2	287.3
外商投资企业	15801.1	4595.1	10619.9	14
外资企业	15801.1	4595.1	10619.9	14
2、按国民经济行业分组				
正餐服务	162575.8	27962.7	119792.1	7076.7
快餐服务	13584.4		12899.1	489.6
餐饮配送及外卖送餐服务	5595.1		5572.8	22.3
其他餐饮业	2014.4	246.5	1094	664.4
3、按经营方式分组				
独立门店	144087.7	22985.4	107902.7	5965.3
连锁总店(总部)	9564.9		8198.3	1162.1
连锁门店	28492.6	4101.7	23888.1	4.1
其他	10344.1	1122.1	8087.9	1122.1
4、按单位规模分组				
大型	14945.2		14761.5	183.7
中型	52534.5	9216.9	38862	1430.4
小型	97641.8	12281.9	76819.3	4720.4
微型	2693.4		2559.1	134.3

9－8　限额以上住宿和餐饮业企业财务状况

（2019年）　　　　单位:万元

指标名称	资产总计	主营业务收　入	主营业务成　本	营业利润	应付职工薪酬(本年贷方累计发生额)
总　计	**681805**	**286046**	**133079**	**－9220**	**73472**
一、住宿业	**396728**	**121882**	**45766**	**－11248**	**35536**
其中:国有控股	201804	45879	12902	－5362	13643
1、按登记注册类型分组					
内资企业	329018	108912	40440	－7603	31326
国有企业					
集体企业	451	940	627	201	112
有限责任公司	224871	56501	17675	－6566	19444
其他有限责任公司	190385	41509	12127	－7195	15008
股份有限公司	3505	5840	4568	－79	1390
私营企业	100103	45537	17535	－1178	10336
私营独资企业	569	794	376	－21	228
私营有限责任公司	83807	38577	15105	－1770	9265
港、澳、台商投资企业	29705	3548	1177	－1838	1201
港、澳、台商独资经营企业	29705	3548	1177	－1838	1201
外商投资企业	38004	9422	4149	－1807	3009
中外合资经营企业	17024	4411	2420	－1038	1503
外资企业	20980	5011	1729	－769	1506
2、按国民经济行业分组					
旅游饭店	325421	83802	27231	－8960	23749
一般旅馆	68547	30788	13479	－2340	7136
其他住宿服务	2421	6693	4705	－71	4491
3、按星级等级分组					
二星	1539	2843	1683	185	604
三星	28233	9467	3701	－629	3331
四星	73958	21249	10240	－1076	10286
五星	106424	26532	9614	－3979	6787
其他	186574	61792	20528	－5748	14528
4、按经营方式分组					
独立门店	375179	111733	42558	－11374	33689
连锁门店	4014	3765	913	54	845
其他	186574	61792	20528	－5748	14528
5、按单位规模分					
中型	198456	68119	23238	－5387	18989
小型	195434	52932	21851	－5701	16423
微型	2838	831	677	－160	124

9－8 续表 （2019年） 单位:万元

指标名称	资产总计	主营业务收入	主营业务成本	营业利润	应付职工薪酬(本年贷方累计发生额)
二、餐饮业	**285077**	**164164**	**87313**	**2028**	**37936**
其中:国有控股	96332	48582	18444	－1689	12983
1、按登记注册类型分组					
内资企业	259899	154722	81416	2367	35189
国有企业	48024	10145	3468	111	1584
集体企业					
有限责任公司	81108	67114	28011	－270	17261
其他有限责任公司	78702	60361	25822	922	15007
股份有限公司	9217	8942	4078	63	2879
私营企业	121551	68522	45859	2462	13465
私营独资企业	9514	19899	15508	1112	2832
私营合伙企业					
私营有限责任公司	112037	48623	30351	1351	10633
私营股份有限公司					
港、澳、台商投资企业	14759	3590	1137	80	1279
港、澳、台商独资经营企业	14759	3590	1137	80	1279
外商投资企业	10420	5852	4760	－419	1468
外资企业	10420	5852	4760	－419	1468
2、按国民经济行业分组					
正餐服务	271231	135522	70205	－1066	32654
快餐服务	4427	13278	8158	1528	2350
餐饮配送及外卖送餐服务	2862	5182	4474	85	562
其他餐饮业	4781	1990	1618	143	768
3、按经营方式分组					
独立门店	253193	127789	67330	62	29107
连锁总店(总部)	14116	8989	4374	771	2783
连锁门店	8446	17902	9933	1165	3687
其他	9322	9484	5676	29	2358
4、按单位规模分组					
大型	12870	14945	5759	117	3986
中型	92254	50285	24037	－410	14090
小型	178588	96304	55818	2052	19449
微型	1365	2630	1699	269	412

9-9 亿元以上商品交易市场基本情况

（2019年）

指标名称	市场个数（个）	摊位总量（个）	已出租摊位（个）	本年商品成交额（万元）	营业面积（平方米）
合计	**39**	**16108**	**14436**	**5070363**	**1604225**
一、按经营环境分					
（一）露天式	6	967	948	500235	170457
（二）封闭式	26	13051	11780	4001017	1156568
（三）其他	7	2090	1708	569111	277200
二、按经营方式分					
（一）批发	23	9323	8152	3800441	1065362
（二）零售	16	6785	6284	1269922	538863
三、按市场类别分					
（一）综合市场	8	3259	2766	669071	185080
综合贸易市场	8	3259	2766	669071	185080
生产资料综合市场					
工业消费品综合市场	1	1985	1534	421800	135000
农产品综合市场	6	935	893	198398	44500
（二）专业市场	31	12849	11670	4401292	1419145
生产资料市场	7	1971	1820	501468	356417
木材市场	1	189	189	122600	30000
建材市场	4	1343	1199	116833	227737
金属材料市场	2	439	432	262035	98680
农产品市场	11	3950	3487	2354795	206644
粮油市场	1	473	473	310180	6500
肉禽蛋市场	1	20	20	12900	2500
水产品市场	4	752	432	263400	103444
蔬菜市场	1	350	348	1235174	50300

9－9　续表　　　　　　　　　　　　　（2019 年）

指标名称	市场个数（个）	摊位总量（个）	已出租摊位（个）	本年商品成交额（万元）	营业面积（平方米）
干鲜果品市场	1	185	185	355985	10800
食品、饮料及烟酒市场					
食品饮料市场					
纺织、服装、鞋帽市场	3	2201	2015	417296	263536
布料及纺织品市场	2	1595	1432	391693	193320
鞋帽市场					
黄金、珠宝、玉器等首饰市场					
黄金、珠宝、玉器等首饰市场					
电器、通讯器材、电子设备市场					
计算机及辅助设备市场					
家具、五金及装饰材料市场	5	3273	2979	901767	443839
家具市场					
装饰材料市场	2	1470	1350	482627	201839
五金材料市场	1	513	513	66790	52000
汽车、摩托车及零配件市场	2	376	364	55018	70200
汽车市场	1	26	22	14167	5200
机动车零配件市场	1	350	342	40851	65000
花、鸟、鱼、虫市场	1	512	512	147011	48000
花卉市场	1	512	512	147011	48000
旧货市场					
其他旧货市场					
其他专业市场	2	566	493	23937	30509
其他专业市场	2	566	493	23937	30509

9－10　全市住宿餐饮企业营业额前20名排序

（2019年）

单位名称	地区	位次
江苏扬城一味餐饮管理有限公司	景区	1
扬州会议中心	邗江区	2
扬州富春饮服集团有限公司	广陵区	3
扬州方正国际大酒店有限公司	江都区	4
扬州锦泉花屿酒店管理有限公司	景区	5
冶春餐饮股份有限公司	景区	6
扬州花园国际大酒店有限公司	开发区	7
江苏长青投资实业有限责任公司	江都区	8
扬州广德酒店管理有限公司	广陵区	9
扬州市西园饭店有限责任公司	景区	10
宝应润荷国际大酒店有限公司	宝应县	11
扬州扬子江会议中心经营管理有限责任公司	邗江区	12
扬州迎宾馆经营管理有限公司	景区	13
扬州鼎正餐饮管理有限公司	邗江区	14
扬州二十四桥宾馆管理有限公司	邗江区	15
扬州众银酒店有限公司	邗江区	16
扬州景诚国际饭店有限公司	江都区	17
扬州中集华宇酒店投资有限公司	邗江区	18
扬州新世纪大酒店有限责任公司	开发区	19
扬州宇欣餐饮管理有限公司	开发区	20

9－11　全市批发零售企业商品销售额前20名排序

（2019年）

单　位　名　称	地　区	位　次
上海上汽大众汽车销售有限公司仪征公司	仪征市	1
江苏省烟草公司扬州市公司	邗江区	2
中国石化销售股份有限公司江苏扬州石油分公司	广陵区	3
国药控股扬州有限公司	广陵区	4
江苏福江炉料加工有限公司	江都区	5
永丰余工纸(扬州)投资有限公司	开发区	6
扬州百源通讯设备有限公司	邗江区	7
扬州金鹰国际实业有限公司	广陵区	8
扬州市众成金属材料有限公司	广陵区	9
江苏华伦星聚河化工销售有限公司	江都区	10
中国石油天然气股份有限公司江苏扬州销售分公司	邗江区	11
江苏威达电源有限公司	高邮市	12
江苏平丰物资有限公司	仪征市	13
扬州利之星汽车维修服务有限公司	邗江区	14
江苏方正钢铁集团有限公司	江都区	15
江苏东风南方汽车销售服务有限公司	邗江区	16
扬州苏宁易购销售有限公司	广陵区	17
都亦产业链服务(扬州)有限公司	江都区	18
扬州信宝行汽车销售服务有限公司	邗江区	19
江苏宏信商贸股份有限公司	江都区	20

10

服 务 业

编辑:钱坤

10－1　规模以上服务业企业主要经济指标(一)

(2019 年)　　单位:万元

指标名称	单位数(个)	固定资产原价	资产总计	所有者权益合计	营业收入
总　　计	**859**	**4540908**	**22001154**	**8858543**	**4900092**
按登记注册类型分组					
内资企业	846	4190234	21382681	8568757	4779260
国有企业	23	222298	974421	313105	396711
集体企业	18	106329	112885	22878	29626
股份合作企业	1	20	362	2	853
有限责任公司	201	2245372	17293067	7043791	1801857
股份有限公司	27	963430	676727	320927	546438
私营企业	547	515196	2126425	784956	1882229
其他企业	29	137588	198795	83099	121547
港、澳、台商投资企业	6	29989	316771	101937	55849
外商投资企业	7	320685	301702	187848	64984
按企业控股情况分组					
国有控股	109	3030434	14874302	6368082	2088228
集体控股	38	147496	214836	73177	112646
私人控股	635	684738	2529377	995845	2199552
港澳台商控股	7	112064	411133	55092	76588
外商控股	4	161276	167494	67930	24328
其他	29	108626	3167000	987754	188058
按行业分组					
道路运输业	153	618513	904713	338308	572394
水上运输业	32	259505	267794	173866	144309
航空运输业	1	168370	363725	279749	15200
多式联运和运输代理业	14	6259	24328	10278	53989
装卸搬运和仓储业	27	379174	896002	271344	442996
邮政业	13	53136	112747	55301	193729
电信、广播电视和卫星传输服务	6	1311920	658095	157136	525057
互联网和相关服务	2	920	5658	－121	18213
软件和信息技术服务业	52	38371	181218	113579	192338
房地产业	85	28622	172674	6591	181907

10－1 续表 （2019 年） 单位：万元

指标名称	单位数（个）	固定资产原价	资产总计	所有者权益合计	营业收入
租赁业	10	13818	404073	117475	36619
商务服务业	180	741457	12981343	5395466	1224794
研究和试验发展	12	49417	169248	140789	51063
专业技术服务业	80	369253	3600205	1254948	697535
科技推广和应用服务业	24	12039	48363	26471	75690
生态保护和环境治理业	6	40770	66425	39720	29280
公共设施管理业	22	127268	645917	291959	69612
土地管理业					
居民服务业	19	8834	22464	4611	22903
机动车、电子产品和日用产品修理业	8	1954	4527	1010	8388
其他服务业	3	195	932	682	3883
教育	23	82453	125671	65046	63131
卫生	13	137064	164301	52973	151591
社会工作	1	22033	28933	9344	1381
新闻和出版业	5	27515	51818	20758	31903
广播、电视、电影和录音制作业	34	17145	49461	1991	46638
文化艺术业	8	5049	18401	6988	7841
体育	5	6457	8148	5985	5254
娱乐业	21	13398	23970	16296	32457
按地区分组					
广陵区	95	697964	4610715	1934998	502293
邗江区	270	978065	3560440	1280554	1330545
江都区	46	506703	788712	467182	360697
宝应县	92	122023	229048	137982	351595
仪征市	83	172468	599684	239702	378608
高邮市	117	241221	5066558	1608995	550629
开发区	62	1267040	1518072	477375	814680
蜀岗瘦西湖景区	39	190942	907417	356755	200770
生态科技新城	39	148546	2004061	1230963	217859
化学工业园区	16	215935	2716447	1124037	192416

10－2　规模以上服务业企业主要经济指标(二)

(2019 年)　　　　单位:万元

指标名称	税金及附加	其中：主营业务税金及附加	销售费用	管理费用	财务费用	营业利润	利润总额
总　　计	**51657**		**215146**	**424561**	**142780**	**246916**	**356440**
按登记注册类型分组							
内资企业	50092		213714	416327	137833	219532	329364
国有企业	844		12443	45623	461	8885	9846
集体企业	241		468	5109	448	－14151	2185
股份合作企业	7		370	389	0	70	70
有限责任公司	27260		73118	143689	114958	57316	143372
股份有限公司	5399		43749	54256	1403	35695	36029
私营企业	16135		82415	145601	18601	126987	133130
其他企业	207		1151	21661	1962	4729	4733
港、澳、台商投资企业	618		712	3338	1554	7225	7232
外商投资企业	946		720	4896	3393	20159	19845
按企业控股情况分组							
国有控股	26561		102199	168418	76473	97119	175467
集体控股	1058		2030	12078	616	－5673	11109
私人控股	19557		95712	173071	22416	148412	160129
港澳台商控股	1466		5900	4946	18249	2353	2303
外商控股	668		369	1635	3700	1990	1676
其他	1980		3371	17860	18177	1044	4778
按行业分组							
道路运输业	6691		9883	46925	8269	－32466	48344
水上运输业	585		1628	6416	982	12131	12468
航空运输业	7		21	1491	648	3960	4042
多式联运和运输代理业	112		1172	2828	63	1626	1729
装卸搬运和仓储业	943		5421	10788	4107	16532	16207
邮政业	422		3559	15311	480	17910	17870
电信、广播电视和卫星传输服务	1313		73448	31811	3368	74934	74217
互联网和相关服务	56		451	930	19	－283	－201
软件和信息技术服务业	1072		15534	15939	1351	20960	22610
房地产业	2023		10908	20858	2918	3348	3759

指标名称	税金及附加	其中：主营业务税金及附加	销售费用	管理费用	财务费用	营业利润	利润总额
租赁业	264		376	1491	185	12284	12274
商务服务业	25330		40986	102974	89095	65122	85053
研究和试验发展	393		802	2489	1221	7438	7583
专业技术服务业	8665		28740	75101	23038	15582	21287
科技推广和应用服务业	199		1657	3751	109	5727	5942
生态保护和环境治理业	575		370	2745	327	9646	10077
公共设施管理业	601		5404	20708	2649	－2396	－2381
土地管理业							
居民服务业	257		2747	2312	372	1742	1981
机动车、电子产品和日用产品修理业	239		554	1280	45	242	250
其他服务业	194		142	374	99	447	447
教育	187		742	14181	635	2982	2981
卫生	179		1717	24073	1353	341	239
社会工作	2			1065		73	73
新闻和出版业	105		375	6258	383	1653	1724
广播、电视、电影和影视录音制作业	444		6038	6671	710	1466	1934
文化艺术业	55		925	1388	200	455	470
体育	45		219	1420	－1	1097	1095
娱乐业	699		1329	2982	157	4363	4369
按地区分组							
广陵区	12383		11653	56380	34457	－34787	31365
邗江区	11028		79073	118100	42085	129577	129300
江都区	777		11103	20541	3064	7781	26859
宝应县	1775		12653	17855	1523	24213	25115
仪征市	2320		4353	35769	3446	14327	20609
高邮市	5481		19449	31274	28900	24154	31521
开发区	6676		63143	72186	3166	33932	34128
蜀岗瘦西湖景区	2818		8026	44363	7180	7505	8608
生态科技新城	6280		4007	13109	2804	10263	10368
化学工业园区	2120		1687	14986	16155	29952	38568

10－3　全市规模以上服务业企业资产前20名排序

（2019年）

单位名称	地区	位次
扬州市城建国有资产控股(集团)有限责任公司	广陵区	1
高邮市建设投资发展集团有限公司	高邮市	2
扬州化工产业投资发展有限公司	化工园区	3
扬州新盛投资发展有限公司	生态科技新城	4
扬州市交通产业集团有限责任公司	邗江区	5
扬州维扬发展投资有限公司	邗江区	6
扬州科丰高新产业投资开发集团有限公司	高邮市	7
高邮市水务产业投资集团有限公司	高邮市	8
高邮市振驿新农村建设投资发展有限公司	高邮市	9
中央储备粮扬州直属库	开发区	10
扬州泰州国际机场投资建设有限责任公司	江都区	11
扬州市瘦西湖风景区管理处	风景区	12
中国电信股份有限公司扬州分公司	开发区	13
高邮市国有资产投资运营有限公司	高邮市	14
江苏如家酒店设施设备租赁有限公司	仪征市	15
高邮市古驿名城文化旅游开发集团有限公司	高邮市	16
江苏华东文化科技融资租赁有限公司	风景区	17
扬州市公共交通集团有限责任公司	广陵区	18
中国移动通信集团江苏有限公司扬州分公司	邗江区	19
中国石油化工股份有限公司江苏油田分公司	开发区	20

10－4　全市规模以上服务业企业营业收入前20名排序

（2019年）

单位名称	地区	位次
中国移动通信集团江苏有限公司扬州分公司	邗江区	1
中国电信股份有限公司扬州分公司	开发区	2
中国石油化工股份有限公司江苏油田分公司	开发区	3
高邮市交通产业投资集团有限公司	高邮市	4
扬州化工产业投资发展有限公司	化工园区	5
扬州市江都区粮食收储总公司	江都区	6
中国邮政集团公司扬州市分公司	邗江区	7
中央储备粮扬州直属库	开发区	8
扬州新盛投资发展有限公司	生态科技新城	9
扬州锦都国际酒店用品城有限公司	生态科技新城	10
扬州市城建国有资产控股（集团）有限责任公司	广陵区	11
江苏宝应湖粮食物流中心有限公司	宝应县	12
扬州天工建筑劳务有限公司	高邮市	13
扬州顺丰速运有限公司	邗江区	14
扬州市江都区万源粮食购销有限公司	江都区	15
江苏笛莎公主文化创意产业有限公司	邗江区	16
中国联合网络通信有限公司扬州市分公司	开发区	17
扬州洪泉医院	江都区	18
高邮市建设投资发展集团有限公司	高邮市	19
扬州柯莱斯物流有限公司	广陵区	20

11

交通运输和邮电

编辑:项月

11－1　主要年份全社会客货运输量

年　份	客运量（万人）	#公　路	#水　运	货运量（万吨）	#公　路	#水　运
1952	111	89	22	32	12	20
1957	420	336	84	166	60	106
1962	625	502	123	188	68	120
1965	813	650	163	303	109	194
1970	1218	974	244	380	137	243
1975	2460	1968	492	629	226	403
1978	3369	2538	831	875	320	555
1979	3810	2959	851	853	325	528
1980	4451	3535	916	1104	405	699
1981	5338	4440	898	953	347	606
1982	6057	5121	936	1081	383	698
1983	6717	5813	904	1178	399	779
1984	7003	6327	676	871	355	516
1985	7127	6531	596	2134	1109	1025
1986	7085	6519	566	2325	893	1432
1987	7096	6555	541	2115	1133	982
1988	6905	6408	497	2429	1282	1147
1989	6210	5829	381	2229	1248	981
1990	5768	5494	274	1985	1112	873
1991	5599	5333	266	2256	1183	1073
1992	6404	6250	154	3593	1890	1703
1993	6561	6378	183	2917	2013	904
1994	2652	2597	55	3040	1462	1578
1995	4961	4903	58	5718	3040	2678
1996	4451	4415	36	3442	2437	1005
1997	5915	5876	39	3860	2637	1223
1998	5928	5874	54	3802	2638	1164
1999	6095	6065	30	4633	3473	1160
2000	6207	6180	27	4686	3516	1170
2001	6353	6331	22	4867	3692	1175
2002	6590	6571	19	4933	3740	1193
2003	6897	6880	17	5223	3977	1246
2004	7473	7413	17	5518	4197	1317
2005	8144	8096	15	5855	4433	1373
2006	8703	8595	15	6407	4902	1480
2007	9619	9476	15	7270	5598	1645
2008	10564	10400	15	8057	6209	1827
2009	6507	6330	33	8022	5069	2932
2010	7276	7101	39	9333	5886	3426
2011	8194	8152	42	11112	6881	4231
2012	8908	8878	30	12244	7645	4599
2013	4769	4746	23	10528	5924	4604
2014	4804	4792	12	11596	6504	5092
2015	4159	4146	13	12162	6419	5743
2016	3852	3840	12	12324	6546	5778
2017	3427	3421	6	13374	7112	6262
2018	3101	3094	7	14127	7634	6493
2019	2942	2931	11	11829	4898	6931

11－2　全社会客货运输量

（2019 年）

项　　目	单　　位	数　　值
公路客运量	万人次	2931
公路旅客周转量	万人公里	266250
公路货运量	万吨	4898
公路货物周转量	万吨公里	798513
水路客运量	万人次	11
水路旅客周转量	万人公里	66
水路货运量	万吨	6931
水路货物周转量	万吨公里	2947860
机场旅客吞吐量	万人	297.97
机场货邮吞吐量	万吨	1.244
铁路旅客发送量	万人次	325.31
铁路货运量	万吨	21

11－3　分地区客货运输量

（2019 年）

项　　目	单　位	全　市	广　陵	邗　江	江　都	宝　应	仪　征	高　邮
客运量	万人	2942	19	63	422	461	258	658
旅客周转量	万人公里	266316	726	5734	38327	41840	23465	59808
货运量	万吨	11829	1285	683	2161	1401	4811	944
货物周转量	万吨公里	3746373	253118	132001	681226	497333	1848455	233736

11－4　公路、航道基本情况

（2019 年）

指　　标	全　市	邗　江	江　都	宝　应	仪　征	高　邮
公路总里程（公里）	**9726.38**	**1021.50**	**2165.50**	**1976.15**	**1592.11**	**2216.59**
按等级分						
高速	293.69	54.34	92.42	40.29	47.47	44.26
一级	608.82	91.58	143.42	72.69	126.63	99.83
二级	1348.80	149.51	246.83	339.42	152.00	357.03
三级	791.13	79.92	227.92	58.95	198.85	166.45
四级	6323.43	623.35	1270.06	1356.41	1067.16	1515.53
等外	360.52	22.80	184.86	108.40	0.00	33.49
按行政等级分						
国道	489.97	36.30	149.78	104.07	73.02	98.49
省道	594.54	85.93	111.99	117.71	116.97	111.81
县道	1304.76	100.24	276.91	227.87	239.56	378.81
乡道	3534.81	374.26	845.55	599.44	560.52	865.64
村道	3802.31	424.77	781.27	927.06	602.05	761.85
按路面标准分						
高级	9452.15	998.13	2165.50	1807.38	1569.29	2175.91
次高级	12.38			2.18	10.21	
其他	261.84	23.37	0.00	166.60	12.62	40.68
公路桥梁（座）	4218	242	956	1117	202	1582
公路桥梁长度（延米）	198680.25	26308.86	50362.13	38505.95	14087.96	58282.92
内河航道总里程（公里）	2296.82	235.35	650.79	594.85	107.86	629.75
#水深 1 米以上里程	2121.53	191.18	543.42	594.85	101.67	620.49
船闸（座）	6		2	2		2

注：1、市区与邗江、江都是并列的辖区。2、船闸是指市交通局管理的船闸，不含京杭运河上的施桥和邵伯船闸。

11－5 历年扬州港吞吐量

年 份	货运吞吐量(万吨)	#外贸吞吐量	集装箱吞吐量(万标箱)
1999	1396.0	42	5.0
2000	1429.0	56.0	6.1
2001	1506.0	94.0	6.0
2002	1611.0	133.0	9.9
2003	1769.0	177.0	13.6
2004	2256.0	213.0	13.2
2005	4658.0	249.0	8.0
2006	5133.2	301.0	23.0
2007	5549.4	332.5	27.0
2008	5787.1	369.8	28.0
2009	6423.2	338.9	23.2
2010	7384.5	405.1	32.0
2011	8453.0	408.8	41.0
2012	8822.5	484.2	41.0
2013	10006.8	114.9	52.0
2014	12138.4	710.4	56.0
2015	11026.2	902.7	62.0
2016	12159.6	915.0	51.0
2017	13222.8	1132.2	51.0
2018	14132.0	1114.0	50.7
2019	13917.0	1132.0	52.3

11－6　扬州港基本情况

（2019 年）

指　　标	单　位	数　值
1. 生产用码头泊位个数	个	192
总延长	米	19665
设计吞吐能力	万吨	14243
2. 泊位中万吨级码头	个	29
3. 全社会港口货物吞吐量	万吨	13917
其中:外贸吞吐量	万吨	1132
其中:长江干流港口吞吐量	万吨	11512
京杭运河吞吐量	万吨	2405
4. 集装箱吞吐量	万 TEU	52.34
货重	万吨	313.86

11－7 全社会港口货物吞吐量

（2019 年） 单位:万吨

指　　标	总　　计	按进出港分	
		出　港	进　港
总计	**13917**	**4717**	**9200**
煤炭及制品	4075	1521	2553.815
石油、天然气及制品	1765	607.7879	1156.6644
金属矿石	2021	774	1247.15
钢铁	620	372	248
矿建材料	4016	785	3231
水泥	604	418	186
木材	143	11	132
非金属矿石	103	49	54
化肥及农药	22	5	17
盐	50	0	50
粮食	55	51	4
机械、设备、电器	36	35	1
化工原料及制品	405	88	317
有色金属	0	0	0
轻工、医药产品	2	2	0
农、林、牧、渔业产品	0	0	0
其他	0	0	0

11－8　全社会营业性运输车船(内河)数

指　标	单位	2014年	2015年	2016年	2017年	2018年	2019年
客运车辆	辆	1617	1480	1409	1399	1329	1356
	客位	59088	56445	57525	57225	54581	55019
货运车辆	辆	45917	45626	47150	45449	45120	32051
	吨位	291891	296749	313825	319070	332787	333096
内河运输船舶	艘	3121	2827	2704	2455	2383	2178
	吨位	5578243	6086442	6342755	6124936	5674748	4631830
其中:客船	艘	15	15	15	15	15	12
	客位	1100	1100	1100	1100	1100	1062
货船	艘	2843	2565	2481	2284	2183	1998
	吨位	5518705	6029627	6296255	6080719	5626056	4586966
拖船	艘	45	41	42	30	39	33
	吨位	7296	6801	7021	5022	7162	6181
驳船	艘	218	206	166	126	146	135
	吨位	58943	56448	46133	43850	48325	44497

11－9　邮电通讯基本情况

指　　标	计量单位	2015 年	2016 年	2017 年	2018 年	2019 年
邮电业务总量	亿元	75.45	93.92	136.97	232.37	443.13
#邮政行业业务总量	亿元	20.60	26.61	36.08	42.44	51.70
电信业务总量	亿元	54.85	67.31	100.89	189.93	391.43
邮电业务收入	亿元	56.91	61.08	67.39	73.15	78.21
#邮政行业业务收入	亿元	16.50	19.25	23.36	27.61	31.91
电信业务收入	亿元	40.41	41.83	44.03	45.54	46.30
函件	万件	1883.23	1161.61	689.96	441.86	356.02
包件	万件	12.11	9.27	8.97	8.71	7.25
报纸累计数	万张	6896.49	6530.74	6276.93	6317.59	6660.69
杂志累计数	万份	397.09	354.40	352.59	320.73	290.43
快递	万件	7782.23	10736.31	13045.89	15459.53	17515.80
固定电话用户数	万户	115.75	107.17	99.16	93.48	89.95
移动电话用户数	万户	450.42	476.50	501.22	531.67	551.15
宽带用户数	万户	123.42	140.29	160.40	171.56	176.07

12

对外经济贸易和旅游

编辑:项月

12－1　对外贸易出口总额

（2019 年）　　单位：万美元

项　　目	进出口总额	出　　口	进　　口
总　　计	**1130517**	**836469**	**294049**
一、按地区分组			
开发区	217539	156516	61024
广　陵	149642	136329	13313
邗　江	232290	202253	30037
江　都	226878	144112	82767
宝　应	100441	77294	23148
仪　征	150951	73495	77456
高　邮	50590	44591	5999
二、按贸易方式分组			
一般贸易	864837	640319	224518
加工贸易	241058	179493	61565
其　　他	24623	16657	7966

12－2 分地区进出口总额

(2019 年)　　单位:万美元

地 区	进出口总额	出 口	进 口
亚 洲	450444	284084	166360
非 洲	62913	62539	374
欧 洲	242653	207013	35639
拉丁美洲	82183	72437	9745
北美洲	187091	177987	9105
大洋洲	105227	32408	72820
其 他	6	0	6

12－3 外商直接投资情况

(2019 年)　　单位:万美元

地 区	实际使用外资金额	协议外资金额
全 市	**138756**	**350947**
开发区	33007	81767
广 陵	22786	62993
邗 江	30549	84098
江 都	23215	46268
宝 应	8733	23698
仪 征	20042	33965
高 邮	9306	18158

12－4　分国别利用外资情况

（2019 年）

国别（地区）	项目个数（个）	实际使用外资金额（万美元）
总计	**155**	**138756**
亚洲	**122**	**113990**
阿富汗	1	0
文莱	0	41
柬埔寨	2	0
香港	79	99808
印度	1	0
印度尼西亚	0	0
以色列	8	0
日本	4	867
澳门	3	16
马来西亚	2	0
新加坡	3	6274
韩国	5	331
叙利亚	0	0
台湾省	13	6653
哈萨克斯坦	1	0
非洲	**3**	**1158**
阿尔及利亚	1	0
毛里求斯	0	900
塞舌尔	1	258
南非	0	0
刚果（金）	1	0
欧洲	**12**	**4026**
丹麦	0	1418
英国	4	225

国别（地区）	项目个数（个）	实际使用外资金额（万美元）
德国	3	0
法国	0	0
意大利	1	0
荷兰	0	1240
西班牙	0	0
奥地利	1	0
芬兰	0	134
马耳他	0	0
挪威	1	0
波兰	0	5
瑞士	1	1004
俄罗斯联邦	1	0
南美洲	**5**	**4605**
巴巴多斯	0	0
开曼群岛	0	802
英属维尔京群岛	5	3803
北美洲	**6**	**1791**
加拿大	1	500
美国	5	291
百慕大	0	1000
大洋洲	**1**	**2007**
澳大利亚	0	1500
萨摩亚	1	507
其他	**5**	**11179**
投资性公司投资	5	11179

12－5　分行业利用外资情况

（2019 年）

行　　业	项目(企业)个数 (个)	实际使用外资金额 (万美元)
总　　计	155	138756
农、林、牧、渔业	**2**	**345**
农业	1	9
制造业	54	28476
纺织业	0	557
化学原料及化学制品制造业	1	8488
医药制造业	1	0
通用设备制造业	7	7406
专用设备制造业	14	1079
计算机、通信及其他电子设备制造业	5	964
电力、燃气及水的生产和供应业	6	7894
建筑业	15	14348
批发和零售业	22	2134
交通运输、仓储和邮政业	1	5
住宿和餐饮业	3	0
信息传输、软件和信息技术服务业	9	4011
金融业	0	1500
房地产业	3	31106
房地产开发经营	2	30599
租赁和商务服务业	14	11022
科学研究和技术服务业	24	37252
水利、环境和公共设施管理业	0	200
居民服务、修理和其他服务业	0	463
教育	1	0
卫生和社会工作	1	0
文化、体育和娱乐业	0	0

12－6 对外经营和投资合作情况

（2019 年） 单位：万美元

地　区	外经营业额	对外投资总额
全　市	36573	53472
开发区	8640	12272
广　陵	9581	11328
邗　江	6825	11116
江　都	9575	13735
宝　应	1037	3504
仪　征	0	601
高　邮	915	915

12－7 境外投资情况

（2019 年）

单　位	新批项目数（个）	中方协议投资额（万美元）
全　市	39	13642.9
开发区	3	2051.8
广　陵	4	111.8
邗　江	11	3063.5
江　都	11	7361.4
宝　应	6	328.4
仪　征	2	524
高　邮	2	202

12－8 旅游业主要指标

指标名称	计量单位	2013 年	2014 年	2015 年	2016 年	2017 年	2018 年	2019 年
入境游客人数	万人次	4.78	5.35	5.12	5.86	6.78	7.64	7.96
旅游总收入	亿元	465.05	535.38	600.71	691.39	796.72	917.90	1010.20
旅游外汇收入	万美元	3700	4919	5588	6280	7506	8341	8548
国内游客	万人次	3965.36	4545.88	5027.21	5622.02	6290.60	7036.59	7739.11
国内旅游收入	亿元	454.42	525.21	592.00	681.91	785.29	904.76	996.33

12－9　星级饭店、宾馆基本情况

单位名称	星评等级	地　址	客房数（间）	床位数（张）	地　区
扬州迎宾馆	5	扬州市瘦西湖路48号	307	429	蜀冈－瘦西湖风景名胜区
江苏汇金国际酒店	5	扬州市平山堂东路3号	123	199	蜀冈－瘦西湖风景名胜区
扬州云鹤金陵大饭店	5	扬州市文昌西路318号	258	368	邗江区
扬州西园饭店	5	扬州市丰乐上街1号	99	117	蜀冈－瘦西湖风景名胜区
扬州京华大酒店	4	扬州市文昌中路559号	312	469	邗江区
扬州新世纪大酒店	4	扬州市维扬路101号	321	538	经济技术开发区
扬州花园国际大酒店	4	扬州市江阳中路236号	275	433	经济技术开发区
扬州京江大酒店	4	扬州市江都区文昌东路东首	173	273	江都区
仪征怡景半岛酒店	4	仪征市胥浦河滨路12号	159	226	仪征市
扬州市黎明大酒店有限公司	4	仪征市真州路121号	141	210	仪征市
扬州市蓝天大厦酒店有限责任公司	4	扬州市汶河北路42号	143	257	广陵区
扬州皇华国际大酒店	4	高邮海潮东路18号	72	123	高邮市
高邮加洲阳光大酒店	4	江苏省高邮市秦邮路138号	160	232	高邮市
高邮华侨国际大酒店	4	高邮市文游中路32－34号	107	163	高邮市
扬州空港宾馆	4	扬州市江都区丁沟镇扬州泰州机场	95	169	江都区
扬州宾馆	3	扬州市丰乐上街5号	157	281	蜀冈－瘦西湖风景名胜区
江都大酒店	3	江都区仙女镇引江路48号	116	200	江都区
仪征市金穗大酒店	3	仪征市东园北路18号	30	36	仪征市
扬州广源集团有限公司丁山宾馆	3	扬州市南通西路79号	130	182	广陵区
江苏枣林湾实业有限公司枣林山庄	3	仪征市枣林湾生态园枣林湖畔	98	193	仪征市
扬州萃园城市酒店	3	扬州市文昌中路459号	94	153	广陵区
扬州远锦国际大酒店	3	扬州市华扬路291号	91	156	邗江区
江苑宾馆	3	扬州第二发电厂内	98	152	经济技术开发区
铁道部扬州培训中心铁道宾馆	3	扬州市邗江区扬子江北路451号	62	95	蜀冈－瘦西湖风景名胜区
仪征和平大酒店	3	仪征市工农北路1号	36	64	仪征市
扬州恒春源宾馆	3	扬州市邗江中路427号	143	268	邗江区
格林豪泰扬州大厦酒店	3	扬州市文昌中路320号	203	337	广陵区
江都市百乐门大酒店	3	江都区工农路2号	99	160	江都区
宝应皇冠大酒店	3	宝应白田中路11号	96	173	宝应县
江都雄都饭店	3	江都区人民路26号	132	217	江都区
怡园饭店	3	扬州市四望亭路1号	47	73	广陵区
扬州锦润国际大酒店	3	江都区浦江路1号	86	128	江都区
江都邵伯紫京饭店	3	江都区邵伯镇甘棠路108号	70	127	江都区
宝应天元大酒店	3	宝应县苏中北路6号	80	131	宝应县
扬州石塔宾馆	3	扬州市文昌中路590号	204	396	广陵区
扬州曙光宾馆	2	江苏省扬州市江阳中路134号	56	104	经济技术开发区

12－10　旅行社基本情况

单位名称	地　址	地　区
扬州市旅游集散中心有限公司	扬州市渡江南路27号	邗江
江苏卓悦国际旅行社有限公司	扬州市皇宫巷33号5幢104室	邗江
扬州小秦淮国际旅行社有限公司	扬州市四望亭路219号	邗江
宝中(江苏)国际旅行社有限公司	扬州市邗江区翠岗综合楼－A1－4	邗江
扬州华青国际旅行社有限公司	扬州市邗江区翡翠城8－1210	邗江
江苏蜂巢国际旅行有限公司	扬州市邗江区环保科技产业园企业社区A幢065室	邗江
扬州悠客国际旅行社有限公司	扬州市邗江区翠柳苑(现代广场)9－206	邗江
志成信(扬州)旅游信息技术有限公司	扬州市邗江区国展路56号	邗江
扬州交通旅游集散有限公司	扬州市邗江区文昌西路525号新盛商务中心3号楼4楼	邗江
江苏芳华旅游有限公司	扬州市邗江区扬子江中路757号1幢515	邗江
江苏熊爸爸国际旅行社有限公司	扬州市邗江区文昌西路456号华城科技广场2号楼0106室	邗江
江苏小狼欢腾旅行服务有限公司	扬州市邗江区文汇西路215号(华远国际大厦)A区535	邗江
扬州众途国际旅行社有限公司	扬州市邗江区京华城中城一期西侧商业街(顽乐城)	邗江
扬州锦江研学国际旅行社有限公司	扬州市邗江区文昌中路650号301	邗江
江苏宏途旅业有限公司	扬州市邗江区四季园新村综合5－302(金盛商务楼)	邗江
扬州悠游假期国际旅行社有限公司	扬州市平山堂路(瘦西湖北门对面停车场内)	邗江
扬州嘉旭旅游有限责任公司	扬州市邗江区蒋王镇冯庄村厉庄组	邗江
扬州博客旅行社有限公司	金茂广场(1－301,1－302)	邗江
江苏平安国际旅游有限公司	扬州市文昌中路678号2－2	邗江
扬州市玉屏国际旅行社有限公司	扬州市邗江区扬子江中路729号	邗江
扬州康泰国际旅行社有限公司	望月路432号(孙庄西路21号)	邗江
扬州众诚旅行社有限公司	扬州市润扬广场3幢202室	邗江
扬州市地平线旅行社有限公司	扬州市文昌西路56号公元国际大厦421室	邗江
扬州茉莉花国际旅行社有限公司	扬州市邗江区国展路56号业恒生活广场807	邗江
扬州路路通国际旅行社有限公司	扬州市百祥路63号	邗江
扬州春晖旅行社有限公司	扬州市新城河路520号	邗江
扬州小骆驼国际旅行社有限公司	扬子江北路259号301、302、303室	邗江
扬州苏宁旅行社有限公司	扬子江北路101号双桥商务广场A座629室	邗江
扬州爱尚国际旅游有限公司	扬州市扬子江北路819号A幢305室	邗江
扬州天一国际旅游有限公司	扬州市文汇西路303号西城上筑4幢1013室	邗江
扬州万里行国际旅行社有限公司	扬州市四望亭路399－8号(旺庭公馆)	邗江
扬州润扬国际旅行社有限公司	扬州市四望亭路190号	邗江
扬州中江旅行社有限公司	扬州市文昌中路672号	邗江
扬州市中原旅行社有限公司	扬州市文汇东路263－265号	邗江
扬州新视野教育国际旅行社有限公司	扬州市扬子江中路757号312室	邗江
扬州市纵横旅行社有限公司	扬州市四望亭路279号太和广场347室	邗江
扬州环宇国际旅行社有限公司	扬州市江阳商贸城18－318	邗江
扬州知北游文化旅游有限公司	扬州市邗江区文昌中路650号312室	邗江
扬州天成研学国际旅行社有限公司	扬州市邗江中路451号	邗江
扬州新天旅行社有限公司	扬州金都汇3幢308室	邗江
扬州新国航国际旅行社有限公司	扬州市四望亭路399号旺庭公馆3－621室	邗江

12－10　续表 1

单位名称	地　址	地　区
扬州京华国际旅行社有限公司	扬州市大学北路 159 号	邗江
扬州二分明月旅行社有限责任公司	扬州市润扬广场 3 幢 105B	邗江
扬州中侨国际旅行社有限公司	扬州市文汇西路中 215 号华远国际大厦 A 座 509 室	邗江
扬州金桥国际旅行社有限公司	扬州市文昌西路翠西苑佳云阁 306 室	邗江
扬州烟花三月旅行社有限责任公司	扬州市邗江中路 458 号汇好数码广场 607 室	邗江
扬州西湖国际旅行社有限公司	扬州市邗江区市府西巷 2－1	邗江
扬州光大研学国际旅行社有限公司	扬州市文昌西路 56 号(公元国际大厦)1－412	邗江
扬州金阳光国际旅行社有限公司	扬州市邗江区新城河路 160 号	邗江
扬州市国泰旅游有限公司	西城上筑苑 4 幢 626－627 号(文汇西路 303 号)	邗江
扬州市华悦国际旅行社有限公司	扬州市扬子江北路 387 号	邗江
扬州市中国旅行社有限责任公司	扬州市汶河北路 18 号	广陵
扬州中国青年旅行社有限公司	四望亭路 6 号	广陵
国旅(江苏)扬州国际旅行社有限公司	扬州市广陵区汶河北路 145 号	广陵
扬州苏之旅国际旅行社有限公司	扬州市文昌中路 580 号	广陵
扬州扬汽旅行社有限公司	扬州市广陵区渡江南路 27 号	广陵
扬州万马国际旅游有限公司	扬州市广陵区江阳东路 125 号 3—605	广陵
扬州春之旅国际旅行社有限公司	扬州市广陵区四望亭路 94 号	广陵
扬州印象旅行社有限公司	扬州市广陵区文昌中路 8 号首席国际 B 座 226 室	广陵
扬州唐韵国际旅行社有限公司	扬州市广陵区盐阜西路 8 号	广陵
扬州运河风光国际旅行社有限公司	扬州市广陵区文昌中路 8 号(华泰首席国际大厦)－432	广陵
扬州漫鹿国际旅行社有限公司	扬州市经济开发区扬州大学荷花池校区 10 号楼西北	广陵
扬州五亭旅行社有限公司	扬州市广陵区立新路 24 号	广陵
扬州乐途国际旅行社有限公司	扬州市广陵区运河西路 230 号 F915 室	广陵
扬州中和国际旅行社有限公司	扬州市广陵区江阳东路 129 号(鸿锦花园)3－15－1	广陵
扬州我心飞扬国际旅行社有限公司	扬州市广陵区杉湾东苑 7－1004	广陵
扬州新众力在线国际旅行社有限公司	扬州市广陵区荷花池南街 69 号汶河文化产业园	广陵
扬州市拓展国际旅游有限公司	广陵区花局里 58 号	广陵
扬州鼎兴国际旅行社有限公司	广陵区皮坊街 3 号	广陵
扬州文广旅行社有限公司	文昌中路 60 号东廊房－3－6 轴	广陵
扬州京彩假日国际旅行社有限公司	文昌中路 8 号(华泰首席国际大厦)426 室	广陵
扬州九州行国际旅行社有限公司	扬州市盐阜西路 6 号	广陵
扬州华夏国际旅行社有限公司	扬州市广陵区临江路 205 号	广陵
扬州凯风国际旅行社有限公司	扬州市广陵区文昌中路 58 号 3－7 层－602－1	广陵
江苏国都之旅国际旅游有限公司	运河西路 588－310、311 号(壹位商业广场)	广陵
扬州新时代商务旅行社有限公司	文化里 3 号	广陵
扬州文化商务旅行社有限公司	渡江南路西侧七里河南侧(江南左岸 1 幢 901 室)	广陵
扬州山水国际旅行社有限公司	扬州市邗江区京华城路 18 号端木大厦 5 栋 2002 室	广陵
哥伦布极限旅行江苏有限公司	泰州路 43 号	广陵
扬州燕宇旅行社有限公司	扬州市广陵区汶河北路 42 号	广陵
扬州天马国际旅游发展有限公司	扬州盐阜东路 9 号	广陵
扬州新华旅行社有限公司	扬州市东方名城 1－03 幢 302 室	广陵

12－10　续表 2

单位名称	地　址	地　区
扬州中信旅行社有限公司	扬州市江阳东路 125 号滨河国际广场 676 室	广陵
扬州自由漫步旅行社有限公司	扬州市泰州路 22－1 号 22 号	广陵
扬州天天游旅行社有限公司	扬州市文昌中路 395 号星月宾馆内 3 楼 306	广陵
扬州夕阳红旅行社有限公司	扬州市四望亭路 51 号－518	广陵
扬州蓝天国际旅行社有限公司	扬州市广陵区运河西路 230 号 F915 室	广陵
扬州天地国际旅游有限公司	扬州汶河南路 44 号盛世商务楼 404 室	广陵
扬州石塔宾馆有限公司石塔旅行社	扬州市文昌中路 246 号	广陵
扬州游天下国际旅行社有限公司	扬州市沙头镇国税大道 1 号 1－9 幢	广陵
扬州市江都中原国际旅行社有限公司	扬州市江都区工农路 25 号	江都
扬州市明珠国际旅行社有限公司	扬州市江都区人民路 39 号	江都
扬州长青国际旅行社有限公司	扬州市江都区文昌东路 1002 号	江都
扬州华都国际旅行社有限公司	扬州市江都区人民路 31 号	江都
扬州青创国际旅行社有限公司	江都区龙川北路 77 号明珠山庄 1－105	江都
扬州市江都区三元国际旅行社有限公司	扬州市江都区江淮路 66 号北幢 102 室	江都
扬州金马国际旅行社有限公司	江都区新区金城银都嘉苑 B3 幢	江都
扬州市江都区春之秋国际旅行社有限公司	扬州市江都区仙女镇工农西路 41 号	江都
扬州市中友旅行社有限公司	江都市邵伯镇淮江路 101 号	江都
扬州春江花都国际旅行社有限公司	江都市中远欧洲城龙川路营业用房 170 号	江都
扬州百乐门旅行社有限责任公司	江都区仙女镇工农路 2 号(江都宾馆内)	江都
扬州世纪康辉国际旅行社有限公司	江都区三元路 33 号	江都
扬州市太平洋假日国际旅行社有限公司	扬州市江都区人民路 18 号	江都
扬州市江都区神州国际旅行社有限公司	扬州市江都区工农路 28 号	江都
扬州市雄都旅行社有限公司	江都市江都镇人民路 26 号	江都
扬州金色阳光国际旅行社有限公司	扬州市江都区人民路 20 号	江都
江苏邮驿国际旅行社有限公司	高邮市文游中路 110 号	高邮
扬州市侠客行国际旅行社有限公司	高邮市花湾路 152 号	高邮
高邮春晖国际旅行社有限公司	高邮市佳和城市花园－3	高邮
江苏致程国际旅行社有限公司	高邮市通湖路 160－14 号	高邮
扬州波司登国际旅行社有限公司	高邮市通湖路 162 号－101	高邮
扬州邮缘国际旅行社有限公司	高邮市海潮东路二期 8 号楼	高邮
高邮市中原国际旅行社有限公司	高邮市文游中路 135 号	高邮
高邮市走四方旅行社有限公司	高邮市文游中路 176 号	高邮
高邮市喜福来旅行社有限公司	高邮市海潮路南海桥北东侧	高邮
扬州好望角旅行社有限公司	宝应县安宜北路 55 号商住楼 4 号门市	宝应
宝应县环宇旅行社有限公司	宝应县名仕华庭门市 1078、1088 号	宝应
宝应县新启程旅行社有限公司	宝应县叶挺路 269 号	宝应
扬州快乐行旅行社有限公司	宝应县苏中北路 6 号	宝应
宝应宇通旅行社有限公司	宝应县白田中路 68 号(时代广场)	宝应
宝应大众旅行社有限责任公司	宝应县叶挺东路 59 号西首 1 号 2 号门市	宝应
宝应县西湖旅行社有限责任公司	宝应县安宜镇中大街 19 号	宝应
宝应润扬旅游集散中心	宝应县叶挺东路 53 号 103 室	宝应

12－10　续表3

单位名称	地　址	地　区
宝应县环球旅行社有限公司	宝应县叶挺东路47号	宝应
扬州市开元国际旅行社有限公司	仪征市大庆北路81号	宝应
宝应县青年旅行社	宝应县叶挺桥商住楼－109	宝应
扬州洲际文化旅行社有限公司	仪征市真州镇前进路186－14－5	仪征
扬州读行学堂研学旅行有限公司	仪征市枣林湾程营村联合组	仪征
扬州畅游国际旅行社有限公司	仪征市真州镇万年大道新天地花苑4幢113、213号	仪征
仪征金太阳国际旅行社有限公司	仪征市真州镇仪化生活区白沙路10号1－	仪征
扬州市枣林湾国际旅行社有限公司	仪征市真州镇万年北路220号	仪征
扬州东航旅行社有限公司	仪征市真州镇化纤生活区环南路	仪征
扬州中康国际旅行社有限公司	仪征市真州镇解放西路169号	仪征
仪征市黎明国际旅行社	仪征市真州镇真州东路30号1幢	仪征
仪征市怡华假日旅行社有限公司	仪征市真州镇化纤生活区环南路15号西南侧	仪征
仪征市化纤国际旅行社有限公司	仪征市真州镇胥浦环西路10号	仪征
仪征中北国际旅行社	仪征市真州镇工农北路419号	仪征
扬州中国国际旅行社	扬州工艺坊A区一楼1111室	仪征
扬州舜天国际旅行社有限公司	鸿福三村35－101	蜀冈
扬州苏扬文化旅游发展有限公司	扬州市蜀冈－瘦西湖风景名胜区长征西路16号101－2	蜀冈
扬州乐程特色小镇旅游发展有限公司	扬州市蜀冈－瘦西湖风景名胜区玉器街1号	蜀冈
扬州大华国际旅行社有限公司	扬州市扬子江北路399号商2－商5－42062	蜀冈
扬州龙行天下国际旅行社有限公司	扬州市史可法路30号	蜀冈
扬州新世界国际旅行社有限公司	扬州市大虹桥路停车场5号	蜀冈
扬州同程旅行社有限公司	扬州市高桥路28号莱茵苑42栋201室	蜀冈
扬州瘦西湖国际旅行社有限责任公司	扬州市瘦西湖路187号	蜀冈
扬州春秋国际旅行社有限公司	扬州市史可法纪念馆内	蜀冈
扬州铁道国际旅行社有限责任公司	扬州市扬子江北路451号	蜀冈
扬州扬子江国际旅行社有限公司	扬州市梅岭东路31－8号	蜀冈
江苏盛世旅程国际旅行社有限公司	经济开发区江阳中路433号金天城大厦1幢1219、1220	蜀冈
江苏环球国际旅游有限公司	扬子江中路279号	开发
扬州潇洒走一回旅行社有限公司	扬州市经济开发区扬子江中路287号(财富广场)商务办公楼－1617	开发
扬州生辉国际旅行社有限公司	扬州市经济开发区维扬路31号金轮星城18幢1302	开发
扬州舜禹国际旅行社有限公司	扬州市经济开发区维扬路27号扬州宝龙广场商业街B区7号楼S7－2F－240	开发
扬州三义国际旅行社有限公司	扬州市开发区维扬路31号(金轮星城)18幢820室	开发
扬州市风尚旅行社有限公司	新城花园143幢105号	开发
扬州空港国际旅游有限公司	扬州市顺达路138号顺达生活广场2－1316	开发
扬州江海旅行社有限公司	扬州市扬子江路5号江海学院专家楼一楼	开发
扬州市和平国际旅行社有限公司	扬州市文汇东路201号	开发
扬州航空国际旅行社有限公司	扬州市维扬路243号1－日座510	开发
扬州海天商务旅行社有限公司	扬州市双子星国际广场1幢6单元日座619	开发
扬州景智国际旅行社有限公司	扬州市双子星国际广场月座906室	开发
扬州顺安招商旅行社有限公司	扬州市汶河南路44号盛世商务楼603室	开发
扬州市凤凰岛旅行社有限公司	扬州市开发区文汇东路231号	开发

12－11　扬州市 AAA 级以上景区基本情况

旅游景区名称	地　址	旅游景区等级
扬州市瘦西湖风景区	大虹桥路 28 号	AAAAA
扬州大明寺	平山堂东路 1 号	AAAA
扬州市个园	广陵区盐阜东路 10 号	AAAA
扬州市何园	广陵区徐凝门大街 66 号	AAAA
扬州中国雕版印刷博物馆/扬州博物馆	邗江区文昌西路 468 号	AAAA
扬州市茱萸湾景区	广陵区湾头镇茱萸湾路 888 号	AAAA
扬州市东关历史文化旅游区	广陵区东关街	AAAA
扬州高邮市盂城驿景区	高邮市馆驿巷 13 号	AAAA
扬州宋夹城景区	邗江区长春路 48 号	AAAA
扬州汉陵苑	平山堂东路 98 号	AAAA
扬州马可波罗花世界	扬州市生态科技新城花海路 1 号	AAAA
运河三湾风景区	广陵区宝塔南路	AAAA
扬州市邵伯古镇景区	江都区青龙路	AAAA
仪征市捺山地质公园	仪征市月塘镇环山路 1 号	AAAA
高邮市抗日战争最后一役文化园	高邮市熙和巷 70 号	AAAA
扬州京华城休闲旅游区	京华城路 168 号	AAA
扬州凤凰岛生态旅游区	生态科技新城凤凰岛路 1 号	AAA
扬州史可法纪念馆	邗江区广储门外街 24 号	AAA
扬州吴道台宅第	泰州路 45 号	AAA
宝应县纵棹园	宝应县安宜东路 1 号	AAA
仪征博物馆	仪征市解放西路 201 号	AAA
扬州市高邮镇国寺	高邮市湖滨路	AAA
高邮文游台	高邮市人民路 507 号	AAA
仪征市红山体育公园	仪征市枣林湾生态园内	AAA
宝应宁国寺景区	宝应县安宜南路 60 号	AAA
扬州陈园景区	邗江区甘泉街道办长塘村张庄陈园	AAA
江都开元寺景区	江都区大桥镇三丰村	AAA
江都朴园景区	江都区丁伙镇北环路 18 号	AAA
扬州市润扬森林公园	邗江区瓜洲镇润扬南路一号	AAA
江都自在公园	江都区长江西路 515 号	AAA
仪征孔雀山生态体育公园	仪征市陈集镇上林路 8 号	AAA
宝应县曹甸楚甸公园	宝应县曹甸集镇陆庄排以东	AAA
扬子郊野公园	邗江区施桥镇临江路	AAA
宝射河休闲体育公园	宝应县白田路宝射河大桥旁	AAA
宝应湖国家湿地公园景区	宝应县正润路 1 号	AAA
高邮市菱塘回族乡古清真寺景区	高邮市菱塘回族乡清真村	AAA
高邮文化体育休闲公园	高邮市海潮东路 288 号	AAA
蜀冈生态公园	扬州市邗江区西湖镇经圩村	AAA
花都汇－扬州园艺体验中心	邗江区史可法路 201 号	AAA
天乐湖旅游度假区	仪征市月塘镇四庄村	AAA
扬州市民歌民乐公园	江都区龙城路世纪豪园西	AAA
扬州艺术馆	江都区润江路 158 号	AAA
扬州科技馆	文昌东路 9 号	AAA
界首老街文化景区	界首镇下河路	AAA

13

财政　金融

编辑:项月

13－1　主要年份财政收入与支出

单位:万元

年　份	财政收入	公共预算收入	财政支出
1979	19845	19845	10686
1980	20572	20572	10899
1981	21433	21433	10649
1982	23811	23811	12220
1983	25791	25791	16170
1984	27846	27846	18356
1985	35589	35589	20080
1986	39919	39919	26928
1987	43978	43978	27939
1988	55651	55651	35559
1989	61256	61256	43213
1990	66570	66570	49303
1991	65988	65988	58939
1992	81867	81867	57804
1993	129289	129289	91088
1994	161162	71576	105017
1995	187999	88693	126160
1996	204067	99718	142919
1997	229962	104600	158873
1998	255303	122882	183928
1999	274958	135651	201069
2000	339920	163357	237079
2001	407071	205101	290539
2002	556114	231613	392554
2003	729081	305517	517835
2004	938888	402425	663373
2005	1170310	495486	873131
2006	1580277	630188	1217880
2007	2136143	856900	1509396
2008	2662005	1048317	2127649
2009	3100890	1280788	2566759
2010	4008818	1677818	3333569
2011	5009588	2180818	4218869
2012	5545139	2249986	4663329
2013	4185402	2592606	5357125
2014	4684615	2951918	3677273
2015	5151816	3367462	4427805
2016	5294500	3453000	4789699
2017	5171922	3201787	5076403
2018	5421167	3400339	5635745
2019	5143320	3287850	6119544

13－2 财政收入与支出

（2019 年）　　单位：万元

项　　目	全 市	广 陵	邗 江	江 都	宝 应	仪 征	高 邮
财政总收入	**5143320**	**545449**	**857826**	**809396**	**344648**	**841018**	**560147**
上划中央收入	**2121389**	**258857**	**367854**	**387444**	**156203**	**396415**	**238972**
#增值税	1279342	155463	224954	248192	111710	222294	168089
消费税	198834	4020	574	40847	547	73688	4582
企业所得税（60%）	506642	82173	109313	77825	37439	84215	55840
个人所得税（60%）	136571	17201	33013	20580	6507	16218	10461
一般公共预算收入	**3287850**	**394089**	**645498**	**530051**	**248655**	**503704**	**368023**
#税收收入	2638073	339059	530840	439877	200125	422086	309947
#增值税	1279345	155465	224954	248192	111710	222296	168089
企业所得税（40%）	337763	54783	72875	51883	24959	56143	37227
个人所得税（40%）	91047	11467	22009	13720	4338	10812	6974
一般公共预算支出	**6119544**	**433227**	**900226**	**1123536**	**775306**	**676784**	**799886**
#一般公共服务	720996	59533	138267	94614	72970	82081	98598
科学技术	173408	8355	21526	40146	3809	15359	32283
教育	977507	62740	151442	180298	145682	111239	146382
文化体育与传媒	113209	3047	8923	14405	6820	10333	14856
医疗卫生	453466	29272	55013	86011	68418	47078	73176
节能环保	282594	10271	95284	70234	21807	18332	21352
城乡社区事务	717795	75539	157464	167153	91753	78978	78946
交通运输	337527	10521	22547	58193	42618	9451	19067
社会保障和就业	717468	48045	72026	164194	111031	97264	117203
住房保障	248071	37492	10190	61426	19936	2248	9683
农林水事务	531334	31837	60389	78425	84129	90074	86768

13－3　主要年份金融机构存贷款

年　份	本外币各项存款余额（亿元）	本外币各项贷款余额（亿元）	人民币各项存款余额（亿元）	人民币各项贷款余额（亿元）	外汇各项存款余额（亿美元）	外汇各项贷款余额（亿美元）
1996	—	—	234.85	206.14	1.24	2.83
1997	—	—	291.07	236.87	1.41	2.66
1998	—	—	341.60	259.51	1.51	2.13
1999	—	—	394.49	278.76	1.97	1.87
2000	—	—	444.47	276.05	2.52	1.36
2001	—	—	505.77	297.93	2.70	1.38
2002	—	—	592.79	356.23	3.31	1.45
2003	747.34	452.04	720.97	433.86	3.19	2.20
2004	865.46	486.00	839.70	470.68	3.11	1.85
2005	977.39	530.18	952.70	513.33	3.06	2.09
2006	1112.52	609.42	1085.28	597.24	3.49	1.56
2007	1276.27	765.88	1253.85	750.77	3.07	2.07
2008	1583.03	902.26	1551.91	889.40	4.55	1.88
2009	2101.21	1236.17	2067.13	1212.75	4.99	3.43
2010	2471.96	1514.88	2430.55	1486.06	6.25	4.35
2011	2860.65	1751.50	2818.31	1718.03	6.72	5.31
2012	3365.22	2042.98	3310.84	2006.50	8.65	5.80
2013	3888.39	2375.62	3836.87	2341.85	8.45	5.46
2014	4323.54	2766.18	4269.75	2732.42	8.79	5.52
2015	4793.82	3118.17	4719.40	3095.77	11.46	3.45
2016	5448.23	3526.36	5361.55	3508.13	12.49	2.63
2017	5811.97	4028.99	5700.87	4007.76	17.00	3.25
2018	6080.73	4643.49	5997.55	4630.51	12.12	1.89
2019	6787.31	5391.98	6700.46	5374.85	12.45	2.46

13－4　主要年份城乡居民住户存款

单位:万元

年 份	全 市	市 区	#江 都	宝 应	仪 征	高 邮
1979	8463	5257	1773	1279	581	1346
1980	12225	8018	2933	1597	985	1625
1981	15825	10159	3775	2101	1335	2230
1982	22733	14059	5427	3313	2004	3357
1983	30792	18910	7778	4398	2723	4761
1984	44760	28212	12589	6177	3946	6425
1985	58219	36436	15402	7709	5464	8610
1986	79728	49541	21148	10743	8148	11296
1987	111156	69309	29544	14631	11979	15237
1988	128886	80492	33513	16618	14929	16847
1989	190728	121220	50451	23946	21477	24085
1990	278722	178865	77025	33232	31714	34911
1991	372131	242727	104844	42930	42914	43560
1992	473124	314297	134213	52854	52431	53542
1993	610212	400696	188578	70464	74012	65040
1994	824448	542330	245651	96975	92160	92983
1995	1120957	729561	339773	133228	126901	131267
1996	1563311	1025748	457249	163395	187054	187114
1997	1840674	1227758	547822	186671	211021	215224
1998	2172694	1474612	660747	210575	239872	247635
1999	2470022	1672659	742581	247711	263830	285822
2000	2760458	1860089	808945	295203	284121	321045
2001	3145837	2124931	907901	343683	314344	362879
2002	3780858	2513456	1036607	400155	434916	432331
2003	4491267	2978007	1194163	473871	523535	515854
2004	5227957	3459956	1391055	558581	604747	604673
2005	6046486	3999036	1589804	651018	678679	717753
2006	6755500	4471503	1769047	716012	747887	820098
2007	7114663	4702255	1852424	755371	763744	893293
2008	8991000	5982900	2337200	923500	964400	1120200
2009	10953113	7340739	2780899	1107390	1173990	1330995
2010	12523929	8381899	3135618	1262557	1363619	1515854
2011	14278665	9512654	3503207	1431274	1612511	1722226
2012	16975080	11279876	4140083	1718810	1942330	2034064
2013	19310195	12766330	4672524	1970199	2232298	2341370
2014	21170920	13713008	5145041	2285140	2481310	2691462
2015	23766844	15310188	5794787	2626023	2732089	3098544
2016	25609777	16329203	6196989	2867105	2957311	3456159
2017	26646363	16824140	6337225	3044731	3061639	3715853
2018	28606486	18008475	6782096	3285168	3314576	3998268
2019	32175140	20380593	7536176	3645801	3623226	4525520

注:2015 年人民银行调整金融报表项目及归属,取消储蓄存款,本表 2015 年往后数据为住户存款。

13－5 分地区金融机构人民币存贷款情况

（2019 年） 单位:亿元

项目	全市	市区	#江都	宝应	仪征	高邮
一、各项存款	**6700.46**	**4677.61**	**1216.95**	**598.26**	**721.02**	**703.57**
（一）境内存款	6695.89	4673.73	1216.68	598.09	720.71	703.35
1.住户存款	3217.51	2038.06	753.11	364.58	362.32	452.55
（1）活期存款	903.86	584.95	175.30	102.53	89.12	127.26
（2）定期及其他存款	2313.66	1453.11	577.81	262.05	273.21	325.29
2.非金融企业存款	2243.17	1771.15	296.97	128.40	201.42	142.19
（1）活期存款	863.75	647.92	100.78	51.92	90.20	73.72
（2）定期及其他存款	1379.42	1123.24	196.20	76.49	111.22	68.47
3.广义政府存款	1186.46	817.69	166.46	105.11	155.06	108.61
（1）财政性存款	54.71	37.86	11.84	4.79	7.95	4.11
（2）机关团体存款	1131.75	779.83	154.62	100.32	147.11	104.49
4.非银行业金融机构存款	48.74	46.83	0.14		1.90	
（二）境外存款	4.57	3.88	0.27	0.17	0.31	0.22
二、各项贷款	**5374.85**	**3905.06**	**767.81**	**445.80**	**511.45**	**512.54**
（一）境内贷款	5374.45	3904.66	767.80	445.80	511.45	512.54
1.住户贷款	1960.42	1421.93	269.37	181.02	193.01	164.45
（1）短期贷款	425.63	254.89	78.27	50.58	74.50	45.66
消费贷款	120.85	81.87	15.25	13.17	15.30	10.52
经营贷款	304.78	173.02	63.02	37.41	59.20	35.14
（2）中长期贷款	1534.78	1167.05	191.10	130.44	118.50	118.79
消费贷款	1435.70	1093.18	177.62	124.12	107.14	111.27
经营贷款	99.08	73.87	13.48	6.32	11.37	7.52
2.非金融企业及机关团体贷款	3414.04	2482.73	498.43	264.78	318.44	348.09
（1）短期贷款	1474.49	1079.40	244.10	124.81	126.65	143.62
（2）中长期贷款	1602.21	1126.85	193.21	123.93	174.25	177.18
（3）票据融资	336.48	275.79	61.01	15.98	17.54	27.17
（4）融资租赁						
（5）各项垫款	0.87	0.69	0.11	0.05		0.13
3.非银行业金融机构贷款						
（二）境外贷款	0.40	0.39				

13－6　证券业务情况(2019 年)

单位:万户、亿元

项　　目	全　市	市　区	#江　都	宝　应	仪　征	高　邮
开设资金帐户	72.89	60.91	8.26	4.59	4.47	2.93
保证金余额	34.98	30.49	3.27	1.55	2.14	0.79
当年证券交易额	11943.35	9814.36	981.67	1107.96	638.82	382.21
#股票	8629.22	6993.11	834.95	864.54	483.83	287.75
基金	462.62	423.25	5.66	10.02	7.04	22.32

13－7　历年保险业务情况

单位:亿元

项　　目	2013 年	2014 年	2015 年	2016 年	2017 年	2018 年	2019 年
财产险							
保费收入	23.90	27.47	31.55	33.43	35.02	37.20	41.01
赔款和给付	13.28	14.34	15.84	20.43	21.08	22.58	23.97
人寿险							
保费收入	63.98	69.20	15.84	114.94	123.12	138.55	137.80
赔款和给付	2.51	2.76	2.90	2.88	3.54	4.01	5.26

14

能源　电力

编辑：高鹏

14－1 全社会用电分月情况

（2019 年） 单位：万千瓦时

月份	用电量	其中			
		第一产业	第二产业	第三产业	居民用电
合计	**2594037**	**31458**	**1749901**	**402138**	**410540**
第一季度	**625813**	**3394**	**388735**	**103621**	**130063**
1月	236425	1260	162830	38346	33989
2月	183639	1132	101000	35822	45685
3月	205749	1002	124905	29453	50389
第二季度	**599432**	**6310**	**430500**	**75322**	**87300**
4月	189400	1766	122843	25866	38925
5月	199477	2103	143828	27497	26049
6月	210555	2441	163829	21959	22326
第三季度	**724554**	**13675**	**470364**	**129430**	**111085**
7月	257397	3113	180949	47870	25465
8月	255832	5388	169081	43832	37531
9月	211325	5174	120334	37728	48089
第四季度	**644238**	**8079**	**460302**	**93765**	**82092**
10月	203311	4122	132507	31428	35254
11月	207861	2640	149449	32178	23594
12月	233066	1317	178346	30159	23244

14－2　分地区全社会用电情况

（2019 年）　　　　单位：万千瓦时

项　　目	全　市	市　区	#江　都	宝　应	仪　征	高　邮
全社会用电合计	**2594037**	**1427480**	**454167**	**246441**	**486686**	**433430**
一、全行业用电合计	2183497	1176879	374644	192652	437078	376888
第一产业	31458	6306	4774	3896	1649	19607
第二产业	1749901	884921	299797	149525	399990	315465
第三产业	402138	285652	70073	39231	35439	41816
二、城乡居民生活用电	410540	250601	79523	53789	49608	56542
城镇居民	238670	165558	33472	26605	25121	21386
乡村居民	171870	85043	46051	27184	24487	35156
全行业用电分类	**2183497**	**1176879**	**374644**	**192652**	**437078**	**376888**
一、农、林、牧、渔业	66181	28955	24371	8891	4060	24275
二、工业	1719450	863789	294252	147141	396381	312139
三、建筑业	30738	21374	5615	2397	3630	3337
四、交通运输、仓储和邮政业	16996	12000	5356	986	2199	1811
五、信息传输、计算机服务和软件业	26142	17305	3931	2824	2644	3369
六、批发和零售业	95829	64833	17063	8510	11174	11312
七、住宿和餐饮业	28887	19310	5583	2987	2812	3778
八、金融业	6582	4431	1019	747	643	761
九、房地产业	48366	40152	2952	3305	2779	2130
十、租赁和商务服务业	20460	18145	1168	458	1112	745
十一、公共服务及管理组织	123866	86585	13334	14406	9644	13231

注：市区用电含仪化自发电。

14－3　规模以上工业企业分地区主要能源消费量

（2019 年）

地　区	原　煤（吨）	焦　炭（吨）	天然气（万立方米）	原　油（吨）	汽　油（吨）	柴　油（吨）
全　市	**9469270**	**1803587**	**169217**	**534439**	**13139**	**44785**
市　区	7795417	827581	53944	534439	11144	33662
开发区	5763213		2882	49744	1509	14646
广陵	407603	826113	1263		2021	4042
邗江	1453042		39370		2370	2814
江都	171559	1471	10444	484695	6000	12808
宝　应			3191		121	1893
仪　征	804246		18738		393	3216
高　邮	276789	976003	26442		712	5283

14－3　续表　（2019 年）

地　区	燃料油（吨）	其他石油制品（吨）	电　力（万千瓦时）	能源合计（吨标准煤）	能源合计（吨标准煤）
全　市	**4612**	**102602**	**25270313**	**1719630**	**15862882**
市　区	1295	45203	8126358	854372	9735082
开发区		81	4574470	316258	4583224
广陵	759		2611089	215813	2104054
邗江		4	823479	132124	1726986
江都	535	45118	117321	224001	1365777
宝　应	2368		298318	114104	332295
仪　征	28		4999283	236613	1341138
高　邮	921		551735	288806	2415425

14－4 规模以上工业企业主要能源分行业消费量

（2019 年）

项目	原煤（吨）	焦炭（吨）	天然气(气态)（万立方米）	原油（吨）	汽油（吨）
总计	**9469270**	**1803587**	**169217**	**534439**	**13139**
采矿业	31823		2607	49744	1205
石油和天然气开采业	31823		2607	49744	1205
制造业	2455683	1803587	39243	484695	11822
农副食品加工业			265		99
食品制造业			90		239
酒、饮料和精制茶制造业					
纺织业			546		156
纺织服装、服饰业	122		396		523
皮革、毛皮、羽毛及其制品和制鞋业	2043		196		747
木材加工和木、竹、藤、棕、草制品业					
家具制造业					21
造纸和纸制品业	263098				11
印刷和记录媒介复制业					199
文教、工美、体育和娱乐用品制造业	1860		109		761
石油、煤炭及其他燃料加工业				484695	38
化学原料和化学制品制造业	857765		4214		1143
医药制造业	4545		138		49
化学纤维制造业	743477		16918		148
橡胶和塑料制品业			596		250
非金属矿物制品业	1061	85	1197		297
黑色金属冶炼和压延加工业	467769	1780126	4392		67
有色金属冶炼和压延加工业	113496	22740	620		329
金属制品业	126	462	1321		529
通用设备制造业	19		552		1142
专用设备制造业	75		554		1296
汽车制造业			2497		813
铁路、船舶、航空航天和其他运输设备制造业			663		157
电气机械和器材制造业	80	175	2816		1399
计算机、通信和其他电子设备制造业	9		992		433
仪器仪表制造业			68		691
其他制造业					246
废弃资源综合利用业	139		102		38
电力、热力、燃气及水生产和供应业	6981764		127367		113
电力、热力生产和供应业	6981764		127365		
燃气生产和供应业			2		97
水的生产和供应业					15

（2019 年）

项　　目	柴　油（吨）	燃料油（吨）	其他石油制　品（吨）	热　　力（百万千焦）	电　　力（万千瓦时）	能源合计（吨标准煤）
总　　计	**44785**	**4612**	**102602**	**25270313**	**1719630**	**15862882**
采矿业	10880			141512	38913	210139
石油和天然气开采业	10880			141512	38913	210139
制造业	33017	4612	102602	24979095	1559792	9157692
农副食品加工业	483			62003	10173	20893
食品制造业	70			142954	4756	12788
酒、饮料和精制茶制造业	16			448191	6577	23446
纺织业	7				53603	74103
纺织服装、服饰业	170				12460	22794
皮革、毛皮、羽毛及其制品和制鞋业	49			43055	15116	26670
木材加工和木、竹、藤、棕、草制品业	81				5669	18564
家具制造业					2753	11863
造纸和纸制品业	746			4253415	57302	470305
印刷和记录媒介复制业	120				2938	4079
文教、工美、体育和娱乐用品制造业	991				16193	27075
石油、煤炭及其他燃料加工业	33	471	45199		6998	779039
化学原料和化学制品制造业	1397		57399	13681046	256998	1671967
医药制造业				637774	11472	41501
化学纤维制造业	380	28		4402355	130068	1100019
橡胶和塑料制品业	13		4	325011	35804	64309
非金属矿物制品业	7906				64151	112454
黑色金属冶炼和压延加工业	4211				193493	3525608
有色金属冶炼和压延加工业	181	985			53235	179568
金属制品业	799			43752	47419	81198
通用设备制造业	585				33756	51494
专用设备制造业	824				21160	36570
汽车制造业	8531			342490	95082	175316
铁路、船舶、航空航天和其他运输设备制造业	3157	759			42678	71360
电气机械和器材制造业	901	2368		67862	159687	244862
计算机、通信和其他电子设备制造业	603			529188	167091	238089
仪器仪表制造业	756				31269	42505
其他制造业	8				14150	17841
废弃资源综合利用业					7739	11412
电力、热力、燃气及水生产和供应业	887			149706	120925	6495051
电力、热力生产和供应业	885			149706	104349	6474484
燃气生产和供应业					1453	1957
水的生产和供应业	2				15123	18611

14－5　规模以上工业企业能源消费及库存量

（2019 年）

名　　称	计量单位	消　费　量			期末库存
		合　　计	工业生产消费	非工业生产消费	
能源合计	**吨标准煤**	**15862882**	**15811460**	**51422**	**390562**
原煤	吨	9469270	9465171	4099	576115
其他洗煤	吨	365	365		
焦炭	吨	1803587	1803587		100120
高炉煤气	万立方米	577487	577487		
转炉煤气	万立方米	48825	48825		
天然气	万立方米	169217	167938	1279	
液化天然气	吨	17279	15298	1981	125
原油	吨	534439	534439		14542
汽油	吨	13139	9623	3516	421
煤油	吨	196	196		10
柴油	吨	44785	38784	6001	2368
燃料油	吨	4612	4612		95
液化石油气	吨	1243	1072	171	1
炼厂干气	吨	19954	19954		
润滑油	吨	350	250	100	1
石蜡	吨				
石油焦	吨	459	459		135
其他石油制品	吨	9102602	102602		1310
热力	百万千焦	25270313	25124315	14599	
电力	万千瓦时	1719630	1712005	7624	
城市生活垃圾用于燃料	吨	633743	633743		
生物质废料用于燃料	吨标准煤	253240	253240		7137
余热余压	百万千焦	10515696	10515696		

14－6　规模以上工业企业分行业用水情况

（2019年）　　　　单位：万立方米

名　　称	合　计	其中			重　复用水量
		地表淡水	地下淡水	自来水	
总　　计	**70353**	**61599**	**988**	**7765**	**196978**
采矿业	1358	813	473	73	664
石油和天然气开采业	1358	813	473	73	664
制造业	16635	9633	514	6488	170105
农副食品加工业	199	4	109	86	4
食品制造业	106		1	104	
酒、饮料和精制茶制造业	259		51	208	107
纺织业	191	2	4	185	17
纺织服装、服饰业	176	4	7	165	2
皮革、毛皮、羽毛及其制品和制鞋业	146	1	1	144	1
木材加工和木、竹、藤、棕、草制品业	21	1	14	5	12
家具制造业	20	1		18	
造纸和纸制品业	848	814	3	31	558
印刷和记录媒介复制业	20			20	
文教、工美、体育和娱乐用品制造业	95	1	2	92	
石油、煤炭及其他燃料加工业	84	84			4016
化学原料和化学制品制造业	4692	3613	27	1051	87000
医药制造业	151		15	135	372
化学纤维制造业	4419	4311	25	83	73822
橡胶和塑料制品业	116	5	2	109	2038
非金属矿物制品业	253	58	49	146	20
黑色金属冶炼和压延加工业	894	709	3	183	474
有色金属冶炼和压延加工业	45	1	1	43	2
金属制品业	176	5	2	169	24
通用设备制造业	165	4	2	159	1
专用设备制造业	217	1		215	2
汽车制造业	543	4	5	534	951
铁路、船舶、航空航天和其他运输设备制造业	259	5		254	78
电气机械和器材制造业	1035	2	29	1003	7
计算机、通信和其他电子设备制造业	1303		158	1145	242
仪器仪表制造业	112		1	111	303
其他制造业	52			51	4
废弃资源综合利用业	38			38	47
电力、热力、燃气及水生产和供应业	52360	51154	1	1205	26208
电力、热力生产和供应业	8187	8154		33	26208
燃气生产和供应业	7		1	6	
水的生产和供应业	44165	43000		1165	

14－7 全市规模以上工业企业综合能耗前50名排序

（2019年）

单位名称	地区	位次
扬州市秦邮特种金属材料有限公司	高邮市	1
江苏国信扬州发电有限责任公司	开发区	2
扬州恒润海洋重工有限公司	广陵区	3
扬州第二发电有限责任公司	开发区	4
江苏华电扬州发电有限公司	邗江区	5
中国石化仪征化纤有限责任公司	仪征市	6
江苏瑞祥化工有限公司	化工园	7
江苏华电仪征热电有限公司	化工园	8
永丰余造纸(扬州)有限公司	开发区	9
中国石化集团江苏石油勘探局有限公司	开发区	10
江苏扬农化工集团有限公司	广陵区	11
江苏优士化学有限公司	仪征市	12
江苏国信高邮热电有限责任公司	高邮市	13
扬州泰达环保有限公司	邗江区	14
扬州港口污泥发电有限公司	开发区	15
扬州泰富特种材料有限公司	江都区	16
实友化工(扬州)有限公司	化工园	17
江苏康博新材料科技有限公司	高邮市	18
扬州石化有限责任公司	江都区	19
大连化工(江苏)有限公司	化工园	20
宝应协鑫生物质发电有限公司	宝应县	21
江苏奥克化学有限公司	化工园	22
江苏扬钢特钢有限公司	高邮市	23
扬州一川镍业有限公司	广陵区	24
晶澳(扬州)太阳能科技有限公司	开发区	25

单 位 名 称	地 区	位 次
扬州华航特钢有限公司	江都区	26
远东联石化（扬州）有限公司	化工园	27
扬州诚德钢管有限公司	江都区	28
江苏长青农化股份有限公司	江都区	29
上海大众汽车有限公司仪征公司	仪征市	30
扬州振邮金属板材有限公司	高邮市	31
永丰余生活用纸（扬州）有限公司	开发区	32
江苏国信仪征热电有限责任公司	仪征市	33
江苏华伦化工有限公司	江都区	34
扬州中远海运重工有限公司	江都区	35
扬州联博药业有限公司	邗江区	36
扬州荣德新能源科技有限公司	开发区	37
仪化东丽聚酯薄膜有限公司	仪征市	38
江苏太极实业新材料有限公司	广陵区	39
宝胜科技创新股份有限公司	宝应县	40
扬州富威尔复合材料有限公司	仪征市	41
扬州天富龙科技纤维有限公司	仪征市	42
扬州龙川钢管有限公司	江都区	43
扬州海螺水泥有限责任公司	江都区	44
通达气体工业（扬州）有限公司	化工园	45
江苏扬农锦湖化工有限公司	化工园	46
扬州五亭桥缸套有限公司	邗江区	47
宝胜集团有限公司	宝应县	48
普莱克斯（扬州）工业气体有限公司	化工园	49
昕诺飞工业（中国）有限公司	仪征市	50

14－8　全市规模以上工业企业原煤消费前50名排序

（2019年）

单 位 名 称	地 区	位 次
江苏国信扬州发电有限责任公司	开发区	1
扬州第二发电有限责任公司	开发区	2
江苏华电扬州发电有限公司	邗江区	3
中国石化仪征化纤有限责任公司	仪征市	4
江苏瑞祥化工有限公司	化工园	5
扬州港口污泥发电有限公司	开发区	6
扬州市秦邮特种金属材料有限公司	高邮市	7
永丰余造纸（扬州）有限公司	开发区	8
江苏扬农化工集团有限公司	广陵区	9
扬州恒润海洋重工有限公司	广陵区	10
扬州泰富特种材料有限公司	江都区	11
实友化工（扬州）有限公司	化工园	12
江苏国信仪征热电有限责任公司	仪征市	13
大连化工（江苏）有限公司	化工园	14
江苏华伦化工有限公司	江都区	15
中国石化集团江苏石油勘探局有限公司	开发区	16
江苏长青农化股份有限公司	江都区	17
扬州一川镍业有限公司	广陵区	18
江苏天和制药有限公司	江都区	19
扬州龙川钢管有限公司	江都区	20
扬州市德运塑业科技股份有限公司	高邮市	21
扬州江汉针纺有限公司	江都区	22
扬州市刘氏化工有限公司	高邮市	23
扬州市永济建材有限公司	江都区	24
高邮市日月钢业有限公司	高邮市	25

单 位 名 称	地 区	位 次
扬州锦盛微粉有限公司	仪征市	26
江苏虎豹服饰发展有限公司	邗江区	27
扬州市三药制药有限公司	江都区	28
扬州飞翎金属制品有限公司	仪征市	29
江苏省金鑫安防设备有限公司	江都区	30
扬州显业集团有限公司	江都区	31
扬州中兴线缆有限公司	广陵区	32
扬州荣昌体育用品有限公司	江都区	33
扬州升源金属材料有限公司	江都区	34
江苏星火照明集团有限公司	高邮市	35
扬州电力设备修造厂有限公司	广陵区	36
江苏天雨铸造股份有限公司	江都区	37
江苏天虹照明集团有限公司	高邮市	38
扬州市江都区精诚制衣有限公司	江都区	39
扬州市仙娥羽绒制品有限公司	江都区	40
扬州高通光电科技有限公司	广陵区	41
扬州群益机械有限公司	邗江区	42
扬州牧羊唯美自动化控制有限公司	邗江区	43
扬州郎康汽车水性涂料有限公司	江都区	44
扬州嘉华管业有限公司	宝应县	45
尤妮佳生活用品(江苏)有限公司	开发区	46
扬州佰特布业有限公司	仪征市	47
江苏华跃特种设备有限公司	仪征市	48
仪征雄伟机械科技有限公司	仪征市	49
高邮协合风力发电有限公司	高邮市	50

14－9　全市规模以上工业企业成品油消费前50名排序

（2019年）

单 位 名 称	地 区	位 次
中国石化集团江苏石油勘探局有限公司	开发区	1
江苏振世达新能源汽车有限公司	江都区	2
扬州市秦邮特种金属材料有限公司	高邮市	3
扬州市孟仕玻璃有限公司	宝应县	4
新大洋造船有限公司	广陵区	5
潍柴动力扬州柴油机有限责任公司	开发区	6
扬州恒润海洋重工有限公司	广陵区	7
扬州中远海运重工有限公司	江都区	8
扬州市富齐化工有限公司	江都区	9
扬州市方正铜业有限公司	高邮市	10
扬州巨力体育用品有限公司	江都区	11
江苏金陵船舶有限责任公司	仪征市	12
扬州明扬混凝土有限公司	仪征市	13
高邮市天大建材科技有限公司	高邮市	14
江苏宇锋建材股份有限公司	瘦西湖景区	15
宝应博瑞混凝土有限公司	宝应县	16
扬州市盛熙新型建材有限公司	高邮市	17
扬州市捷达混凝土有限公司	广陵区	18
扬州德尚户外用品有限公司	江都区	19
扬州宝隆混凝土有限公司	宝应县	20
扬州元益混凝土有限公司	仪征市	21
仪征金城混凝土有限公司	仪征市	22
江苏新马新材料开发有限公司	江都区	23
永丰余造纸（扬州）有限公司	开发区	24
扬州第二发电有限责任公司	开发区	25

14－9　续表　　　　　　　　　　　　（2019 年）

单　位　名　称	地　区	位　次
扬州沃盛车业制造有限公司	江都区	26
中铁宝桥（扬州）有限公司	广陵区	27
中船澄西扬州船舶有限公司	江都区	28
中国石化仪征化纤有限责任公司	仪征市	29
扬州迪业混凝土有限公司	邗江区	30
仪征嘉园混凝土有限公司	仪征市	31
扬州天予混凝土有限公司	开发区	32
扬州市天诗美景日化有限公司	生态科技新城	33
江苏新天宝机械有限公司	江都区	34
扬州万达散热器有限公司	江都区	35
扬州市百仕德礼品工艺有限公司	高邮市	36
高邮市中远再生资源有限公司	高邮市	37
扬州澄露环境工程有限公司	江都区	38
扬州广菱电子有限公司	广陵区	39
扬州祖名豆制食品有限公司	开发区	40
扬州市方正商品混凝土有限公司	邗江区	41
扬州添茂鞋业有限公司	广陵区	42
江苏国信扬州发电有限责任公司	开发区	43
江苏美宇板业有限公司	江都区	44
扬力集团股份有限公司	邗江区	45
江苏京都印务有限公司	江都区	46
江苏长青农化股份有限公司	江都区	47
江苏跃马建工集团有限公司	高邮市	48
江苏博际喷雾系统股份有限公司	江都区	49
扬州石化有限责任公司	江都区	50

14－10　全市规模以上工业企业电力消费前50名排序

（2019年）

单　位　名　称	地　区	位　次
中国石化仪征化纤有限责任公司	仪征市	1
江苏瑞祥化工有限公司	化工园	2
扬州市秦邮特种金属材料有限公司	高邮市	3
扬州恒润海洋重工有限公司	广陵区	4
江苏康博新材料科技有限公司	高邮市	5
永丰余造纸（扬州）有限公司	开发区	6
江苏扬农化工集团有限公司	广陵区	7
中国石化集团江苏石油勘探局有限公司	开发区	8
晶澳（扬州）太阳能科技有限公司	开发区	9
扬州华航特钢有限公司	江都区	10
江苏国信扬州发电有限责任公司	开发区	11
扬州第二发电有限责任公司	开发区	12
江苏华电扬州发电有限公司	邗江区	13
扬州一川镍业有限公司	广陵区	14
扬州泰富特种材料有限公司	江都区	15
江苏优士化学有限公司	仪征市	16
扬州荣德新能源科技有限公司	开发区	17
远东联石化（扬州）有限公司	化工园	18
扬州海螺水泥有限责任公司	江都区	19
实友化工（扬州）有限公司	化工园	20
通达气体工业（扬州）有限公司	化工园	21
江苏奥克化学有限公司	化工园	22
扬州中远海运重工有限公司	江都区	23
扬州五亭桥缸套有限公司	邗江区	24
上海大众汽车有限公司仪征公司	仪征市	25

14－10　续表　　　　　　　　　　　　　　（2019 年）

单 位 名 称	地 区	位 次
普莱克斯(扬州)工业气体有限公司	化工园	26
宝胜科技创新股份有限公司	宝应县	27
江苏扬钢特钢有限公司	高邮市	28
江苏太极实业新材料有限公司	广陵区	29
大连化工(江苏)有限公司	化工园	30
亚普汽车部件股份有限公司	开发区	31
江苏长青农化股份有限公司	江都区	32
仪化东丽聚酯薄膜有限公司	仪征市	33
扬力集团股份有限公司	邗江区	34
扬州亚东水泥有限公司	开发区	35
江苏金陵船舶有限责任公司	仪征市	36
扬州协鑫光伏科技有限公司	开发区	37
江苏长江水务股份有限公司	开发区	38
潍柴动力扬州柴油机有限责任公司	开发区	39
扬州晶樱光电科技有限公司	高邮市	40
永丰余生活用纸(扬州)有限公司	开发区	41
江苏德润光电科技有限公司	高邮市	42
宝金新城江都气体有限公司	江都区	43
扬州依利安达电子有限公司	仪征市	44
江苏康源纺织有限公司	宝应县	45
仪征亚新科双环活塞环有限公司	仪征市	46
扬州盈德气体有限公司	开发区	47
扬州港口污泥发电有限公司	开发区	48
扬州石化有限责任公司	江都区	49
新大洋造船有限公司	广陵区	50

15

科学技术

编辑：石火培　钱刚　王敏

15－1　全市科技成果获奖情况

单位:项

年　份	国　家 发明奖	国家科技 进 步 奖	省科技 进步奖	市科技 进步奖
1979			14	
1980			9	
1981			18	53
1982			17	56
1983			24	58
1984			22	70
1985		3	26	90
1986		1	18	83
1987		3	23	99
1988		3	24	80
1989		1	18	82
1990		2	25	79
1991		2	29	109
1992			16	120
1993			28	124
1994		1	12	100
1995	1		27	116
1996			11	92
1997		2	7	88
1998			14	107
1999			11	104
2000			5	102
2001			17	84
2002			19	84
2003			13	89
2004		1	10	95
2005			13	82
2006			18	92
2007			13	87
2008			7	83
2009		2	7	82
2010		1	15	81
2011		6	17	82
2012			16	82
2013			16	81
2014		5	19	82
2015		1	17	81
2016		1	17	80
2017		2	17	81
2018		2	26	
2019		2	23	

15－2　全市2019年申报高新技术企业认定名单

序号	企业名称	地区	序号	企业名称	地区
1	江苏一万节能科技股份有限公司	仪征市	34	江苏锋驰汽车车身制造有限公司	宝应县
2	江苏仪征康普诺医疗器械有限公司	仪征市	35	江苏亚如捷车业有限公司	宝应县
3	江苏中财管道有限公司	仪征市	36	江苏易元新材料科技有限公司	宝应县
4	科特龙流体科技(扬州)有限公司	仪征市	37	江苏麒浩精密机械股份有限公司	宝应县
5	亚新科凸轮轴(仪征)有限公司	仪征市	38	扬州宝达橡塑制品有限公司	宝应县
6	扬州日发干燥工程有限公司	仪征市	39	扬州发运电气有限公司	宝应县
7	扬州添博汽车工装有限公司	仪征市	40	扬州恒鑫冶金科技有限公司	宝应县
8	仪征市昌达粉末冶金制品有限公司	仪征市	41	扬州市凤鸣电缆有限公司	宝应县
9	仪征威英化纤有限公司	仪征市	42	扬州五岳电器有限公司	宝应县
10	仪征耀皮汽车玻璃有限公司	仪征市	43	扬州海通电子科技有限公司	开发区
11	江苏恒通发电机制造有限公司	江都区	44	扬州海科电子科技有限公司	开发区
12	江苏省金鑫安防设备有限公司	江都区	45	扬州新菱电器有限公司	开发区
13	江苏一重数控机床有限公司	江都区	46	扬州威凯莱光电仪器有限责任公司	开发区
14	扬州北方三山工业陶瓷有限公司	江都区	47	扬州曙光光电自控有限责任公司	开发区
15	扬州长运塑料技术股份有限公司	江都区	48	江苏点燃节能科技有限公司	邗江区
16	扬州汇峰新材料有限公司	江都区	49	江苏联能电子技术有限公司	邗江区
17	扬州江净空调制造有限公司	江都区	50	江苏赛迪乐节能科技有限公司	邗江区
18	扬州金森光电材料有限公司	江都区	51	江苏省阿珂姆野营用品有限公司	邗江区
19	扬州市奥特瑞汽车电子科技有限公司	江都区	52	江苏威伦智能电气设备有限公司	邗江区
20	扬州市凯尔环卫设备有限公司	江都区	53	江苏辛普森新能源有限公司	邗江区
21	扬州睿德石油机械有限公司	江都区	54	江苏友润微电子有限公司	邗江区
22	扬州鑫宝利金属制品有限公司	江都区	55	扬州长泉电器设备有限公司	邗江区
23	江苏瑞祥化工有限公司	化工园区	56	扬州高新橡塑有限公司	邗江区
24	江苏安宁医疗器械有限公司	广陵区	57	扬州国电通用电力机具制造有限公司	邗江区
25	江苏耀扬新能源科技有限公司	广陵区	58	扬州虹扬科技发展有限公司	邗江区
26	迈特多(江苏)生物技术有限公司	广陵区	59	扬州久衡电气科技有限公司	邗江区
27	扬州发特利医疗器械科技有限公司	广陵区	60	扬州丽华汽车内饰件有限公司	邗江区
28	扬州莱斯信息技术有限公司	广陵区	61	扬州市祥源电力设备有限公司	邗江区
29	扬州锐吉科技有限公司	广陵区	62	扬州伍德精密机械有限公司	邗江区
30	扬州市洁源排水有限公司	广陵区	63	扬州霞光光电有限公司	邗江区
31	江苏弘鼎汽车零部件有限公司	高邮市	64	扬州新光机械有限公司	邗江区
32	江苏宝源高新电工有限公司	宝应县	65	扬州优邦生物药品有限公司	邗江区
33	江苏创汇电气科技有限公司	宝应县	66	扬州中欧工业机器人有限公司	邗江区

15－2　续表1

序号	企业名称	地区	序号	企业名称	地区
67	江苏钧骋车业有限公司	宝应县	100	江苏亚开电气有限公司	邗江区
68	江苏利德尔新材料科技有限公司	宝应县	101	江苏扬开电力设备股份有限公司	邗江区
69	扬州绿宝人造草坪有限公司	宝应县	102	扬州德云电气设备集团有限公司	邗江区
70	扬州瑞福智能科技有限公司	宝应县	103	扬州市伏尔坎机械制造有限公司	邗江区
71	扬州绿泉环保工程技术有限公司	高邮市	104	扬州富沃特工程机械制造有限公司	邗江区
72	扬州市东昇软件技术有限公司	高邮市	105	扬州惠民再生资源有限公司	邗江区
73	扬州市立达树脂有限公司	高邮市	106	扬州三源机械有限公司	邗江区
74	江苏超达物流有限公司	仪征市	107	扬州星力机械制造有限公司	邗江区
75	江苏永迅电气有限公司	仪征市	108	扬州一川镍业有限公司	广陵区
76	仪征常众汽车部件有限公司	仪征市	109	中铁宝桥(扬州)有限公司	广陵区
77	扬州四启环保设备有限公司	仪征市	110	江苏华东医疗器械实业有限公司	广陵区
78	扬州中矿建筑新材料科技有限公司	仪征市	111	江苏紫金动力股份有限公司	广陵区
79	江苏华光双顺机械制造有限公司	江都区	112	扬州镭奔激光科技有限公司	广陵区
80	江苏江扬建材机械有限公司	江都区	113	江苏省水利机械制造有限公司	广陵区
81	江苏竣业过程机械设备有限公司	江都区	114	扬州爱莎尔气雾剂制造有限公司	广陵区
82	江苏腾达缸泵机械股份有限公司	江都区	115	海信容声(扬州)冰箱有限公司	开发区
83	江苏新天鸿集团有限公司	江都区	116	江苏华乐电气有限公司	开发区
84	江苏扬瑞新型材料股份有限公司	江都区	117	扬州艾默软件技术有限公司	开发区
85	扬州创盟自行车配件有限公司	江都区	118	扬州恒众精密机械有限公司	开发区
86	扬州宏运车业有限公司	江都区	119	扬州意得机械有限公司	开发区
87	扬州吉新光电有限公司	江都区	120	扬州倍加洁日化有限公司	生态科技新城
88	扬州快乐机械有限公司	江都区	121	扬州天喜塑胶有限公司	生态科技新城
89	扬州立德粉末冶金股份有限公司	江都区	122	宝应县恒泰电器设备厂	宝应县
90	扬州女神客车有限公司	江都区	123	宝应县嘉永电器有限公司	宝应县
91	扬州市明峰弹簧有限公司	江都区	124	江苏爱利多印机科技有限公司	宝应县
92	扬州显业集团有限公司	江都区	125	江苏奥新科技有限公司	宝应县
93	扬州鑫宇电气有限公司	江都区	126	江苏宝杰隆电磁线有限公司	宝应县
94	江苏博一环保科技有限公司	邗江区	127	江苏彩虹新材料有限公司	宝应县
95	江苏和天下节能科技股份有限公司	邗江区	128	江苏东方电缆材料有限公司	宝应县
96	江苏晶联水漆有限公司	邗江区	129	江苏江鹤滑线电气有限公司	宝应县
97	江苏朗禾控制系统有限公司	邗江区	130	江苏金鹰绝缘管业有限公司	宝应县
98	江苏群业电工有限公司	邗江区	131	江苏维尔电气有限公司	宝应县
99	江苏舒尔驰精密金属成形有限公司	邗江区	132	江苏兴达高温合金科技有限公司	宝应县

15－2　续表2

序号	企业名称	地区	序号	企业名称	地区
133	江苏亚宝绝缘材料股份有限公司	宝应县	166	扬州江峰机械制造有限公司	高邮市
134	江苏银宝专用车有限公司	宝应县	167	扬州市光宇照明有限公司	高邮市
135	江苏永一泵业科技集团有限公司	宝应县	168	扬州市润熙照明科技有限公司	高邮市
136	扬州宝飞优斯特振动器制造有限公司	宝应县	169	扬州市祥华新材料科技有限公司	高邮市
137	扬州中宝药业股份有限公司	宝应县	170	高邮市迅达重型工程机械有限公司	高邮市
138	扬州中恒电气有限公司	宝应县	171	江苏恒通照明集团有限公司	高邮市
139	宝润照明集团有限公司	高邮市	172	高邮市恒辉机械有限公司	高邮市
140	高邮市华声电子有限公司	高邮市	173	高邮环流泵业有限公司	高邮市
141	高邮市盛鑫消防科技有限公司	高邮市	174	高邮市卫星卷烟材料有限公司	高邮市
142	高邮市新浪爱拓化工机械设备有限公司	高邮市	175	扬州金快乐电源有限公司	高邮市
143	高邮市新世纪消防器材有限公司	高邮市	176	江苏赛格纺织机械有限公司	仪征市
144	高邮市鑫顺机械制造有限公司	高邮市	177	扬州凹凸模具有限公司	仪征市
145	江苏安锦橡胶有限公司	高邮市	178	扬州飞翎合金科技有限公司	仪征市
146	江苏长松科技发展有限公司	高邮市	179	扬州广泰化纤有限公司	仪征市
147	江苏承煦电气集团有限公司	高邮市	180	扬州赛德房车有限公司	仪征市
148	江苏富奇恒温设备有限公司	高邮市	181	扬州市畅优草坪地毯有限公司	仪征市
149	江苏豪脉电气有限公司	高邮市	182	扬州市三行科技有限公司	仪征市
150	江苏恒辉电气有限公司	高邮市	183	扬州市苏明电器有限公司	仪征市
151	江苏华能电缆股份有限公司	高邮市	184	扬州新东方金属材料制造有限公司	仪征市
152	江苏领坤生物科技有限公司	高邮市	185	扬州新乐新材料有限公司	仪征市
153	江苏南洋铝业有限公司	高邮市	186	扬州雄鸡电池有限公司	仪征市
154	江苏润华电缆股份有限公司	高邮市	187	扬州中电制氢设备有限公司	仪征市
155	江苏赛特电气有限公司	高邮市	188	扬州卓和医用材料有限公司	仪征市
156	江苏舜邦照明电器有限公司	高邮市	189	仪化东丽聚酯薄膜有限公司	仪征市
157	江苏欣宝科技股份有限公司	高邮市	190	仪征恒运电器有限公司	仪征市
158	江苏星浪光学仪器有限公司	高邮市	191	仪征申威冲压有限公司	仪征市
159	江苏亿建能源电器有限公司	高邮市	192	仪征市双亚活塞环有限公司	仪征市
160	江苏圆通电缆有限公司	高邮市	193	仪征市星海化纤有限公司	仪征市
161	江苏祺创光电集团有限公司	高邮市	194	仪征市永辉散热管制造有限公司	仪征市
162	摩丁普信热能技术（江苏）有限公司	高邮市	195	仪征天华活塞环有限公司	仪征市
163	扬州灿阳电子科技有限公司	高邮市	196	仪征同舟汽车零部件有限公司	仪征市
164	扬州虹光生物科技有限公司	高邮市	197	中意恒信扬州科技股份有限公司	仪征市
165	扬州华城电缆有限公司	高邮市	198	弗瑞消防安全科技（扬州）有限公司	江都区

15－2　续表3

序号	企业名称	地区	序号	企业名称	地区
199	江苏搏斯威化工设备工程有限公司	江都区	232	扬州华辉水泵有限公司	江都区
200	江苏春都钢结构工程有限公司	江都区	233	扬州纪扬机械设备有限公司	江都区
201	江苏广泓重工设备有限公司	江都区	234	扬州科思维斯机械设备有限公司	江都区
202	江苏精威数控机床有限公司	江都区	235	扬州日上真空设备有限公司	江都区
203	江苏昆泰科技有限公司	江都区	236	扬州市昌盛车业有限公司	江都区
204	江苏揽月工程科技发展股份有限公司	江都区	237	扬州市虹安消防装备有限公司	江都区
205	江苏欧亚环保科技有限公司	江都区	238	扬州市华东动力机械有限公司	江都区
206	江苏瑞翔电器有限公司	江都区	239	扬州市华光双瑞实业有限公司	江都区
207	江苏润洲信息产业有限公司	江都区	240	扬州市凯利泵机有限公司	江都区
208	江苏神州新能源电力有限公司	江都区	241	扬州市瑞晟机械铸造有限公司	江都区
209	江苏舜天国际集团江都工具有限公司	江都区	242	扬州市天龙环保设备有限公司	江都区
210	江苏苏华泵业有限公司	江都区	243	扬州市新海食品机械有限公司	江都区
211	江苏腾达环境工程有限公司	江都区	244	扬州市引江蓬帆制品有限公司	江都区
212	江苏天和制药有限公司	江都区	245	扬州市众和同盛包装材料有限公司	江都区
213	江苏天利电梯有限公司	江都区	246	扬州斯普莱机械制造有限公司	江都区
214	江苏统帅涂料集团有限公司	江都区	247	扬州沃尔特机械有限公司	江都区
215	江苏维创散热器制造有限公司	江都区	248	扬州新亚环境工程有限公司	江都区
216	江苏永创教学仪器有限公司	江都区	249	扬州一丰铜业有限公司	江都区
217	江苏永祥液压设备有限公司	江都区	250	扬州中卓泵业有限公司	江都区
218	金世纪(江苏)智能科技有限公司	江都区	251	扬州孚泰电气有限公司	江都区
219	胜赛思精密压铸(扬州)有限公司	江都区	252	扬州鑫宝电气有限公司	江都区
220	天嘉智能装备制造江苏股份有限公司	江都区	253	裕成电器有限公司	江都区
221	扬州安顺电气有限公司	江都区	254	中航鼎衡造船有限公司	江都区
222	扬州奥尔斯特机械有限公司	江都区	255	国药集团扬州威克生物工程有限公司	邗江区
223	扬州宝祥节能科技有限公司	江都区	256	江苏博利源机械有限公司	邗江区
224	扬州诚德重工有限公司	江都区	257	江苏大秦新能源科技有限公司	邗江区
225	扬州德源环境工程有限公司	江都区	258	江苏丰和隧道设备有限公司	邗江区
226	扬州东江矿用器材有限公司	江都区	259	江苏弗莱迪斯汽车系统有限公司	邗江区
227	扬州福康斯发电机有限公司	江都区	260	江苏建霖环保科技有限公司	邗江区
228	扬州海鹰机械有限公司	江都区	261	江苏坤辰科技有限公司	邗江区
229	扬州宏诚冶金设备有限公司	江都区	262	江苏美景时代环保科技有限公司	邗江区
230	扬州宏创科技发展股份有限公司	江都区	263	江苏三中奇铭环保科技有限公司	邗江区
231	扬州红人实业股份有限公司	江都区	264	江苏神州半导体科技有限公司	邗江区

15－2　续表4

序号	企业名称	地区	序号	企业名称	地区
265	江苏盛天人防工程防护设备有限公司	邗江区	298	扬州巨人机械有限公司	广陵区
266	江苏远泰电器有限公司	邗江区	299	扬州兰扬弹簧制造有限公司	广陵区
267	兰控阀门执行器江苏有限公司	邗江区	300	扬州市银焰机械有限公司	广陵区
268	潍柴(扬州)亚星新能源商用车有限公司	邗江区	301	扬州鑫渔纺织机械有限公司	广陵区
269	扬州东风汽车车身有限公司	邗江区	302	爬山虎科技股份有限公司	开发区
270	扬州峰明光电新材料有限公司	邗江区	303	扬州新概念电气有限公司	开发区
271	扬州合立得机械制造有限公司	邗江区	304	扬州源信智能装备有限公司	开发区
272	扬州恒旺热交换器有限公司	邗江区	305	川奇光电科技(扬州)有限公司	开发区
273	扬州华领天成汽车模具有限公司	邗江区	306	海容装备(扬州)有限公司	开发区
274	扬州嘉吉机械有限公司	邗江区	307	江苏多肯新材料有限公司	开发区
275	扬州金桃化工设备有限公司	邗江区	308	扬州力德工程技术有限公司	开发区
276	扬州君煜照明电器有限公司	邗江区	309	扬州市创信科技有限公司	开发区
277	扬州柯尼克机械科技有限公司	邗江区	310	扬州万盛实业有限公司	开发区
278	扬州群益机械有限公司	邗江区	311	扬州中科半导体照明有限公司	开发区
279	扬州瑞通电力机具制造有限公司	邗江区	312	扬州国扬电子有限公司	开发区
280	扬州三阳科技有限公司	邗江区	313	扬州典达精密科技有限公司	开发区
281	扬州市凯辰机械科技有限公司	邗江区	314	中环能江苏电力工程有限公司	开发区
282	扬州市揽坤电气有限公司	邗江区	315	江苏安信锅炉有限公司	生态科技新城
283	扬州市普锐泰新材料有限公司	邗江区	316	扬州鸿和达塑胶日化有限公司	生态科技新城
284	扬州市邗江科达涂装有限公司	邗江区	317	扬州润丰塑胶有限公司	生态科技新城
285	扬州四通粉末冶金有限公司	邗江区	318	扬州万福压力容器有限公司	生态科技新城
286	扬州苏迈克汽车系统有限公司	邗江区	319	仪征祥源动力供应有限公司	仪征市
287	扬州万福环保机械钢构营造有限公司	邗江区	320	江苏盛华电气有限公司	江都区
288	江苏奥特隆新材料有限公司	广陵区	321	江苏苏奥电梯有限公司	江都区
289	江苏净道科技有限公司	广陵区	322	江苏新纪元电器科技有限公司	江都区
290	江苏天宁光子科技有限公司	广陵区	323	扬州兄弟环境保护设备工程有限公司	江都区
291	江苏祥瑞港机设备有限公司	广陵区	324	江苏欧亚立日化有限公司	广陵区
292	江苏亚光医疗器械有限公司	广陵区	325	扬州超人运动器材有限公司	广陵区
293	江苏扬州合力橡胶制品有限公司	广陵区	326	高邮市鼎天高分子材料有限公司	高邮市
294	施博尔集团股份有限公司	广陵区	327	江苏绿科生物技术有限公司	高邮市
295	施拉姆电磁传感技术(扬州)有限公司	广陵区	328	江苏波司登供应链管理有限公司	高邮市
296	扬州安达康泰材料科技有限公司	广陵区	329	江苏金阳太阳能电力科技股份有限公司	高邮市
297	扬州恒润海洋重工有限公司	广陵区	330	扬州和益电动工具有限公司	高邮市

15－2　续表5

序号	企业名称	地区	序号	企业名称	地区
331	江苏润仕达交通设施有限公司	高邮市	364	扬州嘉和新能源科技有限公司	高邮市
332	阿斯塔导线有限公司	宝应县	365	扬州康龙环保工程有限公司	高邮市
333	江苏晶科天晟能源有限公司	宝应县	366	扬州康派尔机械科技有限公司	高邮市
334	江苏美霖铜业有限公司	宝应县	367	扬州蓝翔机电工程有限公司	高邮市
335	扬州苏昌机电有限公司	宝应县	368	扬州瑞斯乐复合金属材料有限公司	高邮市
336	扬州琼花涂装工程技术有限公司	邗江区	369	扬州赛普润橡塑有限公司	高邮市
337	宝应帆洋船舶电器配件制造有限公司	宝应县	370	扬州市宝海机械有限公司	高邮市
338	宝应县润华静电涂装工程有限公司	宝应县	371	扬州市高升机械有限公司	高邮市
339	江苏德尔森汽车有限公司	宝应县	372	扬州市慧宇科技有限公司	高邮市
340	江苏坚威防护工程科技有限公司	宝应县	373	扬州市金阳光铸造有限公司	高邮市
341	扬州宝珠电器有限公司	宝应县	374	扬州市明和机械有限公司	高邮市
342	扬州华展管件有限公司	宝应县	375	扬州市瑞峰泵业制造有限公司	高邮市
343	扬州市安宜阀门有限公司	宝应县	376	扬州市天河灯饰有限公司	高邮市
344	扬州市德友线缆有限公司	宝应县	377	扬州市万达光电有限公司	高邮市
345	扬州市飞鹰电子科技有限公司	宝应县	378	扬州市中美新能源照明有限公司	高邮市
346	扬州松德电器科技有限公司	宝应县	379	扬州一洋制药有限公司	高邮市
347	风帆(扬州)有限责任公司	高邮市	380	扬州亿泰纺织有限公司	高邮市
348	江苏富莱士机械有限公司	高邮市	381	扬州英瑞景观照明有限公司	高邮市
349	江苏金润龙科技股份有限公司	高邮市	382	江苏欧力特能源科技有限公司	高邮市
350	江苏晶品新能源科技有限公司	高邮市	383	江苏传艺科技股份有限公司	高邮市
351	江苏聚冠新材料科技有限公司	高邮市	384	扬州市华胜机电制造有限公司	高邮市
352	江苏锂霸电源有限公司	高邮市	385	高邮市金利达机械有限公司	高邮市
353	江苏明月照明电器有限公司	高邮市	386	江苏鹏祥照明科技发展有限公司	高邮市
354	江苏品胜照明集团有限公司	高邮市	387	江苏明思维照明科技有限公司	高邮市
355	江苏睿力新能源科技有限公司	高邮市	388	苏发照明工程集团有限公司	高邮市
356	江苏尚诚纺织科技有限公司	高邮市	389	江苏新鼎新材料有限公司	高邮市
357	江苏顺达机械设备有限公司	高邮市	390	江苏亚龙水力设备有限公司	高邮市
358	扬州八方冷拉型钢有限公司	高邮市	391	扬州绿之源环保科技有限公司	高邮市
359	扬州昌祥新材料有限公司	高邮市	392	江苏腾武信息技术有限公司	高邮市
360	扬州承运照明有限公司	高邮市	393	扬州市泰吉工贸有限公司	高邮市
361	扬州戴卡轮毂制造有限公司	高邮市	394	江苏云展信息技术有限公司	高邮市
362	扬州鼎明灯饰有限公司	高邮市	395	扬州市喜来太阳能科技有限公司	高邮市
363	扬州和镪金属制品有限公司	高邮市	396	高邮市泰尔消防安全设备有限公司	高邮市

15－2　续表6

序号	企业名称	地区	序号	企业名称	地区
397	江苏科旭电气有限公司	高邮市	430	江苏振世达新能汽车有限公司	江都区
398	江苏创鑫土工材料有限公司	仪征市	431	江苏中天能源设备有限公司	江都区
399	江苏嘉德光电科技有限公司	仪征市	432	扬州宝良汽车系统有限公司	江都区
400	江苏瑞格人造草坪有限公司	仪征市	433	扬州春风船舶机械制造有限公司	江都区
401	西门子电机(中国)有限公司	仪征市	434	扬州汇丰科新动力设备有限公司	江都区
402	扬州润泰织物有限公司	仪征市	435	扬州江宇刃具有限公司	江都区
403	扬州市国鑫电气科技有限公司	仪征市	436	扬州金珠树脂有限公司	江都区
404	扬州市联众环保机械有限公司	仪征市	437	扬州郎康汽车水性涂料有限公司	江都区
405	仪征上汽通程汽车悬架有限公司	仪征市	438	扬州清雨环保设备工程有限公司	江都区
406	仪征实康污水处理有限公司	仪征市	439	扬州市谢桥蓬布有限公司	江都区
407	仪征市万泉人造草坪有限公司	仪征市	440	扬州市欣欣冶金设备制造有限公司	江都区
408	江苏道赢科技有限公司	仪征市	441	扬州市兴安橡塑制品有限公司	江都区
409	江苏怡丽科姆新材料股份有限公司	仪征市	442	扬州市众达气弹簧有限公司	江都区
410	扬州东升汽车零部件股份有限公司	仪征市	443	扬州市晟地水务设备有限公司	江都区
411	扬州亿诺无纺有限公司	仪征市	444	扬州双集机械有限公司	江都区
412	仪征市恒盈土工材料有限公司	仪征市	445	扬州新河水工业设备有限公司	江都区
413	仪征元益光电科技有限公司	仪征市	446	扬州新瑞电气科技有限公司	江都区
414	仪征正乾机械有限公司	仪征市	447	扬州新扬通风设备有限公司	江都区
415	百纳德(扬州)电能系统股份有限公司	仪征市	448	扬州兄联冶金科技有限公司	江都区
416	江苏纽拓体育装备有限公司	仪征市	449	扬州扬子消防器材有限公司	江都区
417	扬州宇天玻璃有限公司	仪征市	450	扬州臻微生物技术有限公司	江都区
418	扬州亿航医疗器械有限公司	仪征市	451	江苏安控电气有限公司	邗江区
419	江苏德克玛电气有限公司	江都区	452	江苏苏美达铝业有限公司	邗江区
420	江苏方联电力设备有限公司	江都区	453	江苏优品电气有限公司	邗江区
421	江苏金橡塑新材料有限公司	江都区	454	江苏玉清新能源科技有限公司	邗江区
422	江苏锦秀高压电器有限公司	江都区	455	扬州爱迪秀自动化科技有限公司	邗江区
423	江苏诺德环保工程有限公司	江都区	456	扬州贝尔阀门控制有限公司	邗江区
424	江苏斯博尔建材设备有限公司	江都区	457	扬州碧源人防工程有限公司	邗江区
425	江苏苏淮环境工程有限公司	江都区	458	扬州博尔特电气技术有限公司	邗江区
426	江苏万元模架工程有限公司	江都区	459	扬州东博汽车配件有限公司	邗江区
427	江苏新地环境工程有限公司	江都区	460	扬州飞天弹簧有限公司	邗江区
428	江苏亚力亚气动液压成套设备有限公司	江都区	461	扬州华露机电制造有限公司	邗江区
429	江苏一驰环保设备有限公司	江都区	462	扬州晶玖汽车配件有限公司	邗江区

15－2　续表7

序号	企业名称	地区	序号	企业名称	地区
463	扬州莱特斯婴童用品有限公司	邗江区	495	江苏兆智建筑科技有限公司	开发区
464	扬州力威变压器有限公司	邗江区	496	扬州阿波罗蓄电池有限公司	开发区
465	扬州诺亚机械有限公司	邗江区	497	扬州航盛科技有限公司	开发区
466	扬州鹏华照明有限公司	邗江区	498	扬州华宇电缆有限公司	开发区
467	扬州三圆核电电气有限公司	邗江区	499	扬州美德莱医疗用品有限公司	开发区
468	扬州市森鸿建设工程有限公司	邗江区	500	扬州盛世云信息科技有限公司	开发区
469	扬州市苏高阀门控制有限公司	邗江区	501	扬州伟达机械有限公司	开发区
470	扬州市中天机械制造有限公司	邗江区	502	扬州油软网络科技有限公司	开发区
471	扬州亚达粉末冶金有限公司	邗江区	503	江苏擎宇化工科技有限公司	化工园区
472	扬州悦正环境科技有限公司	邗江区	504	扬州市帝邦塑胶科技有限公司	生态科技新城
473	江苏瑞驰交通照明器材有限公司	广陵区	505	江苏天毅环保科技有限公司	宝应县
474	江苏炬烽热能科技有限公司	广陵区	506	扬州市宏厦通用机械有限公司	宝应县
475	江苏客乐医用器械有限公司	广陵区	507	扬州市华烨金属制品有限公司	宝应县
476	欧普铁玛(扬州)机械有限公司	广陵区	508	扬州市伟业消防器材有限公司	宝应县
477	扬州市泰克管道机械有限公司	广陵区	509	扬州天成水处理设备工程有限公司	宝应县
478	江苏亿通线缆有限公司	广陵区	510	扬州协力传动科技有限公司	宝应县
479	扬州市天博信息科技有限公司	广陵区	511	扬州兴标电缆材料有限公司	宝应县
480	江苏辐镭光电设备有限公司	广陵区	512	中广核新奇特(扬州)电气有限公司	宝应县
481	江苏润德线缆有限公司	广陵区	513	扬州市恒通环保科技有限公司	高邮市
482	江苏汇诚医疗科技有限公司	广陵区	514	江苏奥菱电梯有限公司	江都区
483	凌动信息科技扬州有限公司	广陵区	515	江苏润扬船业有限公司	江都区
484	嘉世利运搬装置制造(扬州)有限公司	广陵区	516	扬州市三江焊接机械制造有限公司	江都区
485	江苏极鼎网络科技有限公司	广陵区	517	扬州威远机械制造有限公司	江都区
486	扬州纪元纺织有限公司	广陵区	518	扬州中远海运重工有限公司	江都区
487	江苏润奥电子制造股份有限公司	广陵区	519	容德精机(江苏)机床有限公司	邗江区
488	江苏宏昌天马物流装备有限公司	广陵区	520	扬州市邗江金利德机械有限公司	邗江区
489	扬州海虹电缆有限公司	广陵区	521	扬州维邦园林机械有限公司	邗江区
490	江苏鼎集智能科技股份有限公司	开发区	522	扬州源升机械有限公司	邗江区
491	江苏高泰软件技术有限公司	开发区	523	扬州中舟网络科技有限公司	邗江区
492	江苏海晨信息系统工程有限公司	开发区	524	江苏长江重工科技有限公司	广陵区
493	江苏健之缘医械科技有限公司	开发区	525	扬州江苏油田瑞达石油工程技术开发有限公司	开发区
494	江苏油田矿业开发有限公司	开发区			

15-3 全市专利申请受理量及授权量

单位:项

年份	受理量	发 明	实用新型	外观设计	授权量	发 明	实用新型	外观设计
1986	20	2	17	1	16	1	14	1
1987	50	5	44	1	41		40	1
1988	58	8	45	5	45		40	5
1989	79	9	68	2	43	3	38	2
1990	94	10	66	18	52	2	38	12
1991	110	17	87	6	51	4	41	6
1992	119	3	112	4	101		97	4
1993	88	11	66	11	76	1	64	11
1994	124	13	107	14	118		106	12
1995	127	13	95	19	93		75	18
1996	128	10	95	23	119	1	95	23
1997	214	17	149	48	152	2	106	44
1998	176	14	118	44	178	1	133	44
1999	377	43	185	149	287	4	182	101
2000	334	39	204	91	289	6	178	105
2001	389	24	241	124	226	14	142	70
2002	795	75	405	315	380	6	229	145
2003	1029	101	497	431	714	15	317	382
2004	1399	147	549	703	733	18	381	334
2005	2077	271	833	973	895	31	410	454
2006	2573	400	981	1192	1189	54	672	463
2007	4162	514	1288	2360	1577	81	944	552
2008	6124	907	1400	3817	2003	106	1107	790
2009	7468	1157	1949	4362	2524	167	1257	1100
2010	9980	2068	2575	5337	3790	214	2300	1276
2011	14459	3154	3658	7647	5344	284	2449	2611
2012	18996	4222	4242	10532	8091	482	3200	4409
2013	22825	5159	5268	12398	11416	406	4024	6986
2014	22709	4907	5437	12365	11843	467	3787	7589
2015	24814	5771	6253	12790	13948	754	4994	8200
2016	27043	6124	7150	13769	13253	738	4834	7681
2017	32638	8287	10419	13932	14214	996	5022	8196
2018	42792	9717	14890	18185	22804	1346	9976	11482
2019	33786	6806	20728	6252	18736	1345	11600	5791

16

教育、文化和卫生

编辑：项月

16－1　主要年份在校生人数

单位:万人

年　份	高　校	普通中学	小　学
1979	0.58	22.38	63.60
1980	0.66	22.06	61.88
1981	0.63	20.29	57.54
1982	0.53	20.27	52.98
1983	0.61	20.30	49.44
1984	0.78	21.03	46.95
1985	1.05	21.46	45.02
1986	1.17	21.09	45.22
1987	1.24	20.27	43.59
1988	1.34	19.23	42.24
1989	1.33	19.04	40.24
1990	1.34	19.48	37.62
1991	1.30	19.89	34.84
1992	1.39	20.35	32.09
1993	1.61	19.86	31.09
1994	1.77	19.65	31.26
1995	1.81	19.12	32.31
1996	1.89	18.18	34.86
1997	2.12	17.02	37.42
1998	2.31	16.62	38.71
1999	2.55	17.85	38.43
2000	3.07	19.99	37.51
2001	3.41	22.43	36.08
2002	4.07	24.84	33.39
2003	4.74	26.61	30.76
2004	5.30	27.19	28.58
2005	5.91	26.41	26.57
2006	6.98	25.90	25.18
2007	7.61	25.22	24.05
2008	7.85	24.69	23.42
2009	7.60	23.61	22.93
2010	7.33	22.25	22.74
2011	7.78	20.81	22.72
2012	7.26	19.79	22.44
2013	7.64	19.02	22.06
2014	7.53	18.42	21.88
2015	7.56	17.88	21.63
2016	7.44	17.56	21.26
2017	8.28	17.50	21.05
2018	7.90	17.51	21.45
2019	8.70	17.58	21.90

16－2　各级各类教育事业情况

（2019 年）　　单位：人

项　　目	学校数（所）	毕业生数	招生数	在校学生数	专任教师
普通高等学校	8	19406	28800	86964	5700
中等职业教育学校	6	7583	5499	19530	1555
普通中学学校	161	58445	59558	175824	16348
#高中	32	21158	24326	67804	6232
初中	129	37287	35232	108020	10116
职业高中	3	5621	5492	16380	641
技工学校	12	4892	9376	24018	1361
普通小学	208	35632	39494	218952	13809
特殊教育学校	7	170	151	1008	233
幼儿园	369	—	—	111211	7053

16－3　分地区中、小学情况

（2019 年）

项　　目	全　市	市　区				宝　应	仪　征	高　邮
			广　陵	邗　江	江　都			
学校总数（所）								
普通中学	161	87	10	18	36	29	20	25
#高中	32	18	2	4	6	5	4	5
小学	208	99	18	18	50	38	30	41
在校学生数（人）								
普通中学	175824	101299	5472	22001	35225	31292	19312	23921
#高中	67804	37793	2093	8566	14016	12249	7434	10328
小学	218952	133549	33411	38307	40483	33363	24001	28039
专任教师数（人）								
普通中学	16348	8942	673	1934	3584	3024	1807	2575
#高中	6232	3363	232	743	1374	1184	614	1071
小学	13809	8056	2021	2079	2682	2205	1609	1939

16－4　分地区普通高校招生录取情况

(2019 年)　　单位:人

项　　目	全 市	市 区			宝 应	仪 征	高 邮
			邗 江	江 都			
考生人数	20672	11184	2388	4559	3806	2232	3450
录取合计	19161	10417	2305	4155	3528	2079	3137
本科合计	16326	9046	2122	3444	2928	1682	2670
专科合计	2835	1371	183	711	600	397	467

16－5　分地区幼儿教育情况

(2019 年)

项　　目	全 市	市 区				宝 应	仪 征	高 邮
			广 陵	邗 江	江 都			
幼儿园数(所)	369	204	45	53	75	56	46	63
在园幼儿数(人)	111211	67855	15196	21100	20769	15279	12699	15378
幼儿园教职工数(人)	7053	4130	1021	1249	1179	1113	814	996

16－6　文体事业基本情况

（2019 年）

项目	单位	全市	市区	江都	宝应	仪征	高邮
广播覆盖率	%	100	100	100	100	100	100
电视覆盖率	%	100	100	100	100	100	100
剧场、影剧院数	个	11	9	1	–	1	1
公共图书馆	个	7	4	1	1	1	1
公共图书馆图书总藏量	千册、件	5479	4173	441	406	484	417
博物馆数	个	17	10	1	2	1	4
体育场馆数	个	24	14	4	2	5	3

16－7　宗教事业基本情况

（2019 年）

项目	全市	市区	江都	宝应	仪征	高邮
宗教活动场所（处）	**233**	**96**	**49**	**54**	**34**	**49**
佛教	135	51	32	35	19	30
道教	4	1	0	0	1	2
基督教	84	40	16	18	13	13
天主教	2	1	0	0	0	1
伊斯兰	8	3	1	1	1	3
教职人员（名）	700	368	132	128	99	105

16－8　分地区卫生事业情况

（2019年）

项　　目	单　位	全　市	市　区	广　陵	邗　江	江　都	宝　应	仪　征	高　邮
医疗卫生机构数	个	1890	1104	235	454	415	359	168	259
#医院数	个	76	50	18	22	10	10	9	7
卫生院数	个	74	22	5	5	12	22	10	20
医疗卫生机构床位数	张	24994	14799	7061	2919	4819	3337	2935	3923
#医院床位数	张	17788	11558	6058	2238	3262	1700	2287	2243
卫生院床位数	张	4504	1492	203	135	1154	1322	538	1152
卫生技术人员数	人	30936	18403	7740	5032	5631	4882	3600	4051
#执业（助理）医师数	人	12557	7111	2954	2137	2020	2193	1541	1712
注册护士数	人	12109	7844	3681	2128	2035	1421	1340	1504

16－9　主要年份卫生事业情况

年　份	卫生机构数（个）	卫生机构床位数（张）	卫生技术人员数（人）		
				执业（助理）医师数	注册护士数
1980	647	7497	9696	4180	
1985	731	8469	11827	5104	
1990	805	10010	13707	6309	
1991	816	10008	14149	6389	
1992	800	9548	14641	6787	
1993	793	10607	14962	6945	
1994	793	10777	15336	7001	
1995	788	10937	16204	7335	
1996	789	10482	16276	7552	
1997	938	10631	16665	7842	
1998	936	10679	16801	7967	
1999	762	10663	16179	7433	
2000	756	10506	16347	7595	
2001	743	10560	16235	7516	
2002	872	10929	15043	6447	
2003	890	10864	15247	6574	
2004	1140	10991	14788	6417	
2005	1208	11765	15269	7003	
2006	1351	13074	16509	7571	
2007	2100	13646	20589	7640	
2008	2043	13318	21489	7450	
2009	2046	14464	22409	7874	
2010	2028	14685	22826	7881	
2011	1982	15281	23272	8066	
2012	1903	15853	21087	8818	
2013	1815	19202	22464	9276	
2014	1782	19765	23338	9491	9382
2015	1780	20121	26419	9826	9938
2016	1787	20683	27213	10405	10406
2017	1756	15261	28609	10872	11336
2018	1813	23355	29202	11209	11659
2019	1890	24994	30936	12557	12109

17

其他社会事业

编辑:项月

17－1　社会福利事业基本情况

（2019 年）　　　　单位:个、人、张

项　　　目	全　市	市　区	江　都	宝　应	仪　征	高　邮
社会福利院						
院　　数	6	4	1	0	1	1
职工人数	335	245	50	0	40	50
年末床位数	1562	1112	150	0	170	280
年末收养人员	705	472	137	0	111	122
儿童福利院						
院　　数	4	1	0	1	1	1
职工人数	105	37	0	2	3	63
年末床位数	400	150	0	30	50	170
年末收养人员	154	42	0	0	0	112
城市养老服务机构						
院　　数	42	22	4	7	7	6
职工人数	781	536	25	74	54	117
年末床位数	7449	4726	538	888	1099	736
年末收养人员	2717	1678	99	305	178	556
农村养老服务机构						
院　　数	67	29	13	14	11	13
职工人数	602	219	121	126	166	91
年末床位数	14375	4421	3302	3748	2967	3239
年末收养人员	4617	1116	697	912	1385	1204

17－2　城乡居民最低生活保障情况

（2019 年）　　　　单位：人、万元

项　　目	全　市	市　区	江　都	宝　应	仪　征	高　邮
城镇居民最低生活保障人数	3611	1965	451	661	419	566
#在职人员	82	79	4	0	0	3
老年人	1245	629	213	224	163	229
灵活就业人员	406	316	97	54	5	31
失业人员	258	255	30	0	2	1
在校生	293	178	52	60	44	11
其他人员	98	23	0	9	19	47
农村居民最低生活保障人数	22170	6558	4115	7687	2949	4976
#农村五保户人数	19433	7445	4751	4455	2665	4868
集中供养的五保户人数	4750	2144	1841	876	594	1136
分散供养的五保户人数	14683	5301	2910	3579	2071	3732
城镇居民最低生活保障资金	2343.34	1405.93	306.73	319.8	248.01	369.6
农村居民最低生活保障资金	11069.11	3406.64	2108.76	3530.75	1605.70	2526.02

17－3　社会保障情况

（2019 年）

项　　　目	单　位	全　市	广　陵	邗　江	江　都
企业职工基本养老保险参保人数	人	1091939		124380	180447
企业职工基本养老保险离退休人数	人	477898		49121	91267
机关事业单位养老保险在职参保人数	人	81685		7883	16801
机关事业单位养老保险离退休人数	人	55306		4977	11890
城乡居民养老保险参保人数	人	841230		48631	222033
城乡居民养老保险待遇领取人数	人	760488		54402	206926
失业保险参保人数	人	725486	50039	97902	106932
工伤保险参保人数	人	854339		95475	123795
基本医疗保险参保人数	人	4253216	188717	452908	878777
#城乡居民基本医疗保险参保人数	人	2824426	188717	304148	683836
城镇职工基本医疗保险参保人数	人	1428790		148760	194941
生育保险参保人数	人	781218		90180	100051

17－3　续表　　（2019 年）

项　　　目	单　位	宝　应	仪　征	高　邮
企业职工基本养老保险参保人数	人	120844	142076	145131
企业职工基本养老保险离退休人数	人	50082	56010	51179
机关事业单位养老保险在职参保人数	人	13688	11020	12540
机关事业单位养老保险离退休人数	人	9096	6677	10189
城乡居民养老保险参保人数	人	240285	93000	196266
城乡居民养老保险待遇领取人数	人	178369	92904	174599
失业保险参保人数	人	67500	95405	66900
工伤保险参保人数	人	87110	114752	108948
基本医疗保险参保人数	人	730177	518824	733704
#城乡居民基本医疗保险参保人数	人	579800	337873	544062
城镇职工基本医疗保险参保人数	人	150377	180951	189642
生育保险参保人数	人	66005	105895	93364

17－4　司法工作情况

项　　　目	2014 年	2015 年	2016 年	2017 年	2018 年	2019 年
律师工作						
律师事务所(所)	58	61	69	77	84	96
执业律师(人)	692	735	787	883	912	1044
担任法律顾问(家)	4177	2711	2742	3148	3358	3734
民事案件诉讼代理(件)	8249	10446	13590	18915	21086	28673
刑事诉讼辩护及代理(件)	1114	1421	1317	1589	1924	3547
非诉讼法律事务(件)	1582	570	729	795	552	1167
咨询和代写法律文书(件)	17483	11999	14917	13504	11180	12512
行政诉讼(件)	102	297	260	572	537	756
公证工作						
公证机构(个)	7	7	7	7	8	8
公证人员(人)	86	89	93	97	112	116
公证员(人)	40	41	39	45	46	47
助理公证员(人)	28	27	32	28	41	41
办理公证总数(件)	33265	35848	38712	47214	38233	43720
办理国内公证文书(件)	21469	23660	26776	36035	27203	31298
办理涉外及涉港澳台公证(件)	11796	12188	11936	11179	11030	12422
司法鉴定工作						
司法鉴定机构(个)	7	8	8	8	7	7
司法鉴定人员(人)	93	98	118	117	116	95
法律援助工作						
法律援助中心(个)	7	7	7	7	7	7
工作人员(人)	19	29	31	26	23	18
民事法律援助(起)	6195	6277	4490	4373	4491	5189
刑事法律援助(起)	562	564	599	671	1050	1600
接待来访咨询(件)	16979	8696	9933	9929	20717	6677
人民调解工作						
调解组织(个)	2091	1823	2288	1650	1632	1562
调解人员(人)	9914	7118	7310	4117	4192	3789
调解纠纷总数(件)	13666	11881	11969	74497	92914	82490
调解纠纷成功数(件)	13536	11748	11808	73935	92692	82452
基层法律服务工作						
基层法律服务所(个)	100	100	94	94	91	93
基层法律工作者(人)	387	398	386	380	380	372
民事诉讼代理(件)	3685	4210	4653	5543	6898	4853
民事非诉讼代理(件)	935	1056	1247	1392	1980	1251
担任法律顾问(家)	964	1121	1321	1505	1660	86
司法所(个)	**86**	**86**	**82**	**85**	**85**	**86**

18

建设　环保

编辑:项月

18－1　公用事业情况

（2019 年）

项　　目	单　位	全　市	市　区	宝　应	仪　征	高　邮
城市市政公用设施建设固定资产投资	万元	775870.0	624677.0	28045	73807	49341
公共供水综合生产能力	万立方米/日	182.9	121.4	30.85	19.88	10.78
水资源总量	万立方米	58110.0	21450.0	15440	9640	11580
降水量	毫米	695.0		736.7	701.5	660.7
用水总量	万立方米	323906.0	159076.0	59934	43112	61784
#规模以上工业企业取水量	万立方米	21545.0	12770.0	2434	3139	3202
公共供水总量	万立方米	32462.0	23345.0	2461.85	3491.85	3163.25
公共汽(电)车运营车辆数	辆	3108.0	2651.0	142	175	140
公共汽(电)车客运总量	万人次	23053.7	20823.0	862.5	775.4	592.8
出租汽车数	辆	3571.0	2461.0	172	601	337
供气总量(人工煤气、天然气)	万立方米	49613.9	26469.0	8047.92	9228	5869
#家庭用量	万立方米	16745.1	10547.3	1426.8	1798	2973
液化石油气供气总量	吨	35943	14459	4395.32	13800	3289
#家庭用量	吨	18163	10071	2093	3136	2863
城市道路面积	万平方米	4285	2912	509.17	433.44	430.44
排水管道长度	公里	4108	2984	352	396	376
年末公共供水管道长度	公里	6122	3926	636.02	1043.14	517
绿化覆盖面积	公顷	15351	10251	2119.4	1773	1207.39
建成区绿化覆盖率	%	43.7	44.1	42.28	44.07	42.45
绿地面积	公顷	13051.5	8866.2	1462	1613.52	1109.72
建成区绿地率	%	41.1	41.9	39.26	41.07	38.51
公园绿地面积	公顷	3223.8	2405.9	317.15	248.22	252.6
公园面积	公顷	2095.1	1889.7	55.5	122.1	27.8
森林覆盖率	%	14.8		14.62	22.79	10.49
污水处理厂数	座	6.0	3.0	1	1	1
垃圾处理站数	个	9.0	4.0	3		2
污水处理率	%	93.8	95.6	89.34	91.03	88.02
污水处理厂集中处理率	%	89.2	91.0	89.34	77.66	88.02
生活垃圾无害化处理率	%	100.0	100.0	100	100	100

18－2 城市建设用地情况

（2019 年） 单位:平方公里

项　　目	全 市	市 区	宝 应	仪 征	高 邮
建成区面积	281.73	178.84	36.11	39.28	27.50
城市现状建设用地面积	276.38	178.23	35.04	39.01	24.10
#居住用地	76.41	49.01	12.46	8.43	6.51
公共管理与公共服务用地	17.19	11.11	1.59	2.20	2.29
商业服务业设施用地	16.15	12.25	1.15	1.29	1.46
工业用地	60.29	38.84	6.64	12.01	2.80
物流仓储用地	5.43	1.92	0.40	2.17	0.94
道路与交通设施用地	45.05	31.45	4.79	4.40	4.41
公用设施用地	6.23	2.89	0.83	0.97	1.54
绿地与广场用地	49.63	30.76	7.18	7.54	4.15
本年征用土地面积	13.99	3.15	4.55	1.99	4.30
其中:耕地	8.35	1.72	3.11	1.15	2.37

18－3 城市自来水情况（公共供水）

（2019 年）

项　　目	全 市	市 区	宝 应	仪 征	高 邮
综合生产能力（万立方米/日）	182.86	121.35	30.85	19.88	10.78
水厂个数	5	2	1	1	1
供水管道长度（公里）	6122.43	3926.27	636.02	1043.14	517
供水总量（万立方米）	32461.96	23345.01	2461.85	3491.85	3163.25
#售水量	25629.85	18511.6	1833.23	2862.88	2422.14
其中:生产运营用水	4150.74	2277.59	409.21	653.87	810.07
公共服务用水	2601.28	1852.36	324	325	99.92
居民家庭用水	9948.36	7094.29	871.62	915.3	1067.15
其他用水	8929.47	7287.36	228.4	968.71	445
#免费供水量	554.53	222.86	161.77	45.64	124.26
其中:生活用水	161.77	161.77			
#漏损水量	3823.49	2484.62	286.19	583.33	469.35
用水户数（户）	1032460	666882	114469	113973	137136
#家庭用户	945398	605369	112393	93600	134036
用水人口（万人）	195.54	122.93	26.53	21.21	24.87

18－4　全市重点调查工业污染排放及处理利用情况

（2019年）

项　　　目	单　位	2019年
一、企业基本情况		
1、汇总工业企业数	个	450
2、工业总产值(当年价格)	亿元	2537.9
3、工业锅炉数	台/蒸吨	315/18023.2
4、工业窑炉数	座	391
二、工业废水		
1、废水治理设施数	套	330
2、废水治理设施处理能力	万吨/日	31.5
3、废水治理设施运行费用	万元	32868.8
4、工业废水排放量	万吨	5412.1
#排入污水处理厂的	万吨	3433.0
5、工业废水中污染物排放量		
(1)化学需氧量	吨	4547.5
(2)氨氮	吨	371.5
(3)总氮	吨	685.7
(4)总磷	吨	59.9
(5)石油类	吨	12.9
(6)挥发酚	千克	299.0
(7)氰化物	千克	254.1
(8)砷	千克	0.7
(9)铅	千克	66.6
(10)镉	千克	0.4
(11)汞	千克	
(12)总铬	千克	1022.6
(13)六价铬	千克	606.0
三、工业废气		
1、工业废气排放量	亿标立方米	3361.1

项 目	单 位	2019 年
2、废气治理设施数	套	1816
#:脱硫设施数	套	105
#:脱硝设施数	套	76
#:除尘设施数	套	474
#:VOCs 处理设施数	套	420
3、废气治理设施处理能力	万标立方米/时	251141.2
4、废气治理设施运行费用	万元	96241.5
5、二氧化硫排放量	吨	12135.9
6、氮氧化物排放量	吨	22462.9
7、烟(粉)尘排放量	吨	8508.2
8、挥发性有机物(VOCs)排放量	吨	2028.8
四、工业固体废物		
1、一般工业固体废物产生量	万吨	557.2
2、一般工业固体废物综合利用量	万吨	521.56
其中:综合利用往年贮存量	万吨	0.18
3、一般工业固体废物处置量	万吨	35.62
其中:处置往年贮存量	万吨	0.01
4、一般工业固体废物贮存量	万吨	0.20
5、一般工业固体废物倾倒丢弃量	万吨	
6、危险废物产生量	万吨	23.5335
7、危险废物综合利用量	万吨	7.6226
其中:综合利用往年贮存量	万吨	0.1175
8、危险废物处置量	万吨	15.8499
其中:处置往年贮存量	万吨	0.4831
9、危险废物贮存量	万吨	0.6616
10、危险废物倾倒丢弃量	万吨	

18－5　环境保护基本情况

（2019 年）

项　　目	单　位	全　市	广　陵	邗　江	江　都	宝　应	仪　征	高　邮
废水排放总量	万吨	25472.95	3206.81	7274.44	4363.93	3116.16	3646.23	3865.38
其中：工业源	万吨	7066.33	880.13	2186.89	528.14	408.13	1695.94	1367.11
城镇生活源	万吨	18392.98	2326.68	5078.59	3835.32	2708.03	1947.2	2497.16
集中式治理设施	万吨	13.64		8.96	0.47		3.09	1.12
化学需氧量（COD）排放量	吨	37951.58	5790.33	10252.42	7501.76	5186.53	3876.24	5344.3
其中：工业源	吨	5752.96	991.7	1531.24	948.8	736.3	481.89	1063.03
农业源	吨	20.28			20.28			
城镇生活源	吨	32161.33	4798.63	8706.52	6532.67	4450.23	3392.65	4280.63
集中式治理设施	吨	17		14.66			1.69	0.65
氨氮排放量	吨	4944.91	744.95	1061.38	1021.74	811.27	511.44	794.13
其中：工业源	吨	433.82	39.47	51.64	112.69	123.26	2.8	103.96
农业源	吨	1.64			1.64			
城镇生活源	吨	4508.24	705.48	1008.58	907.42	688.01	508.63	690.12
集中式治理设施	吨	1.22		1.16			0.01	0.05
总磷排放量	吨	453.48	66.27	86.14	81.98	73.94	53.31	91.83
其中：工业源	吨	64.98	1.26	6.75	7.48	8.58	2.19	38.72
农业源	吨	0.29			0.29			
城镇生活源	吨	388.03	65.01	79.23	74.21	65.36	51.12	53.1
集中式治理设施	吨	0.18		0.17			0.01	
废水治理设施数	套	330	19	46	119	43	63	40
废水治理设施处理能力	万吨/日	31.49	1.8321	6.7412	2.532	1.3702	14.3985	4.6114
废水治理设施运行费用	万元	32868.8	3482.6	6092.68	4128.72	437.29	16505.35	2222.15
二氧化硫排放量	吨	16018.27	3918.13	5820	1922.85	528.65	866.66	2961.98
其中：工业源	吨	13220.11	3499.87	5071.77	1374.18	148.42	572.01	2553.87
城镇生活源	吨	2768.96	418.26	748.23	548.67	380.23	293.96	379.61
集中式治理设施	吨	29.2					0.69	28.5
氮氧化物排放量	吨	24601.41	5120.53	10079.16	1956.45	321.96	2398.46	4724.85
其中：工业源	吨	23878.95	5048.65	9954.81	1859.99	254.63	2337.94	4422.94
城镇生活源	吨	479.3	71.88	124.35	96.46	67.33	51.73	67.55
机动车	吨							
集中式治理设施	吨	243.17					8.8	234.37
烟（粉）尘排放量	吨	10112.34	3292.31	1719.31	2667.82	226.06	453.31	1753.52
其中：工业源	吨	9393.87	3181.34	1528.93	2529.52	132.14	366.55	1655.38
城镇生活源	吨	707.2	110.97	190.38	138.3	93.92	82.13	91.5

18－5　续表　　　　　　　　　　　　　　　　（2019 年）

项　　　　目	单　位	全　市	广　陵	邗　江	江　都	宝　应	仪　征	高　邮
机动车	吨							
集中式治理设施	吨	11.27					4.63	6.64
挥发性有机物（VOCs）排放量	吨	2415.12	45.2	240.15	1305.95	257.6	501.5	64.73
其中：工业源	吨	2281.25	25.08	204	1279.03	239.04	487.35	46.75
城镇生活源	吨	133.88	20.12	36.15	26.92	18.56	14.15	17.98
机动车	吨							
废气治理设施数	套	1816	63	249	887	88	329	200
废气治理设施处理能力	万标立方米/时	251141.24	1262.3	1897.05	213827.04	99.7226	947.59	33107.53
废气治理设施运行费用	万元	96241.54	4527.7	54137.2	17414.5	1709.22	10603.38	7849.54
一般工业固体废物产生量	万吨	568.86	233.82	147.45	16.2395	13.32	50.09	107.9482
一般工业固体废物综合利用量	万吨	532.05	232.56	117.01	15.5503	13.17	46.77	106.99
其中：综合利用往年贮存量	万吨	0.2	0.01		0.0076	0.05	0.13	
一般工业固体废物综合利用率	%	93.50	99.46	79.36	95.71	98.50	93.13	99.11
危险废物产生量	万吨	23.5335	1.1168	6.1883	5.0012	1.0266	5.4042	4.7965
危险废物综合利用量	万吨	7.6226	0.0332	4.6324	0.0666		1.9692	0.9212
其中：综合利用往年贮存量	万吨	0.1175	0.0039	0.0007	0.0005		0.1123	
危险废物处置量	万吨	15.8499	1.1075	1.5772	4.9335	1.0427	3.3965	3.7925
其中：处置住年贮存量	万吨	0.4831	0.028	0.0426	0.1385	0.0277	0.1062	0.14
危险废物处置利用率	%	97.26	99.30	99.65	97.27	98.90	95.43	95.49
当年完成“三同时”环保验收项目环保投资	万元	64568.18	2149	14252.9	2855.3	11557.98	17337	15831
工业污染防治施工项目本年完成投资	万元	23505.5	23	1260	12292.5		9930	
废水治理项目	万元	2330			2330			
废气治理项目	万元	21175.5	23	1260	9962.5		9930	
工业固体废物治理项目	万元							
噪声治理项目	万元							
其它治理项目	万元							
环境空气质量								
可吸入颗粒物（PM10）	毫克/立方米	71	71	71	73	69	76	68
细颗粒物（PM2.5）	毫克/立方米	43	43	43	43	38	37	42
二氧化硫	毫克/立方米	10	10	10	12	11	9	11
氮氧化物	毫克/立方米	35	35	35	32	26	35	31
空气质量达到及好于二级的天数比重	%	69.6	69.6	69.6	72.8	74.0	78.8	80.1
水环境质量								
集中式饮用水源地水质达标率	%	90	100	100	100	100	100	50.0
地表水劣Ⅴ类水体比例	%							
道路交通噪声等效声级	dB(A)	65.9	68.3	68.3	65.5	64.3	63.6	64.7

19

乡镇资料

编辑：丁超　陈甜甜

19－1　全市乡（镇）农村社会经济主要指标（一）

（2019年）

乡镇名称	村民委员会（个）	居委会（个）	通公共交通村（个）	通自来水村（个）	乡镇总户数（户）	乡镇总人口（人）
广陵区						
李典镇	13	2	13	13	13433	44206
沙头镇	7	1	7	7	6258	20743
头桥镇	15	2	15	15	15259	49793
湾头镇	4	3	4	4	7910	25200
汤汪乡	4	5	4	4	20762	48746
生态科技新城						
杭集镇	10	1	10	10	11527	43148
泰安镇	11	1	11	11	7341	25524
邗江区						
蒋王街道	3	5	3	3	11948	40550
汊河街道	9	3	9	9	21325	71043
甘泉街道	9	1	9	9	7717	31384
公道镇	11	3	11	11	12673	40021
方巷镇	18	2	18	18	12505	39985
槐泗镇	13	2	13	13	12392	40096
瓜洲镇	3	2	3	3	4531	14635
杨寿镇	7	1	7	7	6254	23734
杨庙镇	8	1	8	8	6080	23185
西湖镇	7	4	7	7	18202	45148
双桥乡	4	8	4	4	34179	82288
景　区						
平山乡	4	2	4	4	6021	24578
城北乡	2	3	2	2	9018	29765
江都区						
仙女镇	31	33	31	31	53210	148960

19－1　续表1　　　　　　　　　　　　　　（2019年）

乡镇名称	村民委员会（个）	居委会（个）	通公共交通村（个）	通自来水村（个）	乡镇总户数（户）	乡镇总人口（人）
小纪镇	30	3	30	30	29092	91026
武坚镇	14	3	14	14	13617	40066
樊川镇	21	5	20	21	20754	61951
真武镇	18	4	16	18	18728	52566
宜陵镇	11	5	11	11	16175	50066
丁沟镇	17	2	17	17	17539	57668
郭村镇	23	2	23	23	23288	75825
邵伯镇	22	3	22	22	29769	71820
丁伙镇	16	2	16	16	15669	44383
大桥镇	33	8	33	33	50896	148901
吴桥镇	14	2	11	14	15446	52147
浦头镇	13	1	13	13	13184	43641
宝应县						
安宜镇	18	24	15	18	62857	245681
氾水镇	20	7	20	20	21395	64327
夏集镇	14	3	14	14	16656	46467
柳堡镇	16	3	12	16	14842	45216
射阳湖镇	30	3	30	30	24017	66929
广洋湖镇	13	1	13	13	6550	21776
鲁垛镇	12	1	12	12	6815	24730
小官庄镇	9	1	9	9	8634	26107
望直港镇	19	2	13	19	17382	63376
曹甸镇	22	3	22	22	18323	63215
西安丰镇	8	3	5	8	8025	28312
山阳镇	16	2	16	16	13967	52806
黄塍镇	8	1	4	8	6640	21895
泾河镇	18	3	18	18	13789	46116

19－1　续表2　　　　　　　　　　　　（2019年）

乡镇名称	村民委员会（个）	居委会（个）	通公共交通村（个）	通自来水村（个）	乡镇总户数（户）	乡镇总人口（人）
开发区						
施桥镇	11	6	11	11	12193	37236
八里镇	8	5	8	8	6278	25153
朴席镇	9	1	9	9	9744	31466
仪征市						
真州镇	9	25	9	9	77701	228254
新集镇	13	2	13	13	12413	44469
新城镇	11	3	11	11	10379	33553
马集镇	9	1	9	9	7875	28274
刘集镇	17	2	17	17	13282	46889
陈集镇	14	2	14	14	11665	35241
大仪镇	18	3	18	18	14596	51120
月塘镇	19	3	19	19	16475	55560
青山镇	9	7	9	9	9694	27569
高邮市						
高邮街道	6	13	6	6	57631	160984
龙虬镇	11	2	11	11	9556	34273
汤庄镇	17	4	17	17	18338	58113
卸甲镇	17	4	14	17	24591	82335
三垛镇	21	4	21	21	23254	74239
甘垛镇	16	3	12	16	18941	53734
界首镇	8	1	8	8	9981	32011
周山镇	8	1	8	8	7645	26412
临泽镇	22	6	22	22	28977	95928
送桥镇	17	3	17	17	20965	70645
菱塘回族乡	6	2	6	6	6855	24134

19－2 全市乡(镇)农村社会经济主要指标(二)

(2019 年)

乡镇名称	乡镇从业人员(人)	#第一产业从业人员(人)	#第二产业从业人员(人)	年末耕地面积(公顷)	农作物总播种面积(公顷)	#粮食播种面积(公顷)
广陵区						
李典镇	24651	2435	13961	2021	4360	3770
沙头镇	12042	1418	7701	1216	2410	790
头桥镇	28344	3427	17159	2724	5301	4354
湾头镇	13872	460	8060			
汤汪乡	14664	198	6693	23	7	
生态科技新城						
杭集镇	30316	1381	22794	896	1810	1530
泰安镇	13166	2802	7166	1314	1942	1492
邗江区						
蒋王街道	20616	369	6908	337	513	215
汉河街道	47581	3653	24701	1797	2698	2183
甘泉街道	17470	1124	10673	1382	1599	1209
公道镇	21715	2371	14114	2666	5436	5132
方巷镇	25279	4343	16029	2737	6003	4803
槐泗镇	22964	2369	13638	2256	4690	2581
瓜洲镇	8422	963	4314	258	292	231
杨寿镇	11707	1393	5785	1536	2021	1612
杨庙镇	14753	1369	7208	1305	1083	768
西湖镇	24705	715	13105	557	246	199
双桥乡	42684		4618			
景　区						
平山乡	7638	360	4913	270	550	370
城北乡	17143	3320	6261	84	74	74
江都区						
仙女镇	93106	7852	45012	3388	6361	4981

19－2　续表1　　（2019年）

乡镇名称	乡镇从业人员（人）	#第一产业从业人员（人）	#第二产业从业人员（人）	年末耕地面积（公顷）	农作物总播种面积（公顷）	#粮食播种面积（公顷）
小纪镇	41833	6738	19023	7530	17806	14204
武坚镇	24162	1412	14297	3509	7926	6489
樊川镇	31594	6792	11085	5928	11978	11355
真武镇	27596	2104	15037	3525	7806	6961
宜陵镇	25955	1721	15242	2308	5334	4373
丁沟镇	36647	4029	14087	4717	9365	8392
郭村镇	41878	5480	21750	6015	8873	7855
邵伯镇	59040	6650	30710	5383	7631	6719
丁伙镇	28987	4071	14052	3712	5695	5054
大桥镇	94393	9582	57194	4877	11499	8999
吴桥镇	25066	2772	12864	2924	6838	4607
浦头镇	24018	3885	15334	2471	3912	3400
宝应县						
安宜镇	111679	7824	48562	3831	7793	6614
氾水镇	44050	11999	23307	7501	15140	13247
夏集镇	27619	9037	11612	5860	12690	11183
柳堡镇	29015	9503	15989	4907	11858	9727
射阳湖镇	42592	13943	14521	7934	17610	16751
广洋湖镇	19784	4890	10081	3018	6624	4846
鲁垛镇	15680	4451	4408	3182	6926	6285
小官庄镇	14496	1845	7546	2820	5960	5641
望直港镇	43188	6841	21169	4507	9176	6907
曹甸镇	35381	6840	18114	4670	10144	9347
西安丰镇	15011	4428	8017	1950	5358	4320
山阳镇	29974	7630	18036	4339	9987	8585
黄塍镇	16077	2996	9998	1773	3960	3540
泾河镇	26457	5128	16632	4408	9850	8797

乡镇名称	乡镇从业人员（人）	#第一产业从业人员（人）	#第二产业从业人员（人）	年末耕地面积（公顷）	农作物总播种面积（公顷）	#粮食播种面积（公顷）
开发区						
施桥镇	23135	779	15627	642	467	198
八里镇	18587	859	8796	395	675	483
朴席镇	18524	3482	3910	2258	3800	3510
仪征市						
真州镇	84610	1720	28190	1419	1597	710
新集镇	26455	4548	12321	3170	3773	3117
新城镇	17649	3646	9529	2963	2259	1732
马集镇	16011	3153	7839	3870	3818	2966
刘集镇	27377	2969	16524	5333	5301	4072
陈集镇	18915	2123	12845	4988	6022	5557
大仪镇	29895	3287	20957	6301	8371	6955
月塘镇	28395	2060	16818	7415	7176	6216
青山镇	16422	1179	12041	554	554	494
高邮市						
高邮街道	83086	2263	43552	812	2607	1860
龙虬镇	17045	5690	8698	2195	6114	4274
汤庄镇	35349	7252	17815	7004	13842	12901
卸甲镇	43612	8620	27301	9930	17121	15720
三垛镇	48127	15147	19368	7027	13236	12142
甘垛镇	30785	10561	10876	7097	14119	11650
界首镇	15118	3039	8855	2421	6111	5021
周山镇	13340	4090	4759	2868	5778	5364
临泽镇	53184	11991	28459	7901	19296	16466
送桥镇	44697	6250	27561	6413	14110	12612
菱塘回族乡	15091	681	8755	1987	4025	3615

19-3　全市乡(镇)农村社会经济主要指标(三)

(2019 年)

乡镇名称	粮食产量(吨)	蔬菜产量(吨)	禽蛋产量(吨)	肉类产量(吨)	#猪肉产量(吨)	水产品产量(吨)
广陵区						
李典镇	26889	30982	1375	1365	350	8412
沙头镇	5435	62612	276	197	110	1091
头桥镇	31315	32101	817	1316	838	1560
湾头镇						
汤汪乡		305				
生态科技新城						
杭集镇	9178	3422	594	213	0	2841
泰安镇	10289	5999	336	1325	906	1422
邗江区						
蒋王街道	1543	12671				184
汉河街道	14472	11528	294	1268	731	2241
甘泉街道	8596	8148	714	456	382	2825
公道镇	36565	8249	450	309	116	7641
方巷镇	38324	16046	1232	2507	1752	13362
槐泗镇	19289	18607	1483	382	281	3149
瓜洲镇	1476	2229	312	532	0	864
杨寿镇	12272	4820	479	1069	847	2658
杨庙镇	6323	7028	124	204	86	1084
西湖镇	1208	1784	158	42	0	183
双桥乡						
景　区						
平山乡	587	115	24	11	8	2
城北乡	580					
江都区						
仙女镇	37661	34022	2398	1526	1296	4256

19－3　续表 1　　　　　　　　　　　　　　（2019 年）

乡镇名称	粮食产量（吨）	蔬菜产量（吨）	禽蛋产量（吨）	肉类产量（吨）	#猪肉产量（吨）	水产品产量（吨）
小纪镇	109171	58751	9015	5284	1426	27293
武坚镇	48331	54033	2337	3279	407	27097
樊川镇	86946	19315	1970	2450	1918	6216
真武镇	48350	26120	1916	4747	2089	12992
宜陵镇	32261	32289	498	1051	295	1810
丁沟镇	67006	20899	1448	4204	1016	1535
郭村镇	60438	22922	2090	5075	4437	3351
邵伯镇	52126	16147	2013	1440	196	14995
丁伙镇	37938	17446	620	2694	18	2907
大桥镇	62518	83554	8401	14719	4179	6896
吴桥镇	33020	19064	1091	332	64	3975
浦头镇	24199	10691	454	680	489	2331
宝应县						
安宜镇	55355	36614	2215	1903	1897	11117
氾水镇	104595	35787	1804	1406	1378	10437
夏集镇	75504	20483	2645	5400	4860	7325
柳堡镇	77204	41920	1680	270	60	24652
射阳湖镇	121223	21195	3018	3217	987	26097
广洋湖镇	40082	32577	473	316	96	20664
鲁垛镇	42899	20795	942	1349	1289	6592
小官庄镇	44185	8909	428	1298	708	1750
望直港镇	58147	39130	1033	906	397	9556
曹甸镇	71641	29903	320	713	487	13112
西安丰镇	33018	30407	2028	1169	792	6711
山阳镇	71468	15168	2889	4156	1620	19875
黄塍镇	27800	7200	1000	3980	3100	1280
泾河镇	71103	18357	2696	918	911	4505

乡镇名称	粮食产量（吨）	蔬菜产量（吨）	禽蛋产量（吨）	肉类产量（吨）	#猪肉产量（吨）	水产品产量（吨）
开发区						
施桥镇	925	4072				102
八里镇	3648	3931	118	320	210	829
朴席镇	22529	6599	192	340	60	600
仪征市						
真州镇	5370	21802	182	493	310	918
新集镇	19909	18250	1200	2432	1300	982
新城镇	12090	17607	175	102	58	103
马集镇	22796	23880	960	1032	784	322
刘集镇	30860	24880	1248	784	724	495
陈集镇	47524	12822	712	3006	1398	818
大仪镇	50810	29975	1036	7962	4708	1962
月塘镇	48006	37449	1210	2586	1191	585
青山镇	3406	1657	100	285	195	289
高邮市						
高邮街道	11795	8789	2106	1546	712	7915
龙虬镇	34079	12538	538	2153	1493	18533
汤庄镇	98232	24452	5682	5716	2102	20825
卸甲镇	131562	24591	4443	11049	8508	19549
三垛镇	97107	15947	2664	2321	1921	35353
甘垛镇	95227	12271	18290	6308	2620	20040
界首镇	39555	12257	1462	1930	1605	7329
周山镇	42662	7856	1328	2580	1524	11534
临泽镇	133251	50798	2615	7904	4207	22244
送桥镇	98700	25560	10100	17000	4300	11363
菱塘回族乡	24590	4985	2705	2103	550	8975

19－4　全市乡(镇)农村社会经济主要指标(四)

(2019 年)

乡镇名称	企业个数(个)	#工业企业(个)	农业机械总动力(千瓦)	自来水用水户数(户)	提供住宿的社会工作机构(个)	提供住宿的社会工作机构床位(张)
广陵区						
李典镇	721	526	31500	13433	1	68
沙头镇	261	239	13360	6258		
头桥镇	798	700	23000	14310	1	70
湾头镇	410	80		7889		
汤汪乡	50	32		20762		
生态科技新城						
杭集镇	1342	1102	11610	11527	2	160
泰安镇	320	246	14931	7341	1	80
邗江区						
蒋王街道	407	33	4906	11948	1	16
汉河街道	3764	2764	17884	16235	2	77
甘泉街道	959	362	7686	7717	1	40
公道镇	359	232	33824	12673	1	130
方巷镇	558	386	35864	12505	1	69
槐泗镇	649	325	35030	11972	2	118
瓜洲镇	63	54	3145	4531	1	120
杨寿镇	423	358	27988	6237	1	48
杨庙镇	350	280	14168	6080	1	12
西湖镇	1244	466	4116	18202	3	90
双桥乡	2751	68		34174	2	204
景　区						
平山乡	247	117	1783	4900		
城北乡	311	1		9018		
江都区						
仙女镇	4720	2652	57462	53110	6	1432

19－4　续表1　　（2018年）

乡镇名称	企业个数（个）	#工业企业（个）	农业机械总动力（千瓦）	自来水用水户数（户）	提供住宿的社会工作机构（个）	提供住宿的社会工作机构床位（张）
小纪镇	1688	1430	119348	28188	2	282
武坚镇	623	562	49956	12980	1	187
樊川镇	994	668	80756	20754	1	120
真武镇	535	401	38079	17562	1	186
宜陵镇	1039	815	33845	16175	1	178
丁沟镇	1000	420	45708	16939	1	100
郭村镇	657	450	68592	21607	1	69
邵伯镇	980	760	52000	29769	1	130
丁伙镇	785	545	41511	15000	1	160
大桥镇	2063	849	49479	47928	3	351
吴桥镇	302	179	24810	14753	1	100
浦头镇	991	658	21361	13184	1	100
宝应县						
安宜镇	2359	2059	63129	60919	1	142
氾水镇	2767	2694	78336	21395	1	400
夏集镇	612	597	41400	16656	1	260
柳堡镇	586	475	56820	14351	1	174
射阳湖镇	1202	1034	66244	24017	1	285
广洋湖镇	392	162	20504	6550	1	86
鲁垛镇	252	224	27371	6815	1	100
小官庄镇	439	388	25417	8034	1	100
望直港镇	323	270	31003	17382	1	160
曹甸镇	1681	259	26296	18032	1	180
西安丰镇	329	291	22790	8025	1	135
山阳镇	403	321	33450	12987	1	195
黄塍镇	206	170	14000	6640	1	210
泾河镇	302	259	36255	13789	1	220

乡镇名称	企业个数（个）	#工业企业（个）	农业机械总动力（千瓦）	自来水用水户数（户）	提供住宿的社会工作机构（个）	提供住宿的社会工作机构床位（张）
开发区						
施桥镇	423	260	3907	12193	1	44
八里镇	176	90	9896	6499	1	52
朴席镇	120	69	36390	9744	1	65
仪征市						
真州镇	2570	745	17360	77701	1	121
新集镇	232	216	19000	12348	2	245
新城镇	120	85	17000	10100	1	120
马集镇	425	378	13988	7822	1	150
刘集镇	322	248	51040	13282	1	72
陈集镇	604	518	44030	11665	2	292
大仪镇	765	539	63650	14596	2	320
月塘镇	485	402	18768	16475	1	310
青山镇	123	78	376	9694	1	125
高邮市						
高邮街道	2072	620	21896	54402	5	610
龙虬镇	218	153	90370	9556	1	130
汤庄镇	964	458	53425	18338	1	165
卸甲镇	936	790	117493	24591	2	310
三垛镇	1097	1021	98786	23254	1	138
甘垛镇	374	172	44012	17862	1	340
界首镇	189	168	4300	9740	1	100
周山镇	244	167	20834	7645	1	85
临泽镇	501	395	40986	28977	2	240
送桥镇	1198	1033	53000	20865	3	320
菱塘回族乡	612	517	20416	6855	2	120

19－5　全市乡（镇）农村社会经济主要指标（五）

（2019 年）

乡镇名称	剧场、影剧院个数（个）	公园及休闲健身广场个数（个）	金融机构网点数（个）	农业技术服务机构个数（个）	农业技术服务机构从业人员数（人）	城乡居民最低生活保障人（人）
广陵区						
李典镇	1	23	7	1	9	43
沙头镇	1	9	3	5	44	61
头桥镇	1	1	6	1	40	149
湾头镇		1	2	1	2	21
汤汪乡		4	3			13
生态科技新城						
杭集镇	1	3	8	4	28	272
泰安镇	1	19	3	1	4	69
邗江区						
蒋王街道	2	4	4	1	26	230
汊河街道	1	3	6	1	7	137
甘泉街道	1	33	2	4	19	141
公道镇	1	6	6	1	31	324
方巷镇	1	2	5	1	46	408
槐泗镇		32	4	3	38	190
瓜洲镇	1	8	4	1	23	50
杨寿镇		30	3	1	5	126
杨庙镇		2	3	1	4	221
西湖镇	2	17	12	2	8	52
双桥乡	3	14	22			36
景　区						
平山乡	1	15	6	5	16	102
城北乡		6	3			13
江都区						
仙女镇	5	53	44	21	121	7

19－5　续表1　　　　　　　　　　　　　　（2019年）

乡镇名称	剧场、影剧院个数（个）	公园及休闲健身广场个数（个）	金融机构网点数（个）	农业技术服务机构个数（个）	农业技术服务机构从业人员数（人）	城乡居民最低生活保障人（人）
小纪镇	1	35	14	33	105	1205
武坚镇	1	4	7	1	25	1420
樊川镇	1	30	9	4	33	428
真武镇		30	7	6	49	564
宜陵镇	1	43	5	9	25	237
丁沟镇		22	6	1	41	233
郭村镇		33	10	1	20	205
邵伯镇	2	65	10	11	58	183
丁伙镇		2	5	2	8	216
大桥镇	1	48	15	4	35	598
吴桥镇	1	35	5	5	29	284
浦头镇	1	18	5	6	35	171
宝应县						
安宜镇	6	10	48	1	55	1607
氾水镇	2	33	7	2	51	681
夏集镇	1	4	7	1	41	580
柳堡镇		13	7	2	26	443
射阳湖镇	1	39	7	2	26	834
广洋湖镇	1	16	2	1	17	382
鲁垛镇	1	18	3	1	30	333
小官庄镇	1	3	3	1	17	255
望直港镇	1	4	4	1	30	670
曹甸镇	1	4	5	1	23	1423
西安丰镇	1	1	2	2	20	460
山阳镇	1	1	3	2	33	842
黄塍镇		2	2	1	14	635
泾河镇	1	1	2	1	12	750

19－5 续表2 （2019年）

乡镇名称	剧场、影剧院个数（个）	公园及休闲健身广场个数（个）	金融机构网点数（个）	农业技术服务机构个数（个）	农业技术服务机构从业人员数（人）	城乡居民最低生活保障人（人）
开发区						
施桥镇	1	29	4	1	15	77
八里镇		6	5	6	22	295
朴席镇		2	3	1	5	232
仪征市						
真州镇	8	49	30	4	26	467
新集镇		4	6	2	17	225
新城镇	1	19	6	1	13	193
马集镇		2	2	2	20	476
刘集镇	1	2	6	2	20	226
陈集镇		18	5	2	38	278
大仪镇		12	10	2	45	259
月塘镇	1	3	6	2	34	714
青山镇		10	4	1	8	164
高邮市						
高邮街道	6	33	32	1	89	420
龙虬镇		14	4	3	35	342
汤庄镇	2	8	8	10	45	665
卸甲镇	2	4	10	2	43	750
三垛镇	1	20	10	1	76	767
甘垛镇		19	6	7	35	822
界首镇	1	11	2	1	20	399
周山镇	1	1	2	1	20	297
临泽镇	1	32	8	1	38	373
送桥镇	2	23	9	1	49	1760
菱塘回族乡	1	2	3	7	34	222

19－6　全市乡(镇)农村社会经济主要指标(六)

(2019 年)

乡镇名称	学校总数(个)	在校学生数(人)	教师总数(人)	幼儿园托儿所(个)	医疗卫生机构个数(个)	医疗卫生机构床位数(个)
广陵区						
李典镇	3	2152	189	5	13	128
沙头镇	2	1059	90	1	4	35
头桥镇	4	3372	288	2	12	97
湾头镇	4	5860	557	3	5	56
汤汪乡	2	1040	104	3	3	118
生态科技新城						
杭集镇	3	3120	240	2	8	60
泰安镇	2	916	123	1	7	37
邗江区						
蒋王街道	2	4433	352	4	5	58
汊河街道	4	4153	303	6	11	60
甘泉街道	2	1827	154	2	6	33
公道镇	2	3674	320	2	11	41
方巷镇	2	1282	135	4	18	112
槐泗镇	1	2420	153	3	17	77
瓜洲镇	3	2705	271	1	6	30
杨寿镇	1	950	104	1	7	50
杨庙镇	2	1438	126	1	8	50
西湖镇	6	7929	610	6	9	128
双桥乡	5	11083	770	8	12	1082
景　区						
平山乡	2	1388	120	2	8	26
城北乡	3	5441	184	3	3	22
江都区						
仙女镇	28	43609	3331	31	31	3035

19－6　续表1　　（2019年）

乡镇名称	学校总数（个）	在校学生数（人）	教师总数（人）	幼儿园托儿所（个）	医疗卫生机构个数（个）	医疗卫生机构床位数（个）
小纪镇	7	2168	339	4	38	286
武坚镇	4	1420	219	3	15	115
樊川镇	4	1273	183	3	29	162
真武镇	4	1543	231	3	21	210
宜陵镇	4	2421	268	2	18	80
丁沟镇	5	5145	506	2	22	158
郭村镇	6	3659	348	7	26	237
邵伯镇	7	4873	606	4	27	360
丁伙镇	4	747	196	2	17	90
大桥镇	8	7303	513	7	40	241
吴桥镇	3	1884	153	5	22	58
浦头镇	5	2341	185	4	17	80
宝应县						
安宜镇	24	44653	2924	17	51	4080
氾水镇	5	5435	505	4	31	210
夏集镇	5	986	165	3	17	86
柳堡镇	3	1130	158	2	21	165
射阳湖镇	9	2483	238	7	34	370
广洋湖镇	2	1085	121	1	15	56
鲁垛镇	2	396	87	1	8	75
小官庄镇	2	1065	107	1	9	80
望直港镇	4	2425	252	8	18	90
曹甸镇	4	2702	228	2	22	158
西安丰镇	3	1625	127	2	11	120
山阳镇	3	742	145	2	21	215
黄塍镇	2	1060	145	1	9	50
泾河镇	5	989	174	2	20	91

19－6　续表2　　（2019年）

乡镇名称	学校总数（个）	在校学生数（人）	教师总数（人）	幼儿园托儿所（个）	医疗卫生机构个数（个）	医疗卫生机构床位数（个）
开发区						
施桥镇	2	1854	103	3	1	36
八里镇	2	1432	141	2	1	20
朴席镇	2	773	108	2	4	22
仪征市						
真州镇	19	27980	2252	19	9	162
新集镇	3	2363	208	4	12	100
新城镇	3	1642	211	3	12	130
马集镇	3	778	119	2	7	76
刘集镇	4	2620	197	2	10	44
陈集镇	3	1287	139	1	10	90
大仪镇	4	2586	220	3	12	120
月塘镇	4	1499	211	2	16	170
青山镇	3	352	106	1	5	36
高邮市						
高邮街道	17	37395	2609	28	57	2247
龙虬镇	3	461	100	2	10	24
汤庄镇	6	1209	179	4	20	115
卸甲镇	7	1702	245	4	26	144
三垛镇	5	2663	325	4	23	400
甘垛镇	4	680	116	3	21	81
界首镇	2	1063	111	2	10	78
周山镇	2	386	65	1	7	30
临泽镇	7	3041	293	4	28	200
送桥镇	5	3434	292	6	19	120
菱塘回族乡	3	1913	155	1	9	26

19－7　全市乡(镇)农村社会经济主要指标(七)

(2019年)

乡镇名称	图书馆、文化站个数(个)	公共图书馆藏书量(千册)	公共体育设施面积(平方米)	公共文化设施面积(平方米)	人均住房面积(平方米)	住楼房户比重(%)
广陵区						
李典镇	1	41	64000	11500	79	91
沙头镇	1	5.5	3406	3540	44	81
头桥镇			48850	38300	68	52
湾头镇	1	5	4000	1000	52	97
汤汪乡	5	49.5	25550	14290	76	99
生态科技新城						
杭集镇	2	15	50000	6600	79	82
泰安镇	1	16	14520	3040	40	90
邗江区						
蒋王街道	1	24	5552	6334	75	99
汊河街道	1	59	10500	1500	64.2	97
甘泉街道	11	25	32845	9460	72	96
公道镇	2	31	39620	39620	46	91
方巷镇	1	18.3	3950	1700	77	99
槐泗镇	1	310	132500	4760	75	94
瓜洲镇	1	11	50000	2000	60	90
杨寿镇	9	42	32520	2900	57	92
杨庙镇			5800	700	70	99
西湖镇	11	37	46075	16050	61	99
双桥乡	10	55	61645	23472	86	99
景　区						
平山乡	1	10	5913	615	78	67
城北乡	2	31	120	56	48	99
江都区						
仙女镇	7	242	264206	64250	68	95.2

19－7　续表1　　　　　　　　　　　　　　　　　　　(2019年)

乡镇名称	图书馆、文化站个数（个）	公共图书馆藏书量（千册）	公共体育设施面积（平方米）	公共文化设施面积（平方米）	人均住房面积（平方米）	住楼房户比重（%）
小纪镇	1	33	8200	5300	40	55
武坚镇	1	34	4588	2150	39	75
樊川镇	1	48	52923	5012	46	70
真武镇	4	9.8	1987	202	37	90
宜陵镇	1	38	28500	11200	55	72.3
丁沟镇	1	12	1228	68000	57	78
郭村镇	1	41	27242	9412	60	75
邵伯镇	2	42.6	42000	56000	66	88
丁伙镇	1	28	4300	550	60	93
大桥镇	2	82	38500	19600	51	89
吴桥镇	1	135	10718	24449	63	48
浦头镇	1	1		400	45	99
宝应县						
安宜镇	5	16.5	15785	7365	44	97
氾水镇	1	32	11050	41972	46.2	66.5
夏集镇	1	20000	6998	8300	46	79.4
柳堡镇	1	6.7	46800	7200	41	62
射阳湖镇	1	35	63741	13800	50	43
广洋湖镇	1	1.4	360	256	47	62
鲁垛镇	1	11	39849	4550	44.8	32
小官庄镇	10	38	23345	1142	62	71
望直港镇	1	34	55200	9035	44	45.1
曹甸镇	1	52	49790	2186	46	72
西安丰镇	1	25.1	5915	8002	47.1	56.7
山阳镇	1	4	26000	41000	45	47
黄塍镇	1	14.4	1000	380	42	71
泾河镇	2	20	500	7890	38	77

19－7　续表2　　　　　　　　　　　　　　　　（2019年）

乡镇名称	图书馆、文化站个数（个）	公共图书馆藏书量（千册）	公共体育设施面积（平方米）	公共文化设施面积（平方米）	人均住房面积（平方米）	住楼房户比重（%）
开发区						
施桥镇	1	24	49414	5122	52	72
八里镇	1	9	4500	520	60	95
朴席镇	2	2	1200	2530	35	70
仪征市						
真州镇	3	4100	123500	13000	45	98.5
新集镇	2	38.5	36565	12180	59	85
新城镇	1	25	43035	8000	62	96
马集镇	1	34	25000	19800	59	90
刘集镇	1	10	14620	1010	45	88
陈集镇	1	45	18200	15200	46	92
大仪镇	1	13	25960	1120	53.5	97.5
月塘镇			800	1500	62	60
青山镇	1	23	14000	1500	45	67
高邮市						
高邮街道	19	253	299742	46184	62	98.6
龙虬镇	1	74.2	1631	657	55	65
汤庄镇	18	69	6790	7060	57	45
卸甲镇	22	59	9500	6000	42	80
三垛镇	1	102	85650	2800	42	43
甘垛镇	1	22	2813	2901	45	58
界首镇	10	2.4	6600	3580	41	96.2
周山镇	1	2.5	500	300	37	84
临泽镇	1	18.4	10950	5200	45	50
送桥镇	3	7.32	63560	23540	53	90
菱塘回族乡	1	20.3	2612	11785	53	85

20

全省市县及长三角资料

编辑：项月

20－1 人　口

（2019年）

市县名称	年末户籍人口（万人）	女性人口（万人）	年末常住人口（万人）	出生人数（人）	死亡人数（人）	人口密度（人/平方公里）
南京市	**709.82**	**357.02**	**850.00**	**67572**	**38533**	**1290**
无锡市	**502.83**	**255.66**	**659.15**	**37981**	**32074**	**1425**
江阴市	126.41	63.91	165.34	8733	8340	1675
宜兴市	107.97	54.82	125.64	7384	8114	629
徐州市	**1041.73**	**502.39**	**882.56**	**106600**	**55800**	**750**
丰　县	121.02	57.73	95.26	12200	6500	657
沛　县	129.05	61.72	112.22	12900	6200	621
睢宁县	141.79	67.45	103.28	15400	12000	584
新沂市	112.32	53.97	91.54	11300	6400	575
邳州市	194.13	93.01	144.57	19100	8500	693
常州市	**385.02**	**196.18**	**473.60**	**29936**	**25261**	**1083**
溧阳市	79.00	39.34	76.40	5812	5327	498
苏州市	**722.60**	**369.84**	**1074.99**	**61916**	**45037**	**1242**
常熟市	106.69	54.99	151.89	6104	8500	1190
张家港市	93.04	47.58	126.40	6272	6403	1281
昆山市	98.13	26.00	166.92	3209	3688	1791
太仓市	50.17	50.29	72.12	11964	4577	890
南通市	**759.82**	**386.81**	**731.80**	**44615**	**65589**	**694**
如东县	101.24	51.55	97.71	4853	9943	350
启东市	110.35	56.43	94.95	5507	9640	554
如皋市	141.30	70.97	123.51	8989	12050	784
海门市	99.34	50.64	90.60	5424	8527	792
海安市	92.16	46.67	86.30	4916	8404	730
连云港市	**534.41**	**255.68**	**451.10**	**52604**	**28044**	**592**
东海县	124.55	59.54	96.84	12549	6550	475
灌云县	103.18	48.69	80.01	9122	5442	520
灌南县	81.84	38.65	63.41	7209	4454	617

20－1 续表 （2019年）

市县名称	年末户籍人口（万人）	女性人口（万人）	年末常住人口（万人）	出生人数（人）	死亡人数（人）	人口密度（人/平方公里）
淮安市	**560.48**	**272.88**	**493.26**	**49227**	**36966**	**492**
涟水县	112.50	54.21	84.84	8959	6759	506
盱眙县	79.67	38.99	65.60	6553	5127	263
金湖县	34.59	17.30	33.24	2729	2435	241
盐城市	**821.35**	**397.79**	**720.89**	**59474**	**42349**	**426**
响水县	62.16	29.43	49.65	6090	3497	337
滨海县	122.12	57.85	93.00	9998	5145	477
阜宁县	111.61	53.11	82.50	8195	3218	573
射阳县	94.51	46.02	87.85	6016	6453	337
建湖县	77.74	37.55	72.15	4844	3020	624
东台市	108.86	53.96	96.74	6079	7734	305
扬州市	**457.14**	**229.41**	**454.90**	**31843**	**34572**	**690**
宝应县	87.97	43.39	76.14	5421	6381	521
仪征市	55.72	27.80	57.22	4229	4103	701
高邮市	80.27	40.35	74.59	5587	6661	388
镇江市	**270.16**	**136.82**	**320.35**	**17960**	**19620**	**834**
丹阳市	80.32	40.69	99.46	5037	6209	950
扬中市	28.21	14.41	34.48	2246	2199	1054
句容市	58.66	29.65	62.92	4233	4952	457
泰州市	**500.55**	**246.04**	**463.61**	**35263**	**43357**	**801**
兴化市	154.26	73.36	124.08	11474	13631	518
靖江市	65.53	33.16	68.46	4949	4850	1044
泰兴市	116.91	57.52	107.08	7670	12130	915
宿迁市	**592.36**	**285.13**	**493.79**	**61649**	**35263**	**579**
沭阳县	198.65	94.88	157.01	20581	11153	683
泗阳县	106.46	50.77	84.87	10270	5894	616
泗洪县	109.52	53.03	89.92	11103	6581	334

20－2　户数及土地面积

（2019 年）

市县名称	年末总户数（万户）	#乡村户数	土地面积（平方公里）	建成区面积（平方公里）	绿化覆盖面积（公顷）
南京市	**252.56**	**63.06**	**6587**	**823**	**101327**
无锡市	**172.01**	**59.38**	**4627**	**557**	**30976**
江阴市	38.72	18.14	987	125	5678
宜兴市	37.35	20.95	1997	85	4970
徐州市	**281.56**	**173.23**	**11765**	**489**	**28707**
丰　县	32.92	25.44	1450	32	1662
沛　县	37.64	24.02	1806	53	2431
睢宁县	32.85	25.03	1769	34	2043
新沂市	30.91	20.18	1592	38	2490
邳州市	46.96	32.80	2085	51	2656
常州市	**136.50**	**71.05**	**4372**	**306**	**14743**
溧阳市	26.63	20.03	1535	33	1616
苏州市	**238.07**	**87.54**	**8657**	**760**	**42105**
常熟市	32.14	17.71	1276	98	4860
张家港市	32.11	20.48	987	61	2530
昆山市	33.87	10.56	932	72	3863
太仓市	16.23	6.50	810	52	3075
南通市	**287.09**	**197.05**	**10549**	**406**	**22035**
如东县	36.49	30.13	2791	25	1417
启东市	46.28	37.64	1715	35	1552
如皋市	44.50	35.19	1576	42	2897
海门市	39.31	29.67	1144	32	1693
海安市	34.16	24.90	1183	32	2179
连云港市	**149.56**	**93.27**	**7616**	**311**	**28637**
东海县	30.06	22.14	2037	32	1674
灌云县	27.43	19.65	1538	28	1942
灌南县	23.27	14.78	1028	28	1152

（2019年）

市县名称	年末总户数（万户）	#乡村户数	土地面积（平方公里）	建成区面积（平方公里）	绿化覆盖面积（公顷）
淮安市	**168.27**	**99.79**	**10030**	**302**	**18199**
涟水县	31.01	21.83	1678	37	2779
盱眙县	21.77	16.53	2497	40	2459
金湖县	12.38	7.91	1378	27	1450
盐城市	**269.86**	**179.15**	**16931**	**365**	**20848**
响水县	16.95	11.67	1474	22	1114
滨海县	35.02	23.18	1950	35	2408
阜宁县	35.07	21.53	1439	47	3472
射阳县	30.80	20.85	2606	28	1647
建湖县	28.47	18.46	1157	29	1519
东台市	38.42	31.90	3176	38	2313
扬州市	**147.72**	**101.14**	**6591**	**282**	**15351**
宝应县	26.77	20.39	1462	36	2119
仪征市	18.29	11.94	902	39	1773
高邮市	25.13	19.13	1922	28	1207
镇江市	**102.12**	**56.96**	**3840**	**227**	**9602**
丹阳市	27.93	19.66	1047	36	1497
扬中市	10.69	7.65	327	15	607
句容市	22.93	16.36	1378	31	1267
泰州市	**166.14**	**119.51**	**5788**	**253**	**10746**
兴化市	50.26	37.10	2395	41	1761
靖江市	21.19	15.48	656	34	1449
泰兴市	39.30	30.77	1170	35	1448
宿迁市	**152.66**	**104.45**	**8524**	**246**	**29001**
沭阳县	49.92	34.73	2299	65	4155
泗阳县	27.16	19.56	1378	43	6490
泗洪县	29.32	18.81	2694	38	6312

20－3　年末就业人员

（2019 年）

单位:万人

市县名称	就业人员	第一产业	第二产业	第三产业	私营企业就业人员	个　体就业人员
南 京 市	**502.60**	**39.50**	**145.00**	**279.50**	**335.78**	**137.27**
无 锡 市	**387.00**	**14.90**	**213.10**	**159.00**	**204.78**	**87.80**
江 阴 市	99.02	3.95	61.07	34.00	54.72	26.62
宜 兴 市	73.90	7.83	40.03	26.04	48.90	11.24
徐 州 市	**483.40**	**106.80**	**172.70**	**203.90**	**133.01**	**122.43**
丰　　县	54.58	14.49	20.54	19.55	8.14	12.25
沛　　县	63.65	16.35	23.86	23.44	15.94	9.42
睢 宁 县	61.46	16.53	22.96	21.97	19.17	15.49
新 沂 市	54.79	13.19	20.38	21.22	20.57	12.54
邳 州 市	86.58	21.57	32.15	32.86	13.91	22.69
常 州 市	**282.70**	**29.30**	**137.10**	**116.30**	**170.84**	**78.86**
溧 阳 市	49.90	11.60	24.30	14.10	23.25	10.55
苏 州 市	**692.60**	**20.90**	**403.80**	**267.90**	**458.99**	**239.34**
常 熟 市	104.38	3.50	62.71	38.17	50.52	23.32
张家港市	77.10	3.92	45.43	27.75	64.38	19.68
昆 山 市	117.11	1.53	73.11	42.47	77.01	50.92
太 仓 市	45.81	2.36	26.28	17.17	28.51	9.22
南 通 市	**452.00**	**80.00**	**211.10**	**160.90**	**211.77**	**111.47**
如 东 县	61.02	11.87	30.51	18.64	19.62	10.75
启 东 市	66.03	14.80	29.09	22.14	23.44	8.18
如 皋 市	72.47	15.97	34.05	22.45	33.62	18.90
海 门 市	63.59	13.44	30.91	19.24	25.17	14.45
海 安 市	53.37	9.88	28.29	15.20	33.09	12.46
连云港市	**249.50**	**75.90**	**72.70**	**100.90**		
东 海 县	54.70	18.07	14.30	22.33		
灌 云 县	41.80	17.86	9.44	14.50		
灌 南 县	37.85	14.81	10.50	12.54		

(2019年)　　单位:万人

市县名称	就业人员	第一产业	第二产业	第三产业	私营企业就业人员	个　体就业人员
淮安市	**284.70**	**76.40**	**89.70**	**118.60**	**82.96**	**67.68**
涟水县	48.49	16.84	11.61	20.04	11.25	12.41
盱眙县	38.45	11.54	12.72	14.19	9.84	8.76
金湖县	19.14	5.39	6.58	7.17	8.11	3.24
盐城市	**430.00**	**95.00**	**158.50**	**176.50**	**135.30**	**68.65**
响水县	27.28	6.96	9.86	10.46	6.04	4.78
滨海县	54.93	14.61	19.14	21.18	13.05	6.88
阜宁县	49.90	13.38	17.57	18.95	19.89	8.65
射阳县	55.51	13.97	19.74	21.80	10.44	6.67
建湖县	42.68	9.27	16.97	16.44	10.87	5.64
东台市	63.54	14.06	23.27	26.21	26.34	8.90
扬州市	**268.00**	**37.30**	**115.10**	**115.60**	**124.30**	**66.22**
宝应县	42.21	9.96	18.31	13.94	15.62	8.83
仪征市	39.72	7.23	17.24	15.25	12.28	8.56
高邮市	46.23	9.36	20.06	16.81	22.07	10.28
镇江市	**194.90**	**21.50**	**83.70**	**89.70**	**101.56**	**63.01**
丹阳市	63.80	5.64	32.33	25.83	38.52	18.93
扬中市	21.77	1.29	11.23	9.25	16.82	4.22
句容市	39.41	9.25	14.96	15.20	11.74	12.53
泰州市	**275.00**	**54.30**	**112.60**	**108.10**	**117.73**	**69.40**
兴化市	73.20	21.70	25.30	26.20	18.06	16.22
靖江市	40.60	6.00	20.70	13.90	19.44	8.75
泰兴市	63.40	14.50	26.20	22.70	22.92	18.48
宿迁市	**281.40**	**82.70**	**96.90**	**101.80**	**91.77**	**76.34**
沭阳县	93.80	26.43	35.16	32.21	42.59	20.06
泗阳县	49.17	17.89	15.42	15.86	12.05	13.25
泗洪县	48.43	16.51	15.73	16.19	11.41	13.11

20－4　乡村就业人员

（2019 年）　　单位：万人

市　县	乡　村 就业人员	#农　林 牧渔业	#工业	#建筑业	#交通运输、仓 储及邮政业	#批发和 零售业
南京市	**112.29**	**21.42**	**35.12**	**23.30**	**6.62**	**7.83**
无锡市	**112.77**	**15.03**	**69.68**	**6.18**	**3.13**	**5.13**
江阴市	36.54	3.95	24.79	1.63	1.09	1.43
宜兴市	36.47	7.83	18.73	3.14	0.98	1.64
徐州市	**354.34**	**122.38**	**103.87**	**52.54**	**16.25**	**23.81**
丰　县	52.51	21.39	15.28	7.19	1.82	2.70
沛　县	50.21	16.02	14.92	10.25	1.86	2.48
睢宁县	59.53	22.10	16.97	8.98	1.59	3.41
新沂市	44.51	17.22	10.18	8.66	1.39	2.78
邳州市	62.71	19.05	20.15	6.25	4.26	5.74
常州市	**127.30**	**21.82**	**60.69**	**16.79**	**4.91**	**6.72**
溧阳市	32.22	7.56	9.04	9.35	1.85	1.87
苏州市	**171.73**	**20.53**	**104.92**	**9.62**	**5.45**	**10.45**
常熟市	38.37	3.41	24.07	2.08	1.15	2.35
张家港市	32.88	3.05	22.01	1.58	1.31	1.76
昆山市	21.11	1.58	12.91	1.11	0.62	1.35
太仓市	15.04	2.61	9.81	0.56	0.37	0.31
南通市	**296.18**	**58.65**	**89.64**	**62.89**	**15.06**	**26.26**
如东县	47.47	7.61	18.14	9.90	2.43	2.74
启东市	47.38	10.00	13.06	10.61	2.06	4.37
如皋市	60.57	12.74	18.89	10.67	2.20	3.53
海门市	48.43	10.60	11.75	11.39	2.33	6.71
海安市	37.05	6.55	11.48	8.62	2.83	3.12
连云港市	**172.99**	**69.56**	**32.26**	**32.41**	**8.79**	**9.07**
东海县	42.73	17.86	7.85	8.66	2.28	2.03
灌云县	37.88	18.96	5.66	4.13	1.21	1.51
灌南县	29.51	12.83	4.71	5.05	2.31	1.54

市　县	乡　村就业人员(万人)	#农　林牧渔业	#工业	#建筑业	#交通运输、仓储及邮政业	#批发和零售业
淮安市	**209.29**	**82.95**	**42.86**	**30.75**	**7.14**	**8.99**
涟水县	48.57	19.68	6.75	5.27	1.19	1.79
盱眙县	32.56	12.27	6.77	3.85	1.17	1.36
金湖县	12.95	4.32	3.63	2.46	0.44	0.56
盐城市	**295.28**	**102.33**	**61.26**	**37.25**	**13.97**	**14.32**
响水县	21.73	8.71	5.64	1.40	0.76	0.86
滨海县	43.06	15.39	5.74	4.86	2.49	1.90
阜宁县	35.97	13.86	5.13	5.81	1.72	1.60
射阳县	34.44	11.80	5.50	3.88	1.72	2.03
建湖县	28.92	8.57	8.98	3.43	1.25	1.61
东台市	48.10	18.15	10.41	6.85	2.00	2.21
扬州市	**179.51**	**31.70**	**65.39**	**34.35**	**7.34**	**11.62**
宝应县	40.75	9.99	12.16	9.76	1.85	2.87
仪征市	22.84	3.20	7.39	5.12	0.91	1.27
高邮市	36.55	8.79	14.08	6.68	1.20	1.91
镇江市	**100.20**	**19.28**	**51.09**	**11.72**	**3.45**	**3.38**
丹阳市	36.51	6.17	21.93	3.00	1.06	1.12
扬中市	13.59	1.84	8.82	0.62	0.36	0.52
句容市	27.00	6.94	8.81	6.18	1.17	0.89
泰州市	**215.37**	**40.91**	**67.16**	**35.80**	**13.11**	**17.10**
兴化市	60.58	19.25	10.41	5.98	4.33	5.66
靖江市	30.41	4.74	15.70	2.69	1.50	1.68
泰兴市	56.81	8.17	17.30	11.51	3.41	5.65
宿迁市	**219.80**	**81.03**	**63.33**	**29.03**	**7.91**	**13.24**
沭阳县	76.50	25.63	27.30	8.06	3.08	4.30
泗阳县	40.48	14.09	12.46	5.00	1.23	2.34
泗洪县	37.99	20.13	6.31	4.58	1.09	2.12

20－5　地区生产总值

（2019 年）　　单位：亿元

市县名称	地区生产总值	第一产业	第二产业	第三产业	#工业	人均地区生产总值（元）
南 京 市	**14030.15**	**287.82**	**5040.85**	**8701.48**	**4215.76**	**165682**
无 锡 市	**11852.32**	**122.51**	**5627.88**	**6101.93**	**5034.41**	**180044**
江 阴 市	4001.12	36.08	2042.02	1923.02	1851.50	242111
宜 兴 市	1770.12	49.92	924.22	795.98	778.38	140905
徐 州 市	**7151.35**	**682.83**	**2886.17**	**3582.35**	**2333.44**	**81138**
丰 县	468.23	90.84	173.94	203.45	142.51	49207
沛 县	777.96	113.60	324.39	339.97	226.50	69430
睢 宁 县	612.67	106.43	240.34	265.90	177.58	59459
新 沂 市	686.40	85.67	265.42	335.31	212.28	75127
邳 州 市	959.70	149.73	390.74	419.24	338.33	66466
常 州 市	**7400.86**	**157.00**	**3529.17**	**3714.69**	**3156.05**	**156390**
溧 阳 市	1010.54	52.14	513.96	444.44	401.19	132330
苏 州 市	**19235.80**	**196.70**	**9130.18**	**9908.92**	**8316.49**	**179174**
常 熟 市	2269.82	38.92	1123.23	1107.67	1033.29	149591
张家港市	2547.26	28.82	1308.48	1209.96	1219.73	201795
昆 山 市	4045.06	30.34	2072.49	1942.23	1912.96	242575
太 仓 市	1324.97	32.59	651.10	641.29	606.46	183973
南 通 市	**9383.39**	**428.84**	**4602.10**	**4352.45**	**3849.70**	**128294**
如 东 县	1053.40	84.60	523.00	445.70	450.90	107732
启 东 市	1157.50	79.60	581.30	496.60	463.20	121874
如 皋 市	1215.20	72.40	597.40	545.30	498.60	98127
海 门 市	1352.40	63.90	695.70	592.80	575.90	149379
海 安 市	1133.20	66.10	611.00	456.10	519.40	131195
连云港市	**3139.29**	**362.70**	**1363.15**	**1413.44**	**1099.19**	**69523**
东 海 县	526.29	78.90	215.75	231.64	171.48	54273
灌 云 县	359.19	75.10	127.47	156.62	94.99	44664
灌 南 县	381.65	62.70	171.70	147.25	133.57	60041

市县名称	地区生产总值	第一产业	第二产业	第三产业	#工业	人均地区生产总值(元)
淮安市	**3871.21**	**386.21**	**1617.18**	**1867.82**	**1297.30**	**78543**
涟水县	532.27	65.68	223.44	243.15	170.09	62686
盱眙县	418.56	68.66	159.05	190.85	144.18	63756
金湖县	325.12	44.38	135.39	145.35	117.12	97736
盐城市	**5702.26**	**619.90**	**2371.59**	**2710.77**	**1942.91**	**79149**
响水县	385.78	46.60	179.03	160.15	162.76	77661
滨海县	492.33	67.39	201.40	223.54	159.19	52939
阜宁县	555.06	65.65	234.74	254.67	159.01	67264
射阳县	563.87	95.31	207.17	261.39	182.33	64186
建湖县	565.96	54.99	237.73	273.24	185.17	78279
东台市	841.49	109.51	312.90	419.08	275.31	86850
扬州市	**5850.08**	**292.80**	**2778.21**	**2779.07**	**2261.96**	**128856**
宝应县	732.91	79.49	360.29	293.13	283.84	96410
仪征市	791.72	23.03	423.03	345.66	361.02	138558
高邮市	818.73	86.15	405.86	326.72	323.11	109978
镇江市	**4127.32**	**140.42**	**2004.79**	**1982.11**	**1799.32**	**128981**
丹阳市	1121.99	48.71	588.57	484.72	556.82	113087
扬中市	487.83	15.57	262.31	209.96	247.11	141667
句容市	661.48	47.90	286.77	326.96	229.92	105264
泰州市	**5133.36**	**292.50**	**2525.98**	**2314.88**	**1972.11**	**110731**
兴化市	871.82	128.12	346.55	397.15	241.91	70178
靖江市	979.57	25.70	540.91	412.96	388.82	143066
泰兴市	1083.90	65.41	556.20	462.29	465.30	101157
宿迁市	**3099.23**	**324.59**	**1324.35**	**1450.29**	**1091.82**	**62840**
沭阳县	950.17	106.46	395.81	447.90	345.34	60572
泗阳县	501.44	66.49	215.66	219.29	167.74	59125
泗洪县	495.45	81.36	186.90	227.19	142.70	55111

20－6　地区生产总值构成

（2019 年）

市县名称	地区生产总值指数（上年＝100）	三次产业占 GDP 比重（%）			一般公共预算收入占 GDP 比重（%）	外贸依存度（%）
		第一产业	第二产业	第三产业		
南京市	**107.8**	**2.1**	**35.9**	**62.0**	**11.3**	**34.4**
无锡市	**106.7**	**1.0**	**47.5**	**51.5**	**8.7**	**53.7**
江阴市	106.8	0.9	51.0	48.1	6.4	40.2
宜兴市	107.0	2.8	52.2	45.0	7.0	17.3
徐州市	**106.0**	**9.5**	**40.4**	**50.1**	**6.5**	**13.0**
丰县	104.1	19.4	37.1	43.5	6.1	14.2
沛县	106.0	14.6	41.7	43.7	5.8	6.8
睢宁县	106.2	17.4	39.2	43.4	6.2	9.2
新沂市	106.0	12.5	38.7	48.9	5.2	13.4
邳州市	105.3	15.6	40.7	43.7	4.5	13.3
常州市	**106.8**	**2.1**	**47.7**	**50.2**	**8.0**	**31.5**
溧阳市	107.8	5.2	50.9	44.0	7.0	8.0
苏州市	**105.6**	**1.0**	**47.5**	**51.5**	**11.6**	**114.3**
常熟市	105.3	1.7	49.5	48.8	8.9	68.6
张家港市	106.1	1.1	51.4	47.5	9.7	92.9
昆山市	106.1	0.8	51.2	48.0	10.1	140.9
太仓市	105.4	2.5	49.1	48.4	12.3	69.4
南通市	**106.2**	**4.6**	**49.0**	**46.4**	**6.6**	**26.9**
如东县	106.7	8.0	49.6	42.3	5.5	35.8
启东市	105.5	6.9	50.2	42.9	6.1	21.6
如皋市	106.1	6.0	49.2	44.9	5.8	20.3
海门市	106.4	4.7	51.4	43.8	5.3	14.4
海安市	106.6	5.8	53.9	40.2	5.5	12.3
连云港市	**106.0**	**11.6**	**43.4**	**45.0**	**7.7**	**20.5**
东海县	105.7	15.0	41.0	44.0	4.6	5.9
灌云县	106.4	20.9	35.5	43.6	6.3	3.7
灌南县	105.7	16.4	45.0	38.6	6.2	3.1

（2019 年）

市县名称	地区生产总值指数（上年＝100）	三次产业占 GDP 比重（%）			一般公共预算收入占 GDP 比重（%）	外贸依存度（%）
		第一产业	第二产业	第三产业		
淮安市	**106.6**	**10.0**	**41.8**	**48.2**	**6.6**	**8.4**
涟水县	106.8	12.3	42.0	45.7	4.3	4.2
盱眙县	106.6	16.4	38.0	45.6	4.6	2.7
金湖县	106.7	13.7	41.6	44.7	6.9	10.0
盐城市	**105.1**	**10.9**	**41.6**	**47.5**	**6.7**	**11.6**
响水县	104.3	12.1	46.4	41.5	5.7	11.4
滨海县	104.1	13.7	40.9	45.4	4.7	7.3
阜宁县	104.6	11.8	42.3	45.9	5.0	4.5
射阳县	106.6	16.9	36.7	46.4	5.1	5.6
建湖县	105.0	9.7	42.0	48.3	5.3	4.5
东台市	104.7	13.0	37.2	49.8	6.2	7.5
扬州市	**106.8**	**5.0**	**47.5**	**47.5**	**5.6**	**13.3**
宝应县	106.8	10.8	49.2	40.0	3.4	9.4
仪征市	106.9	2.9	53.4	43.7	6.4	5.2
高邮市	107.1	10.5	49.6	39.9	4.5	4.3
镇江市	**105.8**	**3.4**	**48.6**	**48.0**	**7.4**	**18.7**
丹阳市	104.7	4.3	52.5	43.2	5.5	19.3
扬中市	105.8	3.2	53.8	43.0	7.0	7.3
句容市	106.3	7.2	43.4	49.4	8.1	7.1
泰州市	**106.4**	**5.7**	**49.2**	**45.1**	**7.1**	**19.4**
兴化市	104.6	14.7	39.8	45.6	4.6	5.9
靖江市	107.2	2.6	55.2	42.2	5.9	24.2
泰兴市	106.8	6.0	51.3	42.7	7.4	27.6
宿迁市	**107.0**	**10.5**	**42.7**	**46.8**	**6.9**	**7.6**
沭阳县	107.1	11.2	41.7	47.2	5.0	6.5
泗阳县	107.4	13.6	43.1	43.5	5.1	6.5
泗洪县	106.9	16.4	37.8	46.1	5.3	4.1

20－7　农林牧渔业总产值

（2019 年）　　单位:亿元

市县名称	农林牧渔业总产值	农　业	林　业	畜牧业	渔　业	农林牧渔服务业
南 京 市	**472.50**	**240.77**	**20.17**	**24.35**	**153.89**	**33.33**
无 锡 市	**201.52**	**121.51**	**12.41**	**5.00**	**33.90**	**28.71**
江 阴 市	59.81	34.63	5.27	1.95	8.39	9.57
宜 兴 市	80.32	47.01	2.91	2.33	18.97	9.10
徐 州 市	**1181.72**	**703.31**	**16.10**	**296.61**	**102.10**	**63.61**
丰　　县	152.61	112.89	0.96	30.31	2.18	6.28
沛　　县	195.83	117.13	0.90	50.48	14.03	13.30
睢 宁 县	178.59	98.30	3.76	54.54	13.09	8.90
新 沂 市	158.46	70.63	4.49	38.26	36.24	8.83
邳 州 市	259.02	161.67	3.66	59.76	18.05	15.88
常 州 市	**265.80**	**144.90**	**1.90**	**17.40**	**77.40**	**24.20**
溧 阳 市	86.34	47.57	0.94	3.50	30.04	4.29
苏 州 市	**356.60**	**161.10**	**19.70**	**15.71**	**110.90**	**49.20**
常 熟 市	68.23	40.01	2.42	2.74	13.38	9.68
张家港市	53.03	31.82	5.93	3.08	3.28	8.91
昆 山 市	51.31	14.92	3.54	0.27	29.08	3.50
太 仓 市	59.09	26.80	3.01	5.58	15.12	8.59
南 通 市	**789.33**	**335.29**	**3.51**	**144.41**	**212.09**	**94.04**
如 东 县	167.00	53.70	0.79	30.83	69.79	11.89
启 东 市	159.23	47.17	0.59	12.58	79.13	19.76
如 皋 市	118.93	66.91	0.26	33.92	8.62	9.22
海 门 市	112.28	53.28	0.79	12.76	28.07	17.38
海 安 市	123.79	51.30	0.29	45.84	12.29	14.07
连云港市	**656.85**	**291.91**	**12.09**	**105.90**	**195.88**	**51.07**
东 海 县	143.67	79.56	3.08	24.22	17.29	19.52
灌 云 县	138.66	66.49	2.25	31.50	22.47	15.95
灌 南 县	105.17	68.26	1.98	18.06	11.65	5.23

市县名称	农林牧渔业总产值	农 业	林 业	畜牧业	渔 业	农林牧渔服务业
淮 安 市	**656.19**	**399.73**	**11.69**	**122.64**	**98.39**	**23.73**
涟 水 县	114.57	76.38	2.69	24.40	6.27	4.83
盱 眙 县	116.75	64.19	1.38	18.15	29.53	3.50
金 湖 县	78.40	40.14	1.66	6.48	26.97	3.14
盐 城 市	**1128.11**	**490.80**	**24.54**	**252.68**	**276.81**	**83.26**
响 水 县	84.58	33.51	1.74	19.09	24.43	5.81
滨 海 县	122.69	53.99	2.95	29.00	28.36	8.39
阜 宁 县	119.84	49.70	2.45	32.09	26.09	9.50
射 阳 县	174.43	76.57	3.99	36.20	45.29	12.38
建 湖 县	99.67	40.50	2.32	20.96	28.80	7.10
东 台 市	201.92	92.71	4.28	44.80	45.62	14.51
扬 州 市	**515.75**	**231.10**	**11.16**	**53.50**	**188.40**	**31.60**
宝 应 县	138.31	50.38	2.94	11.61	65.98	7.40
仪 征 市	43.02	26.56	1.91	7.32	2.13	5.09
高 邮 市	155.20	56.32	1.67	18.26	69.85	9.09
镇 江 市	**242.26**	**132.35**	**10.60**	**32.76**	**37.00**	**29.55**
丹 阳 市	81.23	44.12	2.09	10.80	13.08	11.14
扬 中 市	28.42	14.81	1.62	4.12	4.48	3.39
句 容 市	78.75	45.85	5.30	8.64	9.12	9.84
泰 州 市	**481.48**	**266.14**	**3.17**	**61.20**	**125.76**	**25.20**
兴 化 市	221.42	90.03	1.36	14.91	103.13	11.99
靖 江 市	42.14	27.37	0.46	7.16	3.65	3.50
泰 兴 市	103.33	69.75	0.88	22.79	6.09	3.81
宿 迁 市	**555.25**	**317.02**	**15.21**	**80.01**	**121.02**	**21.98**
沭 阳 县	182.78	145.96	4.35	23.08	4.19	5.20
泗 阳 县	116.93	53.92	6.05	15.23	35.70	6.03
泗 洪 县	136.91	50.23	1.55	19.01	61.70	4.43

20－8　农业生产情况

（2019 年）

市县名称	农作物总播种面积（千公顷）	#粮食作物	农业机械总动力（万千瓦）	农用化肥施用量（万吨）	农村用电量（亿千瓦时）
南京市	**251.60**	**133.73**	**233.40**	**5.69**	**31.74**
无锡市	**137.91**	**79.51**	**94.02**	**4.66**	**422.08**
江阴市	33.47	18.98	27.00	1.25	184.09
宜兴市	79.32	51.81	45.68	2.11	89.19
徐州市	**1177.92**	**761.81**	**749.26**	**55.66**	**68.99**
丰　县	154.64	98.52	87.56	7.96	5.98
沛　县	156.17	98.15	105.50	6.88	7.29
睢宁县	187.37	144.74	122.78	11.16	8.12
新沂市	192.73	104.40	127.73	7.51	4.58
邳州市	231.65	125.48	129.13	10.57	16.94
常州市	**168.53**	**95.67**	**139.38**	**5.30**	**174.01**
溧阳市	74.00	54.69	56.56	1.76	61.37
苏州市	**208.62**	**118.86**	**145.68**	**6.24**	**599.63**
常熟市	57.40	32.60	31.89	2.15	79.37
张家港市	46.36	27.99	30.15	0.95	127.36
昆山市	18.82	11.94	17.80	0.68	110.85
太仓市	37.33	20.63	21.32	0.82	56.69
南通市	**787.33**	**534.02**	**417.35**	**20.66**	**189.12**
如东县	166.06	140.45	96.17	3.93	22.95
启东市	130.26	80.52	65.65	3.06	12.90
如皋市	143.78	99.52	85.90	2.89	46.62
海门市	113.01	52.68	40.05	3.82	28.41
海安市	103.56	79.54	70.27	4.19	27.24
连云港市	**626.55**	**505.89**	**621.70**	**32.02**	**32.75**
东海县	206.61	162.61	165.40	6.48	10.48
灌云县	143.48	119.46	129.11	9.16	6.51
灌南县	107.44	86.91	131.83	4.32	2.76

市县名称	农作物总播种面积（千公顷）	#粮食作物	农业机械总动力（万千瓦）	农用化肥施用量（万吨）	农村用电量（亿千瓦时）
淮 安 市	**802.86**	**678.48**	**641.10**	**33.97**	**17.55**
涟 水 县	171.90	139.93	129.28	5.67	2.46
盱 眙 县	163.08	147.54	130.64	5.30	4.29
金 湖 县	81.47	74.60	76.37	2.51	2.51
盐 城 市	**1371.12**	**982.85**	**723.79**	**48.64**	**84.02**
响 水 县	113.88	83.71	78.90	4.48	2.82
滨 海 县	162.02	130.40	93.35	6.72	10.19
阜 宁 县	166.50	125.58	91.01	3.78	6.91
射 阳 县	198.13	155.26	106.91	9.03	9.90
建 湖 县	108.54	94.20	67.46	3.17	10.67
东 台 市	246.54	146.13	102.03	4.91	17.86
扬 州 市	**471.10**	**386.20**	**281.39**	**17.96**	**63.19**
宝 应 县	134.00	112.74	61.58	3.43	12.57
仪 征 市	45.59	35.45	42.37	1.12	8.12
高 邮 市	133.80	113.42	73.81	4.26	11.91
镇 江 市	**183.84**	**132.95**	**152.94**	**4.70**	**72.71**
丹 阳 市	66.17	54.85	39.17	1.39	45.77
扬 中 市	16.49	10.71	14.14	0.34	11.14
句 容 市	60.84	38.93	57.94	1.87	6.32
泰 州 市	**518.47**	**374.13**	**286.91**	**14.81**	**142.69**
兴 化 市	202.47	161.42	126.94	6.15	43.10
靖 江 市	46.17	36.44	26.97	1.68	13.59
泰 兴 市	130.91	84.28	62.98	2.68	50.63
宿 迁 市	**739.00**	**597.38**	**625.02**	**35.90**	**50.63**
沭 阳 县	251.97	183.40	219.64	14.36	26.25
泗 阳 县	119.29	96.08	111.37	3.69	6.01
泗 洪 县	197.63	175.77	169.05	9.55	4.53

20－9 农产品产量

（2019 年）　　单位：万吨

市县名称	粮食总产量	油料产量	棉花产量（吨）	肉类总产量	#猪牛羊肉	水产品产量
南京市	**96.56**	**3.58**	**1033**	**3.53**	**1.83**	**16.26**
无锡市	**54.75**	**0.68**		**0.89**	**0.46**	**11.98**
江阴市	12.98	0.19		0.20	0.14	2.51
宜兴市	35.90	0.47		0.59	0.26	8.00
徐州市	**501.54**	**13.18**	**12011**	**55.45**	**25.96**	**16.08**
丰县	60.73	0.47	10395	3.96	2.27	0.29
沛县	65.78	0.39	561	10.94	3.87	1.86
睢宁县	93.40	3.53	495	7.70	3.47	2.16
新沂市	71.49	7.09		7.84	3.99	5.31
邳州市	84.53	1.02	264	12.10	5.08	2.48
常州市	**69.58**	**1.85**	**98**	**4.33**	**2.26**	**13.78**
溧阳市	40.83	1.34	98	1.84	0.61	4.28
苏州市	**87.18**	**0.83**	**124**	**2.15**	**1.68**	**16.53**
常熟市	23.32	0.24	68	0.52	0.48	2.43
张家港市	20.56	0.32		0.38	0.28	1.10
昆山市	8.86	0.05	12	0.03	0.02	2.47
太仓市	14.55	0.17	44	0.95	0.75	0.86
南通市	**338.78**	**22.77**	**6037**	**39.60**	**23.88**	**75.98**
如东县	97.95	2.47	337	11.47	7.04	30.45
启东市	32.63	5.49	1012	4.49	2.41	30.40
如皋市	66.94	2.58	48	11.00	6.70	2.65
海门市	25.16	5.38	4360	3.75	2.16	4.71
海安市	62.34	1.49		6.19	3.54	4.61
连云港市	**366.56**	**10.52**	**96**	**17.53**	**11.02**	**72.38**
东海县	116.62	5.04		4.88	3.00	6.58
灌云县	87.46	0.18		3.74	3.07	5.67
灌南县	63.86	0.13		1.95	1.79	3.93

20－9 续表 （2019年） 单位:万吨

市县名称	粮食总产量	油料产量	棉花产量（吨）	肉类总产量	#猪牛羊肉	水产品产量
淮安市	**489.25**	**5.72**	**70**	**22.02**	**11.20**	**28.69**
涟水县	95.65	2.67		3.60	2.09	1.73
盱眙县	104.58	0.69	70	6.50	3.27	10.11
金湖县	56.76	0.46		0.93	0.37	4.62
盐城市	**712.30**	**12.97**	**308**	**65.48**	**42.61**	**119.26**
响水县	60.27	1.12		4.63	3.93	6.67
滨海县	98.51	1.68		12.05	7.85	9.91
阜宁县	95.34	1.09		10.61	8.36	7.59
射阳县	113.14	0.82	34	6.26	3.71	22.30
建湖县	70.72	1.19	50	3.26	1.20	10.10
东台市	102.04	3.37	224	12.62	7.45	18.59
扬州市	**285.60**	**4.48**	**11**	**14.63**	**5.69**	**39.59**
宝应县	86.90	1.11		2.91	1.60	14.52
仪征市	25.72	0.46	9	1.59	0.99	0.75
高邮市	84.08	1.31		6.41	1.41	17.51
镇江市	**95.43**	**4.06**	**460**	**6.39**	**2.75**	**9.50**
丹阳市	40.79	0.61		2.51	1.02	4.32
扬中市	7.72	0.17		0.56	0.43	0.75
句容市	26.72	2.43	460	1.72	0.83	2.51
泰州市	**280.52**	**9.49**	**98**	**15.38**	**10.78**	**36.95**
兴化市	124.08	2.66	98	4.44	3.22	28.67
靖江市	26.75	0.57		1.41	1.18	0.98
泰兴市	62.72	3.45		5.55	4.05	2.06
宿迁市	**408.17**	**4.18**	**12**	**25.91**	**14.29**	**27.12**
沭阳县	128.08	1.58		6.66	4.01	1.93
泗阳县	64.35	0.69	12	4.44	3.19	8.49
泗洪县	116.65	1.52		4.80	3.48	10.47

20－10 规模以上工业企业主要经济指标

（2019 年）

单位：亿元

市县名称	企业个数（个）	资产合计	负债合计	营业收入	营业成本	利润总额
南京市	**2707**	**12944.28**	**6867.70**	**11924.57**	**9744.23**	**646.73**
无锡市	**6215**	**17778.50**	**9209.09**	**17954.79**	**15278.11**	**1214.15**
江阴市	1837	6483.42	3605.52	6133.42	5370.49	388.77
宜兴市	1079	2697.37	1507.82	3384.60	2918.22	201.79
徐州市	**1778**	**4853.12**	**2699.49**	**4322.77**	**3500.19**	**247.55**
丰县	168	140.62	90.45	159.40	139.16	4.21
沛县	231	502.26	301.49	434.75	385.08	8.30
睢宁县	180	165.01	88.56	196.27	167.92	8.70
新沂市	230	452.60	267.11	337.68	288.00	24.20
邳州市	299	417.79	214.40	472.04	420.09	23.17
常州市	**4676**	**10325.39**	**5622.88**	**11174.71**	**9544.05**	**687.89**
溧阳市	432	1443.55	970.88	1577.02	1339.82	104.41
苏州市	**11042**	**33666.31**	**17184.60**	**35376.17**	**30296.71**	**1953.04**
常熟市	1540	4239.38	2185.82	3620.02	3051.99	217.04
张家港市	1283	5444.52	2927.58	5595.49	4988.22	239.24
昆山市	2216	6865.22	3449.72	8604.22	7542.49	424.98
太仓市	1058	2223.37	1164.59	2468.86	2064.42	148.46
南通市	**4966**	**9106.63**	**4843.38**	**8173.14**	**6924.66**	**488.48**
如东县	717	1428.72	670.29	1209.28	989.41	115.86
启东市	521	1214.11	761.29	820.04	684.32	37.35
如皋市	729	997.17	565.81	1100.66	943.79	54.36
海门市	624	835.64	458.01	787.67	655.13	59.96
海安市	953	1109.00	665.48	1338.75	1173.53	59.15
连云港市	**942**	**3524.67**	**2000.00**	**2719.80**	**2000.10**	**285.26**
东海县	254	233.68	109.50	206.11	178.29	12.27
灌云县	76	106.49	64.07	81.11	68.91	0.11
灌南县	108	213.30	133.05	290.24	258.84	8.71

20－10　续表　（2019年）　单位:亿元

市县名称	企业个数（个）	资产合计	负债合计	营业收入	营业成本	利润总额
淮安市	**1519**	**2431.02**	**1229.37**	**2364.85**	**1904.31**	**143.56**
涟水县	154	234.36	108.20	230.91	175.62	24.05
盱眙县	213	188.91	129.80	189.15	166.31	4.33
金湖县	287	273.19	165.76	252.16	215.94	9.14
盐城市	**2920**	**5432.40**	**3374.02**	**4653.68**	**4062.38**	**160.24**
响水县	133	731.08	455.83	899.15	783.82	79.76
滨海县	198	479.19	312.52	245.13	205.49	0.76
阜宁县	227	306.42	182.88	279.47	252.49	4.64
射阳县	324	405.30	253.54	336.22	281.99	11.93
建湖县	380	328.06	185.18	273.36	232.89	11.63
东台市	491	673.13	413.83	576.33	512.41	19.76
扬州市	**3026**	**4793.46**	**2541.15**	**4829.22**	**4172.81**	**208.37**
宝应县	469	521.35	310.23	699.32	624.53	21.02
仪征市	427	797.76	426.93	1025.22	892.58	60.91
高邮市	598	613.10	310.07	709.53	617.27	31.17
镇江市	**1953**	**4879.95**	**2618.70**	**3800.45**	**3219.24**	**213.71**
丹阳市	727	1417.23	809.37	1131.78	957.44	53.34
扬中市	315	745.07	466.27	497.62	413.53	15.89
句容市	200	724.87	391.29	377.24	320.15	36.05
泰州市	**2573**	**5443.66**	**2816.57**	**5525.34**	**4387.70**	**336.42**
兴化市	506	485.66	264.59	548.49	481.43	20.22
靖江市	523	1428.02	689.57	953.41	814.61	82.07
泰兴市	544	1188.21	645.88	1219.47	995.32	86.28
宿迁市	**1781**	**2683.95**	**1293.63**	**2595.73**	**2087.52**	**257.50**
沭阳县	614	511.97	262.34	745.69	654.20	38.21
泗阳县	272	259.42	162.81	298.83	248.42	19.48
泗洪县	302	307.07	161.79	256.26	204.92	32.21

20－11 交 通 运 输

（2019 年）

市县名称	公路里程（公里）	#等级公路	公 路 客运量（万人）	公 路 货运量（万吨）	民用汽车拥有量（万辆）	#私人汽车
南 京 市	**10178**	**10178**	**8229**	**22121**	**269.94**	**211.19**
无 锡 市	**7591**	**7591**	**5148**	**17386**	**226.18**	**172.24**
江 阴 市	2432	2432	426	3315	52.42	45.25
宜 兴 市	2377	2377	556	2062	32.31	27.98
徐 州 市	**16793**	**16043**	**9434**	**27576**	**151.40**	**139.51**
丰 县	1957	1951	444	2159	13.62	13.13
沛 县	2468	2468	375	2820	14.51	13.66
睢 宁 县	2546	2448	910	2455	15.54	14.59
新 沂 市	2717	2439	678	1533	10.56	9.86
邳 州 市	3296	2999	699	3344	17.06	16.39
常 州 市	**8962**	**8962**	**4063**	**10258**	**147.72**	**116.80**
溧 阳 市	2656	2656	781	1876	19.71	15.02
苏 州 市	**11818**	**11818**	**28951**	**23831**	**419.10**	**350.49**
常 熟 市	2412	2412	3253	1536	49.24	43.31
张家港市	1614	1614	2886	1917	42.73	36.44
昆 山 市	1505	1505	3733	1615	69.84	56.96
太 仓 市	1351	1351	2578	1562	25.76	21.42
南 通 市	**19246**	**19246**	**6447**	**10281**	**211.06**	**161.53**
如 东 县	2949	2949	534	1694	20.71	19.33
启 东 市	3671	3671	950	690	21.46	20.13
如 皋 市	3465	3465	429	2720	28.87	26.47
海 门 市	2574	2574	382	984	22.21	20.67
海 安 市	2470	2470	423	2286	17.08	15.29
连云港市	**12103**	**12103**	**4063**	**11759**	**91.70**	**65.61**
东 海 县	2761	2718	448	2214	16.72	15.97
灌 云 县	2593	2527	397	1460	10.85	10.34
灌 南 县	1842	1815	611	570	7.04	6.66

20－11　续表　(2019 年)

市县名称	公路里程(公里)	#等级公路	公 路 客运量(万人)	公 路 货运量(万吨)	民用汽车拥有量(万辆)	#私人汽车
淮安市	**13508**	**12932**	**5678**	**4847**	**87.80**	**57.03**
涟水县	2588	2359	1481	1913	10.68	9.94
盱眙县	2794	2794	993	1377	6.61	5.95
金湖县	1506	1412	269	232	3.72	3.30
盐城市	**20542**	**20349**	**6088**	**11339**	**136.38**	**94.66**
响水县	1809	1809	252	472	6.13	5.66
滨海县	2295	2287	761	2193	11.07	10.06
阜宁县	2036	2035	381	481	9.62	9.00
射阳县	2672	2499	610	1671	11.81	11.07
建湖县	1828	1820	626	500	8.27	7.52
东台市	3299	3299	572	2223	13.70	12.65
扬州市	**9726**	**9366**	**2931**	**4898**	**82.73**	**73.25**
宝应县	1976	1868	461	377	8.56	7.95
仪征市	1592	1592	258	753	10.19	9.30
高邮市	2217	2183	658	640	10.38	9.35
镇江市	**7321**	**7321**	**2892**	**5613**	**75.24**	**56.93**
丹阳市	2263	2263	615	1932	21.03	18.77
扬中市	841	841	292	516	6.98	6.13
句容市	2563	2563	515	1273	7.42	6.71
泰州市	**10087**	**10087**	**5907**	**4979**	**82.87**	**74.06**
兴化市	2962	2962	1205	492	15.58	14.68
靖江市	1339	1339	943	361	15.40	13.65
泰兴市	2245	2245	1639	669	16.98	15.45
宿迁市	**12064**	**11960**	**4644**	**9688**	**68.85**	**41.87**
沭阳县	3709	3690			20.45	11.53
泗阳县	2209	2209			10.94	6.63
泗洪县	2347	2347			9.41	5.66

20－12 邮电、电力

（2019年）

市县名称	邮电业务总　量（亿元）	固定电话用　户（万户）	移动电话用　户（万户）	互联网宽带接入用户（万户）	全年用电量（亿千瓦时）	#工业用电
南京市	**1259.81**	**181.91**	**1307.86**	**536.81**	**621.53**	**327.26**
无锡市	**964.73**	**124.89**	**999.33**	**394.73**	**750.82**	**563.31**
江阴市	129.43	25.46	237.10	72.10	280.73	242.95
宜兴市	44.06	21.87	163.88	51.29	107.44	79.45
徐州市	**696.86**	**84.54**	**961.25**	**337.20**	**371.13**	**229.54**
丰　县	57.66	6.23	87.26	28.99	25.79	14.68
沛　县	67.28	7.29	106.02	32.28	47.56	33.85
睢宁县	78.45	8.74	101.96	32.42	24.92	10.34
新沂市	75.55	7.39	92.73	31.45	37.62	26.19
邳州市	85.94	9.01	131.66	41.42	32.45	15.65
常州市	**587.20**	**90.05**	**664.85**	**263.94**	**505.85**	**385.20**
溧阳市	12.41	14.65	82.61	18.60	95.77	79.53
苏州市	**2046.38**	**232.19**	**1849.17**	**666.94**	**1544.48**	**1199.82**
常熟市	82.89	28.52	210.83	77.20	190.51	156.03
张家港市	12.89	20.93	179.72	73.76	311.53	281.39
昆山市	113.37	36.70	311.82	123.01	245.57	183.64
太仓市	13.73	14.03	107.41	41.64	105.17	84.35
南通市	**691.36**	**117.53**	**847.26**	**353.93**	**451.55**	**307.45**
如东县	14.17	14.53	94.43	71.99	61.98	46.08
启东市	14.98	20.25	105.50	80.09	39.91	23.86
如皋市	19.45	20.09	136.05	104.56	62.14	41.26
海门市	36.96	18.29	110.16	84.49	46.06	29.48
海安市	14.46	19.47	94.80	72.73	56.65	42.33
连云港市	**361.12**	**51.69**	**470.41**	**174.66**	**183.67**	**108.89**
东海县	11.57	7.58	89.63	33.44	26.17	13.52
灌云县	6.56	6.70	64.69	23.53	13.91	4.97
灌南县	3.23	5.36	51.15	18.63	28.45	20.04

（2019 年）

市县名称	邮电业务总量（亿元）	固定电话用户（万户）	移动电话用户（万户）	互联网宽带接入用户（万户）	全年用电量（亿千瓦时）	#工业用电
淮安市	**353.88**	**36.27**	**484.20**	**178.75**	**191.26**	**117.37**
涟水县	3.82	4.05	78.63	14.64	19.77	10.31
盱眙县	2.49	2.90	61.26	13.02	20.86	10.95
金湖县	2.21	2.62	25.01	7.85	14.05	8.93
盐城市	**488.70**	**59.46**	**695.97**	**281.91**	**327.69**	**215.22**
响水县	5.02	2.28	44.84	15.68	51.51	44.30
滨海县	9.01	5.19	72.18	22.52	23.59	12.32
阜宁县	9.71	4.87	72.01	23.36	25.57	14.81
射阳县	9.87	5.01	80.01	23.69	27.37	15.85
建湖县	9.65	4.26	65.97	22.08	25.10	15.91
东台市	12.53	8.51	92.45	27.72	44.85	30.49
扬州市	**443.13**	**89.95**	**551.15**	**176.07**	**259.40**	**171.95**
宝应县	49.02	10.07	65.40	21.84	24.64	14.71
仪征市	48.15	10.44	62.08	20.63	48.67	39.64
高邮市	55.53	12.33	74.66	25.67	43.34	31.21
镇江市	**287.34**	**54.50**	**370.72**	**161.56**	**264.39**	**190.10**
丹阳市	80.45	13.30	107.29	37.35	85.35	65.93
扬中市	25.99	6.44	36.53	15.36	18.75	12.38
句容市	41.25	8.23	60.40	25.56	32.12	17.19
泰州市	**350.76**	**67.77**	**490.45**	**205.86**	**296.00**	**212.36**
兴化市	62.53	13.72	104.15	39.70	66.57	49.96
靖江市	44.38	14.16	75.15	29.64	44.91	31.36
泰兴市	56.15	18.37	105.20	43.13	78.51	61.17
宿迁市	**421.76**	**28.37**	**492.93**	**179.73**	**209.22**	**137.51**
沭阳县	54.48	9.31	164.29	48.51	59.66	39.52
泗阳县	4.94	5.89	91.69	27.56	33.44	20.92
泗洪县	3.57	3.66	88.67	26.58	25.49	12.98

20－13　房地产开发投资主要指标

（2019 年）　　单位:亿元

市县名称	房地产开发投资	#住宅	商品房屋销售建筑面积（万平方米）	#住宅	商品房待售面积（万平方米）	#住宅
南京市	**2501.26**	**1735.85**	**1320.69**	**1137.23**	**405.33**	**232.47**
无锡市	**1358.29**	**1114.69**	**1379.96**	**1253.04**	**660.49**	**267.68**
江阴市	271.53	237.34	308.83	281.56	139.56	74.93
宜兴市	142.52	120.41	169.52	157.27	137.77	63.88
徐州市	**852.94**	**710.56**	**1474.07**	**1371.25**	**167.32**	**103.12**
丰　县	38.93	34.60	84.92	80.41	43.32	23.38
沛　县	89.78	70.31	124.74	116.05	8.96	1.47
睢宁县	53.04	45.59	158.51	131.26	7.75	6.12
新沂市	38.01	30.40	107.18	102.54	10.77	9.03
邳州市	86.82	78.15	189.14	177.53	20.55	13.99
常州市	**893.36**	**725.16**	**917.14**	**758.70**	**398.01**	**77.82**
溧阳市	82.28	68.22	97.44	89.22	33.54	11.57
苏州市	**2686.47**	**2209.27**	**2178.22**	**1983.56**	**804.56**	**355.00**
常熟市	242.14	210.49	243.38	229.52	50.91	19.56
张家港市	219.40	197.89	205.50	185.66	84.80	20.97
昆山市	389.71	302.53	387.24	351.14	149.26	91.53
太仓市	187.62	165.01	151.34	140.84	40.24	22.65
南通市	**914.39**	**738.48**	**1744.47**	**1571.22**	**584.23**	**272.46**
如东县	35.87	32.82	79.93	76.21	11.20	5.11
启东市	93.64	87.20	248.21	242.51	39.74	30.02
如皋市	77.88	60.10	192.76	173.64	105.80	36.53
海门市	98.12	83.41	174.33	163.48	90.85	54.24
海安市	94.75	65.03	191.11	163.04	48.71	15.60
连云港市	**317.41**	**262.91**	**555.59**	**528.00**	**74.84**	**33.88**
东海县	29.17	26.84	82.09	80.14	3.10	0.54
灌云县	25.11	19.76	58.24	56.31	9.78	8.53
灌南县	30.12	22.91	87.42	85.05	7.08	3.22

市县名称	房地产开发投资	#住宅	商品房屋销售建筑面积（万平方米）	#住宅	商品房待售面积（万平方米）	#住宅
淮安市	**286.50**	**215.49**	**825.37**	**735.92**	**208.13**	**141.00**
涟水县	16.39	14.90	134.80	126.24	19.52	8.25
盱眙县	28.51	24.32	97.82	93.56	37.36	19.88
金湖县	12.79	10.83	42.21	36.76	2.01	0.05
盐城市	**426.15**	**344.46**	**850.17**	**738.05**	**305.92**	**208.20**
响水县	19.23	16.27	26.93	25.76	3.67	1.94
滨海县	24.28	21.98	53.74	51.03	1.85	1.65
阜宁县	30.29	26.15	79.98	75.65	39.34	34.32
射阳县	26.38	20.92	42.63	40.89	53.73	40.03
建湖县	20.04	17.00	51.30	37.02	33.52	18.06
东台市	36.57	27.64	96.98	74.91	38.76	22.05
扬州市	**696.18**	**502.67**	**727.18**	**642.18**	**239.15**	**74.16**
宝应县	35.91	26.97	34.94	31.76	8.05	2.84
仪征市	117.96	88.64	100.30	93.02	11.74	4.80
高邮市	49.77	37.57	75.60	67.95	38.16	27.65
镇江市	**403.37**	**339.52**	**584.08**	**552.99**	**311.67**	**175.23**
丹阳市	72.22	61.04	123.43	108.54	112.48	56.42
扬中市	29.56	18.44	31.78	31.64	41.35	27.29
句容市	109.34	93.90	226.82	223.80	30.45	18.62
泰州市	**352.58**	**284.96**	**644.04**	**571.24**	**238.95**	**113.61**
兴化市	39.45	29.45	76.06	67.18	13.18	6.91
靖江市	64.07	58.52	96.75	92.52	32.16	3.73
泰兴市	88.97	74.90	165.41	149.77	61.86	41.15
宿迁市	**325.81**	**281.94**	**771.88**	**701.66**	**220.49**	**79.84**
沭阳县	74.09	64.21	187.02	165.77	86.15	25.22
泗阳县	60.32	54.05	161.18	152.09	41.67	13.58
泗洪县	45.88	39.07	125.18	104.37	10.46	8.67

20－14　国内贸易、对外经济

（2019 年）

市县名称	社会消费品零售总额（亿元）	#批发和零售业	进出口总额（亿美元）	出口	进口	实际使用外资（亿美元）
南京市	**7136.32**	**6741.19**	**699.60**	**435.33**	**264.27**	**41.01**
无锡市	**3024.34**	**2793.91**	**924.30**	**554.60**	**369.70**	**36.20**
江阴市	695.95	655.58	233.65	146.55	87.09	9.31
宜兴市	508.19	484.46	44.46	35.00	9.46	3.79
徐州市	**3533.19**	**1247.05**	**135.19**	**112.88**	**22.31**	**20.90**
丰县	288.46	264.15	9.56	8.43	1.14	0.88
沛县	456.14	424.38	7.67	7.19	0.47	1.86
睢宁县	467.40	437.69	8.26	6.74	1.51	1.49
新沂市	317.38	293.22	13.39	11.44	1.95	3.40
邳州市	348.18	314.41	18.51	16.72	1.79	2.66
常州市	**2401.68**	**2213.38**	**338.35**	**252.41**	**85.94**	**26.28**
溧阳市	321.48	296.12	11.67	10.14	1.53	3.00
苏州市	**7813.40**	**7150.50**	**3190.90**	**1920.40**	**1270.50**	**46.15**
常熟市	1031.00	969.14	225.80	158.10	67.70	4.98
张家港市	718.26	662.95	343.60	161.40	182.20	3.98
昆山市	1391.72	1258.11	826.70	557.00	269.70	7.47
太仓市	424.79	388.68	133.60	63.60	70.00	4.40
南通市	**3361.68**	**3059.00**	**365.71**	**248.90**	**116.82**	**26.65**
如东县	404.44	380.45	54.81	20.52	34.29	3.09
启东市	410.54	372.97	36.19	27.68	8.51	3.04
如皋市	458.06	403.50	35.77	29.19	6.57	3.51
海门市	430.98	396.12	28.07	24.36	3.71	2.69
海安市	354.88	305.50	20.26	16.37	3.89	3.19
连云港市	**1162.82**	**1067.37**	**93.22**	**38.89**	**54.34**	**6.14**
东海县	249.17	236.79	4.47	3.90	0.57	1.02
灌云县	81.39	74.37	1.92	1.83	0.08	0.06
灌南县	98.25	84.84	1.74	1.36	0.38	0.97

市县名称	社会消费品零售总额（亿元）	#批发和零售业	进出口总额（亿美元）	出口	进口	实际使用外资（亿美元）
淮 安 市	**1745.41**	**1581.64**	**47.05**	**33.80**	**13.25**	**10.49**
涟 水 县	203.76	186.13	3.25	2.86	0.39	1.40
盱 眙 县	169.69	151.66	1.65	1.44	0.22	1.05
金 湖 县	118.51	103.36	4.72	4.64	0.07	1.28
盐 城 市	**2241.00**	**2065.24**	**96.12**	**64.12**	**32.00**	**9.20**
响 水 县	109.71	76.95	5.39	4.62	0.77	0.07
滨 海 县	230.91	126.70	4.95	4.47	0.48	0.27
阜 宁 县	235.90	136.54	4.39	4.07	0.32	0.35
射 阳 县	219.41	181.75	6.70	4.69	2.01	0.85
建 湖 县	190.99	132.93	3.87	3.44	0.43	0.35
东 台 市	242.48	288.05	10.31	9.72	0.59	1.00
扬 州 市	**1423.20**	**1276.90**	**113.05**	**83.65**	**29.40**	**13.88**
宝 应 县	165.94	151.28	10.04	7.73	2.31	0.87
仪 征 市	117.72	105.33	5.96	4.59	1.38	2.00
高 邮 市	175.87	148.39	5.06	4.46	0.60	0.93
镇 江 市	**1158.49**	**1007.05**	**112.03**	**78.67**	**33.35**	**6.60**
丹 阳 市	305.49	264.26	31.49	27.77	3.73	1.41
扬 中 市	134.55	116.39	5.19	4.48	0.70	0.63
句 容 市	155.60	134.60	6.79	5.97	0.83	1.22
泰 州 市	**1350.54**	**1220.07**	**144.66**	**95.32**	**49.34**	**14.86**
兴 化 市	248.32	222.89	7.52	7.29	0.23	1.62
靖 江 市	202.71	183.52	34.47	25.51	8.96	1.16
泰 兴 市	274.30	238.71	43.36	24.82	18.53	3.75
宿 迁 市	**1320.45**	**1239.82**	**34.25**	**28.88**	**5.38**	**4.46**
沭 阳 县	248.61	160.67	8.97	8.50	0.47	1.08
泗 阳 县	127.17	114.19	4.73	4.46	0.26	0.88
泗 洪 县	132.64	125.39	2.99	2.49	0.50	0.85

20－15 财政、金融

（2019 年）　　单位：亿元

市县名称	一般公共预算收入	#税收收入	一般公共预算支出	年末金融机构存款余额	#住户存款	年末金融机构贷款余额
南京市	**1580.03**	**1373.83**	**1658.07**	**35536.08**	**8299.64**	**33585.88**
无锡市	**1036.33**	**870.21**	**1117.52**	**17605.46**	**6316.12**	**13556.67**
江阴市	256.58	218.09	231.10	4072.01	1384.27	3227.27
宜兴市	123.85	106.69	151.09	2340.85	1229.15	1696.81
徐州市	**468.32**	**373.80**	**882.21**	**8036.56**	**4023.66**	**5777.28**
丰县	28.43	22.99	73.20	487.87	341.05	278.58
沛县	45.00	37.03	107.98	600.70	411.58	368.28
睢宁县	38.04	31.89	92.79	596.16	380.99	385.46
新沂市	35.55	29.04	90.20	509.50	300.73	383.05
邳州市	42.87	34.70	117.36	695.53	474.85	545.87
常州市	**590.03**	**501.60**	**654.19**	**10892.19**	**4322.79**	**8563.59**
溧阳市	70.27	60.35	101.91	1306.25	637.23	997.60
苏州市	**2221.81**	**1991.04**	**2141.45**	**33705.02**	**10605.31**	**30880.46**
常熟市	203.02	172.02	219.50	3303.30	1538.83	2711.90
张家港市	247.00	212.81	224.77	3058.80	1288.99	2512.52
昆山市	407.31	369.01	342.41	4397.64	1519.76	3745.75
太仓市	162.97	140.51	143.22	1610.64	669.74	1581.73
南通市	**619.26**	**507.55**	**972.64**	**13725.31**	**7135.53**	**10211.92**
如东县	57.70	48.18	132.56	1366.79	783.78	811.98
启东市	70.65	56.54	101.81	1512.57	982.22	1041.38
如皋市	70.01	58.50	121.94	1470.25	922.70	1032.36
海门市	71.02	56.90	112.89	1659.41	999.98	1163.65
海安市	62.66	52.64	117.41	1596.81	876.26	1219.21
连云港市	**242.44**	**191.36**	**466.03**	**3621.56**	**1621.93**	**3460.22**
东海县	24.06	19.52	70.03	463.46	308.64	389.99
灌云县	22.59	16.75	62.74	335.34	201.94	270.90
灌南县	23.52	20.02	57.33	279.20	150.20	245.76

20－15 续表 （2019年） 单位：亿元

市县名称	一般公共预算收入	#税收收入	一般公共预算支出	年末金融机构存款余额	#住户存款	年末金融机构贷款余额
淮安市	**257.31**	**209.30**	**529.15**	**4137.49**	**1812.23**	**3861.80**
涟水县	22.95	20.31	71.30	443.63	244.55	299.24
盱眙县	19.09	15.41	58.70	420.64	238.13	378.41
金湖县	22.48	20.05	47.80	289.99	179.82	260.05
盐城市	**383.00**	**294.98**	**877.52**	**6995.52**	**3667.28**	**5844.28**
响水县	22.00	16.50	64.47	247.31	152.58	211.93
滨海县	23.20	17.41	81.35	431.25	266.12	379.63
阜宁县	27.70	21.68	90.10	518.53	371.52	305.53
射阳县	28.60	23.02	91.68	560.28	395.23	406.42
建湖县	30.16	22.79	93.45	543.67	385.03	366.64
东台市	52.00	42.09	108.70	928.32	677.70	590.22
扬州市	**328.79**	**263.81**	**611.95**	**6700.46**	**3217.51**	**5374.85**
宝应县	24.87	20.01	77.53	598.26	364.58	445.80
仪征市	50.37	42.21	67.68	721.02	362.32	511.45
高邮市	36.80	30.99	79.99	703.57	452.55	512.54
镇江市	**306.85**	**239.01**	**466.25**	**5613.48**	**2439.32**	**5284.58**
丹阳市	62.01	51.80	90.00	1252.95	739.71	1138.75
扬中市	34.01	27.71	49.57	663.18	337.67	528.03
句容市	53.50	48.26	73.40	936.22	396.33	1122.04
泰州市	**365.67**	**279.15**	**594.24**	**6879.13**	**3263.96**	**5493.92**
兴化市	39.76	31.40	111.23	976.24	673.26	642.56
靖江市	57.71	45.98	86.25	1183.06	612.03	985.86
泰兴市	80.59	66.26	106.46	1183.74	580.17	964.65
宿迁市	**212.60**	**178.65**	**505.74**	**3103.37**	**1527.53**	**3083.82**
沭阳县	47.90	38.41	119.59	718.35	446.06	631.34
泗阳县	25.75	20.88	72.88	424.92	271.68	504.55
泗洪县	26.32	21.34	89.55	380.60	273.59	421.57

20－16 科技、教育

（2019 年）

市县名称	专利申请受理量（件）	专利申请授权量（件）	普通中学在校学生（万人）	小学在校学生（万人）	普通中学专任教师（人）	小学专任教师（人）
南京市	**103024**	**55004**	**26.06**	**44.66**	**25591**	**30137**
无锡市	**67133**	**38335**	**24.59**	**41.75**	**21897**	**23618**
江阴市	10576	5890	6.14	10.06	5738	4992
宜兴市	8319	4863	4.27	6.70	4258	3871
徐州市	**33655**	**12603**	**52.30**	**94.67**	**39269**	**50731**
丰县	1891	783	5.10	9.46	4679	4779
沛县	1817	479	5.83	11.34	4342	5547
睢宁县	2743	1313	5.82	11.63	4465	6303
新沂市	3918	1169	6.94	11.45	4338	5417
邳州市	2887	738	11.40	18.22	8187	11545
常州市	**47849**	**24858**	**18.90**	**31.43**	**15580**	**16828**
溧阳市	2823	1446	2.84	4.06	2860	2487
苏州市	**163147**	**81145**	**38.89**	**82.12**	**33624**	**45030**
常熟市	10497	4848	4.94	8.43	4200	4927
张家港市	11843	5766	5.05	9.18	4059	5471
昆山市	31794	17474	6.26	15.55	4525	7602
太仓市	8890	3970	2.44	5.07	2076	2663
南通市	**36713**	**19637**	**24.64**	**35.88**	**24652**	**21870**
如东县	3280	1277	2.41	3.05	2781	2360
启东市	3131	1731	2.91	3.92	3135	2694
如皋市	3759	2074	4.92	6.60	4605	3882
海门市	3391	1764	3.64	4.93	3495	2958
海安市	7735	3950	2.68	3.40	3331	2441
连云港市	**8234**	**5012**	**27.87**	**45.23**	**23376**	**26890**
东海县	1914	882	7.42	12.26	6322	7313
灌云县	647	514	4.40	7.00	3104	3445
灌南县	299	402	3.81	6.38	3225	4088

市县名称	专利申请受理量（件）	专利申请授权量（件）	普通中学在校学生（万人）	小学在校学生（万人）	普通中学专任教师（人）	小学专任教师（人）
淮安市	**13052**	**7676**	**25.90**	**34.93**	**22582**	**23131**
涟水县	826	515	5.74	7.13	4992	4826
盱眙县	1168	551	3.89	5.07	3334	3359
金湖县	1615	769	0.94	1.29	954	935
盐城市	**25912**	**15713**	**32.66**	**44.99**	**29050**	**27731**
响水县	582	386	3.19	4.52	2757	3042
滨海县	1207	613	5.64	7.49	3855	4353
阜宁县	2326	1488	4.24	6.80	3393	3981
射阳县	1677	995	3.58	4.71	3135	2962
建湖县	2438	1345	3.07	3.63	2845	2451
东台市	2874	1577	2.94	3.73	3545	2585
扬州市	**33786**	**18736**	**17.58**	**21.90**	**16348**	**13809**
宝应县	2594	2048	3.13	3.34	3024	2205
仪征市	3058	2085	1.93	2.40	1807	1609
高邮市	11741	5951	2.39	2.80	2575	1939
镇江市	**23890**	**12639**	**10.74**	**15.86**	**10215**	**10236**
丹阳市	6574	3490	3.66	5.37	3368	3624
扬中市	3797	2037	1.06	1.55	1094	1114
句容市	1864	1450	1.83	2.76	2003	1764
泰州市	**25215**	**14905**	**17.80**	**23.26**	**18964**	**14261**
兴化市	4569	2757	4.29	6.83	4349	4245
靖江市	4515	2452	2.44	2.87	2893	1870
泰兴市	3739	2305	4.17	4.88	4941	3035
宿迁市	**12431**	**7890**	**29.55**	**55.96**	**19138**	**27780**
沭阳县	3698	2569	10.27	19.16	6096	8894
泗阳县	1971	1358	6.18	9.56	3562	4875
泗洪县	1496	677	5.79	10.88	4071	5629

20－17 文化、卫生

（2019 年）

市县名称	公共图书馆（个）	公共图书馆图书藏量（千册）	卫生机构数（个）	卫生机构床位数（张）	卫生技术人员（人）	#执业（助理）医师
南京市	**15**	**23247**	**3242**	**59046**	**93856**	**35735**
无锡市	**8**	**8955**	**2770**	**50478**	**59303**	**23166**
江阴市	1	2879	626	9591	11476	4940
宜兴市	1	806	563	7320	9744	3914
徐州市	**8**	**4037**	**4594**	**60988**	**70767**	**28042**
丰县	1	235	563	4023	5207	2384
沛县	1	450	623	5794	6356	2853
睢宁县	1	442	551	5322	6320	2603
新沂市	1	508	478	4416	6350	2823
邳州市	1	618	743	7956	9635	3578
常州市	**7**	**5073**	**1458**	**28322**	**37086**	**14831**
溧阳市	1	483	277	3934	5127	2206
苏州市	**11**	**33936**	**3720**	**71657**	**91047**	**35541**
常熟市	1	2867	526	8916	10616	4456
张家港市	1	3248	468	10247	10588	4299
昆山市	1	3394	635	7606	13214	5283
太仓市	1	1455	291	4055	4981	2053
南通市	**10**	**7250**	**3357**	**46375**	**50329**	**20851**
如东县	1	496	471	4071	4906	2161
启东市	1	632	391	4567	4871	2086
如皋市	2	1083	565	6929	6730	3128
海门市	1	1716	434	4445	4934	2232
海安市	1	596	402	5578	5221	2248
连云港市	**8**	**3028**	**2740**	**28101**	**31117**	**12870**
东海县	1	706	531	4752	5366	2419
灌云县	1	261	432	4385	4449	1803
灌南县	1	206	376	3814	3860	1655

市县名称	公共图书馆（个）	公共图书馆图书藏量（千册）	卫生机构数（个）	卫生机构床位数（张）	卫生技术人员（人）	#执业（助理）医师
淮安市	**9**	**4166**	**2200**	**30376**	**35963**	**14579**
涟水县	1	324	471	4460	4752	2044
盱眙县	1	402	340	3743	4509	2011
金湖县	1	347	138	1623	1829	781
盐城市	**11**	**4994**	**3270**	**40301**	**44358**	**19583**
响水县	1	92	220	2777	3010	1248
滨海县	1	243	436	4585	4529	2067
阜宁县	2	435	389	4474	4549	2362
射阳县	1	283	346	4194	4698	2231
建湖县	1	309	322	3346	3621	1697
东台市	1	331	458	5356	5328	2381
扬州市	**7**	**5479**	**1890**	**24994**	**30936**	**12557**
宝应县	1	406	359	3337	4882	2193
仪征市	1	484	168	2935	3600	1541
高邮市	1	417	259	3923	4051	1712
镇江市	**9**	**4122**	**1013**	**15844**	**21691**	**8469**
丹阳市	2	883	250	3662	5110	2093
扬中市	1	470	106	1421	2107	817
句容市	1	460	223	1954	3286	1352
泰州市	**7**	**3663**	**2118**	**29885**	**31673**	**13309**
兴化市	1	280	650	5952	6660	2982
靖江市	1	951	320	4741	4911	2128
泰兴市	1	353	485	5789	6291	2656
宿迁市	**6**	**2520**	**2424**	**29548**	**36047**	**13929**
沭阳县	1	183	794	8122	10843	4161
泗阳县	1	377	441	5665	6301	2436
泗洪县	1	268	512	5507	6629	2498

20－18　人民生活(一)

(2019 年)

市县名称	居民人均可支配收入(元)	居民人均生活消费支出(元)	#食品烟酒	居民恩格尔系数(%)	居民人均住房建筑面积(平方米)
南京市	**57630**	**33005**	**8455**	**25.6**	**44.7**
无锡市	**54847**	**33840**	**9124**	**27.0**	**51.2**
江阴市	59036	31164	8580	27.5	65.0
宜兴市	48506	29609	8664	29.3	56.2
徐州市	**29736**	**18048**	**5369**	**29.7**	**51.5**
丰县	23677	15545	4690	30.2	51.5
沛县	27764	16865	4774	28.3	46.2
睢宁县	23791	13588	4159	30.6	65.7
新沂市	25580	16223	5068	31.2	45.6
邳州市	28250	15496	4545	29.3	44.4
常州市	**49840**	**28669**	**7688**	**26.8**	**60.4**
溧阳市	43010	23850	7020	29.4	50.8
苏州市	**60109**	**35414**	**8840**	**25.0**	**51.5**
常熟市	57831	34001	9256	27.2	64.4
张家港市	57957	32817	9067	27.6	58.0
昆山市	59735	34291	9316	27.2	45.5
太仓市	56960	33932	9802	28.9	60.8
南通市	**40320**	**24956**	**7073**	**28.3**	**54.4**
如东县	36662	23358	6616	28.3	59.4
启东市	35626	21331	6293	29.5	61.7
如皋市	37825	26768	7770	29.0	54.7
海门市	35495	21028	6016	28.6	60.3
海安市	40949	25545	7066	27.7	61.8
连云港市	**28094**	**17802**	**5576**	**31.3**	**50.4**
东海县	26682	16591	5694	34.3	53.0
灌云县	22626	13913	4426	31.8	53.1
灌南县	23099	14869	4866	32.7	59.2

市县名称	居民人均可支配收入(元)	居民人均生活消费支出(元)	#食品烟酒	居民恩格尔系数(%)	居民人均住房建筑面积(平方米)
淮安市	**30192**	**16756**	**4926**	**29.4**	**51.3**
涟水县	24610	14432	4335	30.0	54.4
盱眙县	28871	14939	4517	30.2	50.1
金湖县	29982	19787	5948	30.1	49.0
盐城市	**32096**	**18734**	**5341**	**28.5**	**50.3**
响水县	25729	12989	3832	29.5	49.3
滨海县	26788	15207	4547	29.9	45.0
阜宁县	26589	17241	5474	31.7	42.2
射阳县	28325	18699	5461	29.2	51.5
建湖县	30706	16515	5150	31.2	46.8
东台市	34571	18500	5446	29.4	61.8
扬州市	**37074**	**22406**	**6613**	**29.4**	**51.8**
宝应县	28167	17483	5440	31.1	50.0
仪征市	35189	21114	6329	30.0	56.9
高邮市	31100	20924	6048	28.9	77.0
镇江市	**44259**	**25920**	**7170**	**27.7**	**54.3**
丹阳市	42045	25360	7699	30.4	52.0
扬中市	46907	25294	7402	29.3	62.5
句容市	38891	23164	6911	29.8	53.7
泰州市	**37773**	**23108**	**6680**	**28.9**	**59.2**
兴化市	32642	19121	5710	29.9	45.9
靖江市	40941	28456	8302	29.2	68.6
泰兴市	36616	22160	6196	28.0	66.0
宿迁市	**24938**	**15413**	**4995**	**32.4**	**48.4**
沭阳县	24633	15747	5330	33.8	49.3
泗阳县	24324	15810	5096	32.2	51.8
泗洪县	23750	14075	4483	31.8	48.0

20－18　人民生活（二）

（2019 年）

市县名称	城镇常住居民人均可支配收入（元）	城镇常住居民人均生活消费支出（元）	#食品烟酒	城镇常住居民恩格尔系数（%）	城镇常住居民人均住房建筑面积（平方米）
南京市	**64372**	**35933**	**9072**	**25.2**	**40.3**
无锡市	**61915**	**37433**	**9972**	**26.6**	**48.6**
江阴市	69342	34641	9461	27.3	67.0
宜兴市	58515	34439	9965	28.9	51.0
徐州市	**36215**	**20805**	**6138**	**29.5**	**50.1**
丰　县	29437	19860	5845	29.4	49.5
沛　县	34920	20503	5729	27.9	43.3
睢宁县	29923	15926	4860	30.5	72.7
新沂市	32069	19634	6056	30.8	44.1
邳州市	36419	18717	5484	29.3	45.2
常州市	**58345**	**32263**	**8373**	**26.0**	**49.8**
溧阳市	53478	25915	7865	30.4	42.9
苏州市	**68629**	**39648**	**9871**	**24.9**	**46.1**
常熟市	68962	38166	10392	27.2	58.7
张家港市	69243	37687	10423	27.7	50.5
昆山市	69168	38616	10387	26.9	38.0
太仓市	68204	39187	11307	28.9	54.0
南通市	**50217**	**29964**	**8464**	**28.2**	**49.2**
如东县	47844	27299	7559	27.7	56.3
启东市	47430	25593	7652	29.9	58.4
如皋市	47982	34295	9899	28.9	49.8
海门市	46958	25350	7100	28.0	59.9
海安市	51870	31040	8564	27.6	52.5
连云港市	**35390**	**21762**	**6797**	**31.2**	**49.0**
东海县	34922	21234	7253	34.2	51.0
灌云县	29291	16843	5478	32.5	52.8
灌南县	31170	19357	6143	31.7	50.4

市县名称	城镇常住居民人均可支配收入（元）	城镇常住居民人均生活消费支出（元）	#食品烟酒	城镇常住居民恩格尔系数（%）	城镇常住居民人均住房建筑面积（平方米）
淮 安 市	**38952**	**20327**	**5890**	**29.0**	**49.8**
涟 水 县	32327	18523	5589	30.2	59.1
盱 眙 县	39297	19862	5998	30.2	49.8
金 湖 县	39677	23180	6884	29.7	42.0
盐 城 市	**38816**	**20942**	**5931**	**28.3**	**46.9**
响 水 县	32313	13814	4061	29.4	45.7
滨 海 县	33782	17718	5372	30.3	40.4
阜 宁 县	32480	23598	7776	33.0	37.4
射 阳 县	33901	25752	7496	29.1	51.5
建 湖 县	37558	18992	5799	30.5	46.5
东 台 市	41374	20628	6025	29.2	54.8
扬 州 市	**45550**	**25696**	**7601**	**29.6**	**47.1**
宝 应 县	34455	19798	6205	31.3	46.0
仪 征 市	46427	25132	7545	30.0	49.9
高 邮 市	40203	25145	7193	28.6	74.4
镇 江 市	**52713**	**28925**	**8008**	**27.7**	**50.9**
丹 阳 市	52508	26708	8359	31.3	49.0
扬 中 市	57829	28407	8266	29.1	58.9
句 容 市	51017	27124	8083	29.8	50.9
泰 州 市	**47216**	**27298**	**7688**	**28.2**	**55.4**
兴 化 市	42856	22946	6658	29.0	44.6
靖 江 市	50725	32768	9503	29.0	63.0
泰 兴 市	46915	27642	8036	29.1	67.0
宿 迁 市	**30614**	**18412**	**5910**	**32.1**	**45.9**
沭 阳 县	30269	18693	6428	34.4	46.8
泗 阳 县	29964	17926	5743	32.0	53.8
泗 洪 县	29303	17985	5725	31.8	46.1

20－18　人民生活(三)

(2019 年)

市县名称	农村常住居民人均可支配收入(元)	农村常住居民人均生活消费支出(元)	#食品烟酒	农村常住居民恩格尔系数(%)	农村常住居民人均住房建筑面积(平方米)
南京市	**27636**	**19980**	**5709**	**28.6**	**63.2**
无锡市	**33574**	**23026**	**6572**	**28.5**	**59.5**
江阴市	36095	23423	6615	28.2	62.0
宜兴市	30434	20888	6315	30.2	70.3
徐州市	**19873**	**13850**	**4197**	**30.3**	**53.7**
丰县	18273	11497	3607	31.4	54.3
沛县	20496	13170	3805	28.9	48.8
睢宁县	18029	11391	3499	30.7	58.8
新沂市	18876	12699	4048	31.9	47.1
邳州市	19896	12202	3585	29.4	43.5
常州市	**30491**	**20492**	**6067**	**29.6**	**74.2**
溧阳市	28292	20897	6574	31.5	63.3
苏州市	**35152**	**23012**	**5822**	**25.3**	**67.6**
常熟市	35576	25675	6986	27.2	75.4
张家港市	35453	23108	6364	27.5	72.9
昆山市	35779	23307	6598	28.3	67.3
太仓市	35198	23762	6891	29.0	73.1
南通市	**24303**	**16849**	**4820**	**28.6**	**62.8**
如东县	23354	18665	5493	29.4	64.7
启东市	22135	16460	4741	28.8	65.0
如皋市	25714	17794	5231	29.4	63.1
海门市	21912	15906	4730	29.7	60.9
海安市	26858	18456	5133	27.8	69.0
连云港市	**18061**	**12357**	**3897**	**31.5**	**52.1**
东海县	18782	12140	4200	34.6	58.0
灌云县	16856	11378	3514	30.9	53.4
灌南县	16128	10993	3764	34.2	68.4

市县名称	农村常住居民人均可支配收入（元）	农村常住居民人均生活消费支出（元）	#食品烟酒	农村常住居民恩格尔系数（%）	农村常住居民人均住房建筑面积（平方米）
淮安市	**18567**	**12017**	**3647**	**30.3**	**53.0**
涟水县	17335	10575	3152	29.8	52.0
盱眙县	18727	10149	3075	30.3	51.3
金湖县	20414	16658	5083	30.5	62.0
盐城市	**22258**	**15501**	**4477**	**28.9**	**55.7**
响水县	18562	12087	3411	28.2	53.2
滨海县	19396	12554	3675	30.3	49.5
阜宁县	20030	10331	3176	30.7	48.6
射阳县	21512	10080	2974	29.5	51.4
建湖县	22090	13401	4333	32.3	47.3
东台市	25479	15657	4671	29.8	69.8
扬州市	**23333**	**17215**	**5012**	**29.1**	**59.5**
宝应县	21929	15187	4682	30.8	54.0
仪征市	22459	16562	4952	30.0	63.4
高邮市	21941	16678	4896	29.4	79.7
镇江市	**26785**	**19708**	**5439**	**27.6**	**60.0**
丹阳市	27807	23526	6802	28.9	56.0
扬中市	30636	20658	6115	29.6	68.6
句容市	24223	18373	5494	29.9	56.4
泰州市	**23116**	**16604**	**5115**	**30.8**	**65.8**
兴化市	21824	15069	4707	31.2	47.3
靖江市	25317	21570	6385	29.6	78.6
泰兴市	23221	15029	3802	25.3	65.0
宿迁市	**18121**	**11813**	**3897**	**33.0**	**51.3**
沭阳县	18389	12484	4115	33.0	52.0
泗阳县	18138	13489	4386	32.5	49.7
泗洪县	17713	9825	3132	31.9	50.0

长江三角洲城市主要经济指标(一)

(2019 年)

地　区	地区生产总值(亿元)	第一产业增加值(亿元)	第二产业增加值(亿元)	第三产业增加值(亿元)
上海市	38155.32	103.88	10299.16	27752.28
南京市	14030.15	289.82	5040.86	8699.47
无锡市	11852.32	122.50	5627.88	6101.94
常州市	7400.86	157.00	3529.17	3714.69
苏州市	19235.80	196.70	9130.18	9908.92
南通市	9383.39	428.80	4602.10	4352.49
盐城市	5702.26	619.90	2371.59	2710.77
扬州市	**5850.08**	**292.80**	**2778.21**	**2779.07**
镇江市	4127.32	140.20	2004.79	1982.33
泰州市	5133.36	292.50	2525.98	2314.88
杭州市	15373.10	325.70	4875.10	10172.30
宁波市	11985.10	322.30	5782.90	5879.90
温州市	6606.10	151.70	2811.90	3642.50
嘉兴市	5370.40	120.90	2892.60	2356.90
湖州市	3122.40	133.80	1595.40	1393.20
绍兴市	5780.80	208.40	2770.80	2801.60
金华市	4559.90	145.80	1833.00	2581.10
舟山市	1371.60	146.40	475.50	749.70
台州市	5134.10	282.10	2339.90	2512.10

长江三角洲城市主要经济指标(二)

(2019 年)

地区	一般公共预算收入（亿元）	金融机构人民币存款余额（亿元）	金融机构人民币贷款余额（亿元）
上海市	7165.10	123330.06	73823.66
南京市	1580.03	34671.17	32991.93
无锡市	1036.33	17165.33	13387.19
常州市	590.03	10892.19	8563.59
苏州市	2221.81	31652.10	30116.73
南通市	619.26	13530.76	10150.09
盐城市	383.00	6995.52	5844.28
扬州市	**328.79**	**6700.46**	**5374.85**
镇江市	306.85	5546.64	5256.00
泰州市	365.67	6879.13	5493.92
杭州市	1965.97		
宁波市	1468.39	20290.86	21774.23
温州市	578.97	13156.44	11529.55
嘉兴市	565.69	9318.44	8004.43
湖州市	316.07	5163.70	4818.50
绍兴市	528.37		
金华市	411.30	9730.61	8379.17
舟山市	154.86	2221.30	2425.90
台州市	438.50	9345.45	8504.65

长江三角洲城市主要经济指标(三)

(2019 年)

地 区	工业用电量(亿千瓦时)	实际到位外资(亿美元)	出 口(亿美元)
上 海 市	748.39	190.48	1966.82
南 京 市	327.26	41.01	435.33
无 锡 市	563.31	36.20	554.60
常 州 市	385.20	25.02	85.94
苏 州 市	1199.82	46.15	1920.40
南 通 市	307.45	26.65	116.82
盐 城 市	215.22	9.20	64.12
扬 州 市	**171.95**	**13.88**	**83.65**
镇 江 市	190.10	6.60	78.67
泰 州 市	212.36	14.27	95.32
杭 州 市	433.00	69.41	517.90
宁 波 市	590.20	31.19	866.00
温 州 市	257.44	7.58	1685.35
嘉 兴 市	423.99	41.25	305.58
湖 州 市	215.50	18.99	838.60
绍 兴 市	356.30	15.25	2251.09
金 华 市	258.46	2.63	584.84
舟 山 市	26.00	5.01	431.11
台 州 市	212.87	6.51	224.36

长江三角洲城市主要经济指标(四)

(2019 年)

地 区	城镇常住居民人均可支配收入(元)	农村常住居民人均可支配收入(元)	居民消费价格指数(上年同期为100)(累计)
上海市	73615	33195	102.5
南京市	64372	27636	103.1
无锡市	61915	33574	102.9
常州市	58345	30491	103.0
苏州市	68629	35152	103.0
南通市	50217	24303	103.2
盐城市	38816	22258	103.3
扬州市	**45550**	**23333**	**103.0**
镇江市	52713	26785	103.0
泰州市	47216	23116	103.1
杭州市	66068	36255	103.1
宁波市	64886	36632	103.0
温州市	60957	30211	102.2
嘉兴市	61940	37413	102.9
湖州市	59028	34803	103.0
绍兴市	63935	36120	102.7
金华市	59348	28511	103.1
舟山市	61479	36784	102.3
台州市	60351	30221	102.3

附　　录

主要统计指标解释

地区生产总值 是指一个国家(地区)所有常住单位在一定时期内(通常为1年)生产活动的最终成果(简称GDP)。地区生产总值有三种表现形态,即价值形态、收入形态和产品形态。从价值形态看,它是所有常住单位在一定时期内所生产的全部货物和服务价值超过同期投入的全部非固定资产货物和服务价值的差额,即所有常住单位的增加值之和;从收入形态看,它是所有常住单位在一定时期内所创造并分配给常住单位和非常住单位的初次分配收入之和;从产品形态看,它是最终使用的货物和服务减去进口货物和服务。在实际核算中,地区生产总值的三种表现形态表现为三种计算方法,即生产法、收入法和支出法。三种方法分别从不同的方面反映地区生产总值及其构成。

可比价格 指在不同时期的价值指标对比时,扣除了价格变动的因素,以确切反映物量的变化。按可比价格计算有两种方法:一种是直接用产品产量乘某一年的不变价格计算;另一种是用价格指数换算。

不变价格 指用同类产品的年平均价格作为固定价格,来计算各年产品价值。按不变价格计算的产品价值消除了价格变动因素,不同时期对比可以反映生产的发展速度。新中国成立后,随着工农业产品价格水平的变化,国家统计局先后五次制定了全国统一的工业产品不变价格和农业产品不变价格,从1949年到1957年使用1952年工(农)业产品不变价格,从1957年到1971年使用1957年不变价格,从1971年到1981年使用1970年不变价格,从1981年到1990年使用1980年不变价格,从1991年到1995年使用1990年不变价格,从1996年到2000年使用1995年不变价格,从2001年到2005年使用2000年不变价格,从2006年到2010年使用2005年不变价格,从2011年到2015年使用2010年不变价格,从2016年到2020年使用2015年不变价格。

平均每年增长速度 是反映某种现象在一个较长时期中逐期递增的平均速度。在我国计算平均增长速度有两种方法,一种是习惯上经常使用的“水平法”,又称几何平均法,是以间隔期最后一年的水平同基期水平对比来计算平均每年增长(或下降)速度。另一种是“累计法”,又称代数平均法或方程法,是以间隔期内各年水平的总和同基期水平对比来计算平均每年增长(或下降)速度。

在一般正常情况下,两种方法计算的平均每年增长速度比较接近,但在经济发展不平衡,出现大起大落时,两种方法计算的结果差别较大。

登记注册类型 是指在工商行政管理机关登记注册的各类企业。企业登记注册类型分为以下几种:内资企业包括国有企业、集体企业、股份合作企业、联营企业、有限责任公司、股份有限公司、私营企业、其他企业;港、澳、台商投资企业包括合资经营企业(港或澳、台资)、合作经营企业(港或澳、台资)、港、澳、台商独资经营企业、港、澳、台商投资股份有限公司;外商投资企业包括中外合资经营企业、中外合作经营企业、外资企业、外商投资股份有限公司。

国有企业 是指企业全部资产归国家所有,并按《中华人民共和国企业法人登记管理条例》规定登记注册的非公司制的经济组织。不包括有限责任公司中的国有独资公司。

集体企业 是指企业资产归集体所有,并按《中华人民共和国企业法人登记管理条例》规定登记注册的经济组织。

股份合作企业 是指以合作制为基础,由企业职工共同出资入股,吸收一定比例的社会资产投资组建,实行自主经营,自负盈亏,共同劳动,民主管理,按劳分配与按股分红相结合的一种集体经济组织。

联营企业 是指两个及两个以上相同或不同所有制性质的企业法人或事业单位法人,按自愿、平等、互利的原则,共同投资组成的经济组织。

有限责任公司 是指根据《中华人民共和国登记管理条例》规定登记注册,由两个以上,五十个以下的股东共同出资,每个股东以其所认缴的出资额对公司承担有限责任,公司以其全部资产对其债务承担责任的经济组织。

有限责任公司包括国有独资公司以及其他有限责任公司。

股份有限公司 是指根据《中华人民共和国公司登记管理条例》规定登记注册,其全部注册资本由等额股份构成并通过发行股票筹集资本,股东以其认购的股份对公司承担有限责任,公司以其全部资产对其债务承担责任的经济组织。

私营企业 是指由自然人投资设立或由自然人控股,以雇佣劳动为基础的营利性经济组织。包括按照《公司法》、《合伙企业法》、《私营企业暂行条例》规定登记注册的私营有限责任公司、私营股份有限公司、私营合伙企业和私营独资企业。

合资经营企业(港或澳、台资) 是指港澳台地区投资者与内地的企业依照《中华人民共和国中外合资经营企业法》及有关法律的规定,按合同规定的比例投资设立、分享利润和分担风险的企业。

合作经营企业(港或澳、台资) 是指港澳台地区投资者与内地企业依照《中华人民共和国中外合作经营企业法》及有关法律的规定,依照合作合同的约定进行投资或提供条件设立、分配利润和分担风险的企业。

港、澳、台商独资经营企业 是指依照《中华人民共和国外资企业法》及有关法律的规定,在内地由港澳台地区投资者全额投资设立的企业。

港、澳、台商投资股份有限公司 是指根据国家有关规定,经外经贸部依法批准设立,其中港、澳、台商的股本占公司注册资本的比例达25%以上的股份有限公司。凡其中港、澳、台商的股本占公司注册资本的比例小于25%的,属于内资企业中的股份有限公司。

中外合资经营企业 是指外国企业或外国人与中国内地企业依照《中华人民共和国中外合资经营企业法》及有关法律的规定,按合同规定的比例投资设立、分享利润和分担风险的企业。

中外合作经营企业 是指外国企业或外国人与中国内地企业依照《中华人民共和国中外合资经营企业法》及有关法律的规定,依照合作合同的约定进行投资或提供条件设立、分配利润和分担风险的企业。

外资企业 是指依照《中华人民共和国外资企业法》及有关法律的规定。在中国内地由外国投资者全额投资设立的企业。

外商投资股份有限公司 是指根据国家有关规定，经外经贸部依法批准设立，其中外资的股本占公司注册资本的比例达25%以上的股份有限公司。凡其中外资股本占公司注册资本的比例小于25%的，属于内资企业中的股份有限公司。

三次产业 根据社会生产活动历史发展的顺序对产业结构的划分，产品直接取自自然界的部门称为第一产业，对初级产品进行再加工的部门称为第二产业。为生产和消费提供各种服务的部门称为第三产业。它是世界上通用的产业结构分类，但各国的划分不尽一致。我国的三次产业划分是：

第一产业：农业（包括种植业、林业、牧业和渔业）。

第二产业：工业（包括采掘业、制造业、电力煤气及水的生产和供应业）和建筑业。

第三产业：除第一、第二产业以外的其他各业。

支出法国内生产总值 指一个国家（或地区）所有常住单位在一定时期内用于最终消费、资本形成总额，以及货物和服务的净出口总额，它反映本期生产的国内生产总值的使用构成。

最终消费 指常住单位在一定时期内对于货物和服务的全部最终消费支出，也就是常住单位为满足物质、文化和精神生活的需要，从本国经济领土和国外购买的货物和服务的支出。它不包括非常住单位在本国经济领土内的消费支出。最终消费分为居民消费和政府消费。

（1）居民消费：指常住住户在一定时期内对于货物和服务的全部最终消费支出。居民关于货物的最终消费支出在货物的所有权发生变化时记录，关于服务的最终消费支出在服务提供的时候记录。居民消费支出按市场价格计算，即按居民支付的购买者价格计算，货物的购买者价格是购买者取得交货所支付的价格，它包括购买者支付的运输和商业费用。居民消费支出除了直接以货币形式购买的货物和服务的消费支出外，还包括以其他方式获得的货物和服务的消费支出，即所谓的虚拟消费支出。居民虚拟消费支出包括如下几种类型：单位以实物报酬及实物转移的形式提供给劳动者的货物和服务；住户生产并由本住户消费了的货物和服务，其中的服务仅指住户的自有住房服务；金融机构提供的金融媒介服务；保险公司提供的保险服务。

（2）政府消费：指政府部门向社会提供的公共服务支出和对居民提供的消费性货物和服务的转移支出。

资本形成总额 指常住单位在一定时期内获得减去处置的固定资产和存货的净额，包括固定资本形成总额和存货增加两项。

①固定资本形成总额：指常住单位在一定时期内购置、转入和自产自用的固定资产价值，扣除固定资产的销售和转出后的价值。可分为有形固定资产形成总额和无形固定资产形成总额。有形固定资产形成总额包括一定时期内完成的建筑工程、安装工程和设备工器具购置（减处置）价值，以及土地改良、新增役、种、奶、毛、娱乐用牲畜和新增经济林木价值。无形固定资产形成总额包括矿藏的勘探、计算机软件、娱乐和文学艺术品原件等获得减处置。

②存货增加：指常住单位在一定时期内存货实物量变动的市场价值即期末价值减期初价值的差额。存货增加可以是正值，也可以是负值，正值表示存货上升，负值表示存货下降。它包括生产单位购进的原材料、燃料和储备物资等存货，以及生产单位生产的产成品、在制品和半成品等存货。

货物和服务净出口　指货物和服务出口减货物和服务进口的差额。出口包括常住单位向非常住单位出售或无偿转让的各种货物和服务的价值；进口包括常住单位从非常住单位购买或无偿得到的各种货物和服务的价值。由于服务活动的提供与使用同时发生，因此服务的进出口业务并不发生出入境现象，一般把常住单位从国外得到的服务作为进口，非常住单位从本国得到的服务作为出口。货物的出口和进口都按离岸价格计算。

劳动者报酬　是指劳动者因从事生产活动所获得的全部报酬。它包括劳动者获得的各种形式工资、奖金和津贴，既包括货币形式的，也包括实物形式的，它还包括劳动者所享受的公费医疗和医药卫生费、上下班交通补贴和单位支付的社会保险费等。单位支付的社会保险费，就是单位直接支付给负责社会保险的政府单位（一般指劳动部门）的社会保险金或为本单位职工离退休、发生死亡、伤残、医疗保险等而支付的保险费。对于个体经济来说，其所有者所获得的劳动报酬和经营利润不易区分，这两部分统一作为劳动者报酬处理。

生产税净额　指生产税减生产补贴后的差额。生产税指政府对生产单位生产、销售和从事经营活动以及因从事生产活动使用某些生产要素，如固定资产、土地、劳动力所征收的各种税、附加费和规费。具体包括销售税金及附加、增值税、管理费中开支的各种税、应交纳的养路费、排污费和水电费附加、烟酒专卖上缴政府的专项收入等。生产补贴与生产税相反，是政府对生产单位的单方面收入转移，因此视为负生产税处理，包括政策亏损补贴、粮食系统价格补贴、外贸企业出口退税收入等。

固定资产折旧　指一定时期内为弥补固定资产损耗按照核定的固定资产折旧率提取的固定资产折旧，或按国民经济核算统一规定的折旧率虚拟计算的固定资产折旧。它反映了固定资产在当期生产中的转移价值。各种类型企业和企业化管理的事业单位的固定资产折旧指实际计提并计入成本费用中的折旧费；不计提折旧的单位，如政府机关、非企业化管理的事业单位和居民住房的固定资产折旧则是按照统一规定的折旧率和固定资产原值计算的虚拟折旧。原则上，固定资产折旧应按固定资产的重置价值来计算，但是我国目前尚不具备对全社会固定资产进行重估价的基础，所以暂时只能采用上述方法来计算。

营业盈余　指常住单位创造的增加值扣除劳动者报酬、生产税净额和固定资产折旧后的余额。它相当于企业的营业利润加上生产补贴，但要扣除从利润中开支的工资和福利以及从税后利润中提取的公益金等。

人口　人口数为每年12月31日常住户口人数，不包括户口不在本市的临时户口人数。

出生率（又称粗出生率）　指在一定时期内（通常为一年）平均每千人所出生的人数的比率，一般用千分率表示。计算公式：

$$出生率=\frac{年出生人数}{年平均人数}\times 1000‰$$

出生人数是指活产婴儿，即胎儿脱离母体时（不管怀孕月数），有过呼吸或其他生命现象。

年平均人数是年初、年底人口数的平均数，也可用年中人口数代替。

死亡率（又称粗死亡率）　指在一定时期内（通常为一年）一定地区的死亡人数与同期平均人数（或期中人数）之比，一般用千分率表示。计算公式：

$$死亡率=\frac{年死亡人数}{年平均人数}\times 1000‰$$

人口自然增长率 指在一定时期内(通常为一年)人口自然增加数(出生人数减死亡人数)与该时期内平均人数(或期中人数)之比,一般用千分率表示。计算公式:

$$人口自然增长率=\frac{(本年出生人数-本年死亡人数)}{年平均人数}\times 1000‰$$

$$人口自然增长率=人口出生率-人口死亡率$$

从业人员 指从事一定社会劳动并取得劳动报酬或经营收入的全部劳动力。包括:

(1)全部职工;

(2)城镇私营企业从业人员;

(3)城镇个体劳动者;

(4)农村社会劳动者;

(5)其他社会劳动者。

这一指标反映了一定时期内全部劳动力资源的实际利用情况,是研究我国基本国情国力的重要指标。

各单位的从业人员是指在各级国家机关、政党机关、社会团体及企业、事业单位中工作,取得工资或其他形式的劳动报酬的全部人员。包括在岗职工、再就业的离退休人员、民办教师以及在各单位中工作的外方人员和港、澳、台方人员。

各单位的从业人员反映了各单位实际参加生产或工作的全部劳动力。

在岗职工 指在本单位工作并由单位支付工资的人员,以及有工作岗位,但由于学习、病伤产假等原因暂未工作,仍由单位支付工资的人员。

离开本单位仍保留劳动关系的职工 指由于各种原因,已经离开本人的生产或工作岗位,并已不在本单位从事其他工作,但仍与用人单位保留劳动关系的职工。

离开本单位仍保留劳动关系职工的生活费 指离开本单位仍保留劳动关系职工在离开本单位仍保留劳动关系期间从本单位领取的生活费用。

城镇失业人员 指有非农业户口,在一定的劳动年龄内(16 岁以上及男 50 岁以下、女 45 岁以下),有劳动能力,无业而要求就业,并在当地就业服务机构进行待业登记的人员。

职工工资总额 指各城镇集体以上单位在一定时期内直接支付给本单位全部职工的劳动报酬总额。工资总额包括计时工资、计件工资、奖金、各种津贴和补贴、加班加点工资、特殊情况下支付的工资(其他工资)等。既包括货币形式支付的,也包括实物形式支付的。计划生育独生子女补贴等 15 种特殊收入不包括。

工资总额的计算原则应以直接支付给职工的全部劳动报酬为依据。各单位支付给职工的劳动报酬以及其他根据有关规定支付的工资,不论是计入成本的还是不计入成本的,不论是按国家规定列入计征奖金税项目的,还是未列入计征奖金税项目的,不论是以货币形式支付的还是以实物形式支付的,均包括在工资总额内。

在岗职工平均工资 指城镇集体以上企业、事业、机关单位的在岗职工在一定时期内平均每人所得的工资额。它表明一定时期在岗职工工资收入的高低程度,是反映职工工资水平的主要指标。计算公式为:

$$在岗职工平均工资=\frac{报告期实际支付的在岗职工工资总额}{报告期在岗职工平均人数}$$

城镇居民家庭就业人口 指城镇居民从事社会劳动并取得劳动报酬或经营收入的人口。就业人口包括通过国家统筹规划和指导由劳动部门介绍就业,自愿组织起来就业和自谋职业等方式,在国有、集体所有制、中外合资、中外合作、外资在华独资的企事业单位和私营企业单位工作或从事个体劳动的有固定性职业或临时性职业的人口。被聘用和留用的离退休人员也计入就业人口。本指标可以反映城镇居民的就业情况,是计算就业面、负担系数的重要资料。

可支配收入 指调查户在调查期内获得的、可用于最终消费支出和储蓄的总和,即调查户可以用来自由支配的收入。可支配收入既包括现金,也包括实物收入。按照收入的来源,可支配收入包含四项,分别为:工资性收入、经营净收入、财产净收入和转移净收入。计算公式为:

可支配收入=工资性收入+经营净收入+财产净收入+转移净收入

其中:经营净收入=经营收入-经营费用-生产性固定资产折旧-生产税

财产净收入=财产性收入-财产性支出

转移净收入=转移性收入-转移性支出

工资性收入 指就业人员通过各种途径得到的全部劳动报酬和各种福利,包括受雇于单位或个人、从事各种自由职业、兼职和零星劳动得到的全部劳动报酬和福利。

经营净收入 指住户或住户成员从事生产经营活动所获得的净收入,是全部经营收入中扣除经营费用、生产性固定资产折旧和生产税之后得到的净收入。计算公式具体为:

经营净收入=经营收入-经营费用-生产性固定资产折旧-生产税

财产净收入 指住户或住户成员将其所拥有的金融资产、住房等非金融资产和自然资源交由其他机构单位、住户或个人支配而获得的回报并扣除相关的费用之后得到的净收入。财产净收入包括利息净收入、红利收入、储蓄性保险净收益、转让承包土地经营权租金净收入、出租房屋净收入、出租其他资产净收入和自有住房折算净租金等。

财产净收入不包括转让资产所有权的溢价所得,这应该计入“非收入所得”。

转移净收入 计算公式为:转移净收入=转移性收入-转移性支出

转移性收入 指国家、单位、社会团体对住户的各种经常性转移支付和住户之间的经常性收入转移。包括养老金或退休金、社会救济和补助、政策性生产补贴、政策性生活补贴、经常性捐赠和赔偿、报销医疗费、住户之间的赡养收入,以及本住户非常住成员寄回带回的收入等。

转移性收入不包括住户之间的实物馈赠。

转移性支出指调查户对国家、单位、住户或个人的经常性或义务性转移支付。包括缴纳的税款、各项社会保障支出、赡养支出、经常性捐赠和赔偿支出以及其他经常转移支出等。

固定资产投资 固定资产投资是指建造和购置固定资产的经济活动,它是社会增加固定资产,扩大生产规模发展国民经济的重要手段,也是提高人民物质文化生活水平的条件。

固定资产投资额是以货币表现的建造和购置固定资产活动的工作量,它是反映固定资产投资规模、速度、比例关系和使用方向的综合性指标。全社会固定资产投资包括国有经济单位投资、城乡集体经济单位投资、各种经济类型的单位投资和城乡居民个人投资等。(从 1999 年起,私营个体投资也纳入了固定资产投资统计范围)。按照我国现行计划管理体制划分,固定资产投资总额分为基本建设、更新改造、房地产开发投资、国有其他固定资产投资、城乡集体经济单位投资(包括城镇集体所有制单位投资和农村集体所有制单位投资)、其他各种经济类型的单位投资(包括联营经济、股份制经济、中外合资经营、中外合作经营、外资、与大陆合资经营、与大陆合作经营、港澳台独资及其他经济类型的单位投资)、城乡居民个人投资(包括城市、县城、镇、工矿区所辖范围内的个人建房和农村个人建房及购买生产性固定资产的投资)和私营个体投资等十个部分。

从 1997 年起,基本建设、更新改造、其他固定资产投资的起报点由 5 万元提高到 50 万元。

房地产开发投资 包括各种经济类型的房地产开发公司、商品房建设公司及其他房地产开发单位统一开发的包括统代建、拆迁还建的住宅、厂房、仓库、饭店、宾馆、度假村、写字楼、办公楼等房屋建筑物和配套的服务设施、土地开发工程,如道路、给水、排水、供电、供热、通讯、平整场地等基础设施工程的投资。包括非房地产企业实际从事房地产开发或经营的活动,不包括单纯的土地交易活动。

固定资产投资资金来源 是指固定资产投资单位在本年内收到的可用于固定资产建造和购置的各种资金。包括上年末结余资金、本年资金来源小计和各项应付款。其中本年资金来源小计又分为国家预算内资金、国内贷款、债券、利用外资、自筹资金和其他资金来源六种。

(1)国家预算内资金分为财政拨款和财政安排的贷款两部分。包括中央财政的基本建设基金(分经营性基金和非经营性基金两部分)、专项支出(如煤代油专项等)、收回再贷(指财政安排的贷款收回再贷)、贴息资金、财政安排的挖潜改造和新产品试制支出、城建支出、商业部门简易建筑支出、不发达地区发展基金等资金中用于固定资产投资的资金;地方财政中由国家统筹安排的资金等。

(2)国内贷款指报告期固定资产投资单位向银行及非银行金融机构借入的用于固定资产投资的各种国内借款。国内贷款包括:银行利用自有资金及吸收的存款发放的贷款、上级主管部门拨入的国内贷款、国家专项贷款(包括煤代油贷款、劳改煤矿专项贷款等)、地方财政专项资金安排的贷款、国内储备贷款、周转贷款等。

(3)债券是企业(公司)或金融机构通过发行各种债券筹集到的用于固定资产投资的资金,包括由银行代理国家专业投资公司发行的重点企业债券和重点建设债券。

(4)利用外资指报告期收到的用于固定资产投资的国外资金(含设备、材料、技术在内),包括外商直接投资、对外借款、外商其他投资。

(5)自筹资金指建设单位报告期收到的,用于固定资产投资的预算外资金,包括中央各部门、各级地方和本单位自有资金。

(6)其他资金来源指报告期收到的除以上各种拨款、借款、自筹资金之外,其他用于固定资产投资的资金。

固定资产投资按国民经济行业分 建设项目归哪个行业,按其建成投产后的主要产品或主要用途及社会经济活动性质来确定。基本建设按建设项目划分国民经济行业,更新改造、其他固定资产投资及城乡集体单位投资根据整个企业、事业单位所属的行业来划分。一般情况下,一个建设项目或一个企业、事业单位只能属于一种国民经济行业。

固定资产投资按建设性质分 建设项目的性质一般分为新建、扩建、改建、迁建、恢复。基本建设按建设项目划分建设性质,更新改造、其他固定资产投资及城乡集体单位投资按整个企业、事业单位的建设情况确定建设性质。

(1)新建一般是指从无到有、"平地起家"新开始建设的单位。有的单位原有的基础很小,经过建设后其新增加的固定资产价值超过原有固定资产价值(原值)三倍以上的也算新建。

(2)扩建一般是指为扩大原有产品的生产能力,在厂内或其他地点增建主要生产车间(或主要工程)、独立的生产线或总厂之下的分厂的企业;事业单位和行政单位在原单位增建业务用房(如学校增建教学用房、医院增建门诊部或病床用房、行政机关增建办公楼等)也作为扩建。

(3)改建一般是指现有企业、事业单位为了技术进步,提高产品质量,增加花色品种,促进产品升级换代,降低消耗和成本,加强资源综合利用和三废治理、劳保安全等,采用新技术、新工艺、新设备、新材料等对现有设施、工艺条件进行技术改造或更新(包括相应配套的辅助性生产、生活福利设施)。有的企业为充分发挥现有生产能力,进行填平补齐而增建不增加本单位主要产品生产能力的车间等,也属于改建。

固定资产投资按产业分 固定资产投资分为第一产业、第二产业、第三产业,它是研究不同用途的固定资产投资之间比例关系的重要指标。基本建设投资、更新改造投资、房地产开发投资、其他固定资产投资及城乡集体投资的用途按国民经济行业来确定。

固定资产投资按构成分 固定资产投资活动按其工作内容和实现方式分为建筑安装工程,设备、工具、器具购置,其他费用三个部分。

(1)建筑安装工程(建安工作量)指各种房屋、建筑物的建造工程和各种设备、装置的安装工程。包括各种房屋建造工程,各种用途设备基础和各种工业窑炉的砌筑工程;为施工而进行的各种准备工作和临时工程以及完工后的清理工作等;铁路、道路的铺设,矿井的开凿及石油管道的架设等;水利工程;防空地下建筑等特殊工程;以及各种机械设备的安装工程;为测定安装工程质量,对设备进行的试行工作。在安装工程中,不包括安装设备本身的价值。

(2)设备、工具、器具购置指购置或自制达到固定资产标准的设备、工具、器具的价值,固定资产的标准按财务部门的规定执行。新建单位、扩建单位的新建车间按照设计和计划要求购置或自制的全部设备、工具、器具,不论是否达到固定资产标准均计入"设备、工具、器具购置"中。

(3)其他费用指除建筑安装工程和设备、工具、器具购置以外的投资完成额。

施工和竣工房屋建筑面积 房屋建筑面积是从房屋外墙线算起的各层平面面积的总和,包括房屋结构(如柱、墙)占用的面积和地下室面积。多层建筑按各自然层面积总和计算,包括房屋内的楼隔层,突出墙面的眺望间、门斗、有柱雨罩的面积。不包括突出墙面结构的构件、艺术装饰等所占的面积,如台阶等。凹阳台、挑阳台按其水平投影面积一半计算建筑面积。

住宅建筑面积 指施工和竣工房屋建设面积中供居住用的施工和竣工房屋建筑面积。

竣工面积 指在报告期内房屋建筑按照设计要求已全部完工,达到住人和使用条件,经验收鉴定合格,正式移交使用单位的建筑面积。

房屋建筑面积竣工率 指一定时期内房屋竣工面积占同期房屋施工面积的比率。它是从房屋建筑施工速度的角度反映投资效果和建筑业经济效益的指标。

新增固定资产 指通过投资活动所形成的新的固定资产价值。包括已经建成投入生产或交付使用的工程价值和达到固定资产标准的设备、工具、器具的价值及有关应摊入的费用。它是以价值形式表示的固定资产投资成果的综合性指标,可以综合反映不同时期、不同部门、不同地区的固定资产投资成果。

建设项目投产率 指一定时期内全部建成投入生产项目个数占同期正式施工项目个数的比率。它是从项目建设速度的角度反映投资效果的指标。

固定资产交付使用率 指一定时期新增固定资产与同期完成投资额的比率。它是反映各个时期固定资产动用速度,衡量建设过程中投资效果的一个综合性指标。

零售价格指数 是反映城乡商品零售价格变动趋势的一种经济指数。零售物价的调整变动直接影响到城乡居民的生活支出和国家的财政收入,影响居民购买力和市场供需平衡,影响消费与积累的比例。因此,计算零售价格指数,可以从一个侧面对上述经济活动进行观察和分析。

居民消费价格指数 是反映一定时期内城乡居民所购买的生活消费品价格和服务项目价格变动趋势和程度的相对数。是综合了城市居民消费价格指数和农民消费价格指数计算取得的。利用居民消费价格指数,可以观察和分析消费品的零售价格和服务价格变动对城乡居民实际生活费支出的影响程度。

城市居民消费价格指数 是反映城市居民家庭所购买的生活消费品和服务项目价格变动趋势及其程度的相对数。编制城市居民消费价格指数,可以观察和分析消费品的零售价格和服务项目价格变动对职工货币工资的影响,作为研究城市居民生活和确定工资政策的依据。

年底自来水生产能力 指年底城建部门管理的自来水厂和自备水源的社会单位取水、净化、送水、出厂输水干管等环节的实际生产能力。

年底供水管道长度 指从送水泵到用户水表之间所有管道的长度。

全年供水总量 指公用自来水厂和自备水源的社会单位全年的供水总量,包括有效供水量及损失水量。

生活用水量 指居民日常生活与公共福利设施的用水量。包括居民、饮食店、旅馆、医院、理发店、浴池、洗衣店、游泳池、商店、学校、机关、部队等单位的用水量。

城市人口用水普及率 指城市用水的非农业人口数(不包括临时人口和流动人口)与城市非农业人口总数之比。计算公式:

$$用水普及率=\frac{城市用水的非农业人口数}{城市非农业人口数}\times 100\%$$

人工煤气生产能力 指城市煤气厂制气、净化、输送等环节的综合实际生产能力。

输气管道长度 指由压缩机、鼓风机、储气罐的出口到用户立管之间的全部管道长度。

全年供气总量 指全年售给各类用户的全部煤气量。包括工业用量、家庭用量和其他用量。

城市用气普及率 指使用煤气(包括人工煤气、液化石油气、天然气)的城市非农业人口数(不包括临时人口和流动人口)与城市非农业人口总数之比。计算公式:

$$城市煤气普及率=\frac{城市用气的非农业人口数}{城市非农业人口总数}\times 100\%$$

年底实有铺装道路长度 指除土路外,路面经过铺装宽度在3.5米以上的道路,包括高级、次高级道路和普通道路。

城市桥梁 指城市范围内,修建在河道上的桥梁和道路与道路立交、道路跨越铁路的立交桥,以及人行天桥。包括永久性桥和半永久性桥,不包括临时性桥、铁路桥、涵洞。

城市下水道总长度 指所有排水总管、干管、支管及暗渠、检查井、连接井进出水口等长度之和。

城市污水日处理能力 指污水处理厂每昼夜处理污水量的设计能力。

年末实有公共汽(电)车 指年底可参加营运的全部车辆数,包括年底营运车辆数和库存查封未参加营运的车辆,不包括非营运车辆,如架线车、油罐车、工程车、货车及其他专用车辆和借人的客运车辆。

营运线路长度 指设置的固定营运线路长度,包括郊区营运线路长度。不包括临时行驶的线路长度。

城市园林绿地面积 指城市公共绿地、专用绿地、生产绿地、防护绿地、郊区风景名胜区的全部面积。

公共绿地 指供游览休息的各种公园、动物园、植物园、陵园以及花园、游园和供游览休息用的林荫道绿地、广场绿地。不包括一般栽植的行道树及林荫道的面积。

农林牧渔业总产值 是以货币表现的农、林、牧、渔业全部产品的总量和对农林牧渔业生产活动进行的各种支持性服务活动的价值。它反映一定时期内农业生产总规模和总成果。

农、林、牧、渔业的统计范围包括辖区内各种经济组织类型、各种系统的全部农林牧渔生产单位和非农行业单位附属的农林牧渔业生产活动单位。军委系统的农林牧渔业生产(除军马外)也包括在内,但不包括农业科学试验机构进行的农业生产。(1)农业包括种植业和其他农业。

种植业包括谷物、豆类、薯类、棉花、油料、糖料、麻类、烟叶、蔬菜、药材、瓜类和其他农作物的种植,以及茶园、桑园、果园的生产经营。

其他农业包括采集野生植物的果实、纤维、树胶、树脂、油料以及柴草、野生药材、菌类等及农民家庭兼营的商品性工业。

(2)林业包括林木的载培(不包括茶园、桑园和果园的栽培、管理和收获等活动)、林产品的采集和村及村以下合作经济和农户的竹木采伐。

(3)牧业包括除渔业养殖以外的一切动物饲养和放牧以及野生动物的捕猎和饲养。

(4)渔业包括水生动物和海藻类植物的养殖和捕捞。

农林牧渔业总产值的计算方法通常是按农林牧渔业产品及其副产品的产量分别乘以各自单位产品价格求得,少数生产周期较长,当年没有产品或产品产量不易统计的,则采用间接方法匡算其产值,然后将四业产品产值及农林牧渔服务业产值相加即为农林牧渔业总产值。

农林牧渔业中间消耗是指农林牧渔业生产经营过程中所消耗的货物和服务的价值,包括物质产品消耗和非物质性服务消耗。物质产品消耗是指农林牧渔业生产过程中所消耗的各种物质产品的价值,包括外购的和计入总产出的自给性物质产品消耗,如种籽、饲料、肥料、农药、燃料、用电量、小农具购置、原材料消耗等;支付物质生产部门的各种服务费包括修理费、生产用外雇运输费、生产用邮电费等,以及其他物质消耗;非物质性服务消耗是指支付给非物质生产部门的各种服务费,如畜禽配种费、畜禽防疫医疗费、科研费、旅馆、车船费、金融服务费、保险服务费、广告费等。

粮食产量　指全社会的产量。包括国有经济经营的、集体统一经营的和农民家庭经营的粮食产量,还包括工矿企业办的农场和其他生产单位的产量。粮食除包括稻谷、小麦、玉米、高粱、谷子及其他杂粮外,还包括薯类和豆类。其产量计算方法,豆类按去豆荚后的干豆计算;薯类(包括甘薯和马铃薯,不包括芋头和木薯)1963 年以前按每 4 公斤鲜薯折 1 公斤粮食计算,从 1964 年开始及以后改为按 5 公斤鲜薯折 1 公斤粮食计算。城市郊区作为蔬菜的薯类(如:马铃薯等)按鲜品计算,并且不作为粮食统计。其他粮食一律按脱粒后的原粮计算。

油料产量　指全部油料作物的生产量。包括花生、油菜籽、芝麻、向日葵籽、胡麻籽(亚麻籽)和其他油料。不包括大豆,也不包括木本油料和野生油料。花生以带壳干花生计算。

水产品产量　指人工养殖的水产品和天然生长的水产品的捕捞量。

猪、牛、羊肉产量　指当年出栏并已屠宰后除去头蹄下水后带骨肉(即胴体重)的重量。

耕地面积　指种植农作物的土地,包括熟地,新开发、复垦、整理地,休闲地(含轮歇地、轮作地);以种植农作物(含蔬菜)为主,间有零星果树、桑树或其他树木的土地;平均每年能保证收获一季的已垦滩地和海涂。临时种植药材、草皮、花卉、苗木等的耕地,以及其他临时改变用途的耕地。

农作物播种面积　指实际播种或移植有农作物的面积。凡是实际种植有农作物的面积,不论种植在耕地上还是种植在非耕地上,均包括在农作物播种面积中。在播种季节基本结束后,因遭灾而重新改种和补种的农作物面积,也包括在内。

农作物产量:指本年度全社会范围内生产的农产品的产量,不论何种经营主体,不论是在耕地上还是在非耕地上种植的农作物产量，都应统计在内。

有效灌溉面积 指具有一定的水源，地块比较平整，灌溉工程或设备已经配套，在一般年景下当年能够进行正常灌溉的耕地面积。

农用化肥施用量 指本年内实际用于农业生产的化肥数量。包括氮肥、磷肥、钾肥和复合肥。化肥施用量要求按折纯量计算数量。折纯法化肥施用量是把氮肥、磷肥和钾肥分别按含氮、含五氧化二磷、含氧化钾的百分之一百成份折算后的数量。复合肥按其所含主要成分折算。

农业机械总动力 指主要用于农、林、牧、渔业的各种动力机械的动力总和。包括耕作机械、排灌机械、收获机械、农用运输机械、植物保护机械、牧业机械、林业机械、渔业机械和其他农业机械[内燃机按引擎马力折成瓦(特)计算，电动机按功率折成瓦(特)计算]。不包括专门用于乡、镇、村、组办工业、基本建设、非农业运输、科学试验和教学等非农业生产方面用的动力机械与作业机械。

农林牧渔业劳动力 指直接参加农林牧渔业生产劳动的劳动力。

期初(末)畜禽存栏头(只)数 指本期期初(末)农村各种合作经济组织和国营农场、家庭农场、农民个人、机关、团体、学校、工矿企业、部队等单位以及城镇居民饲养的大牲畜、猪、羊、家禽等畜禽的存栏头(只)数。

谷物 指籽实主要供作粮食的作物。这类作物包括稻谷、小麦、玉米、谷子、高粱和其他谷物，不包括豆类和薯类作物。

工业 指从事自然资源的开采，对采掘品和农产品进行加工和再加工的物质生产部门。具体包括：

(1)对自然资源的开采，对采矿、晒盐、森林采伐等(但不包括禽兽捕猎和水产捕捞)；

(2)对农副产品的加工、再加工，如粮油加工、食品加工、轧花、缫丝、纺织、制革等；

(3)对采掘品的加工、再加工，如炼铁、炼钢、化工生产、石油加工、机器制造、木材加工等，以及电力、自来水、煤气的生产和供应等；

(4)对工业品的修理、翻新，如机器设备的修理、交通运输工具(包括小卧车)的修理等。

1984年以前农村的村及村以下办工业归属农业，1984年以后划归工业。

规模以上工业统计调查单位 规模以上工业企业是指年主营业务收入在2000万元以上的工业企业。

企业控股情况 根据企业实收资本中某种经济成分的出资人的实际投资情况，或出资人对企业资产的实际控制、支配程度进行分类。具体分为国有控股、集体控股、私人控股、港澳台商控股、外商控股和其他六类。

1. 国有控股：包括：(1)在企业的全部实收资本中，国有经济成分的出资人拥有的实收资本(股本)所占企业全部实收资本(股本)的比例大于50%的国有绝对控股。(2)在企业的全部实收资本中，国有经济成分的出资人拥有的实收资本(股本)所占比例虽未大于50%，但相对大于其他任何一方经济成分的出资人所占比例的国有相对控股；或者虽不大于其他经济成分，但根据协议规定拥有企业实际控制权的国有协议控股。(3)投资双方各占50%，且未明确由谁绝对控股的企业，若其中一方为国有经济成分的，一律按国有控股处理。

2. 集体控股:包括:(1)在企业的全部实收资本中,集体经济成分的出资人拥有的实收资本(股本)所占企业全部实收资本(股本)的比例大于50%的集体绝对控股。(2)在企业的全部实收资本中,集体经济成分的出资人拥有的实收资本(股本)所占比例虽未大于50%,但相对大于其他任何一方经济成分的出资人所占比例的集体相对控股;或者虽不大于其他经济成分,但根据协议规定拥有企业实际控制权的集体协议控股。

3. 私人控股:包括:(1)在企业的全部实收资本中,私人经济成分的出资人拥有的实收资本(股本)所占企业全部实收资本(股本)的比例大于50%的私人绝对控股。(2)在企业的全部实收资本中,私人经济成分的出资人拥有的实收资本(股本)所占比例虽未大于50%,但相对大于其他任何一方经济成分的出资人所占比例的私人相对控股;或者虽不大于其他经济成分,但根据协议规定拥有企业实际控制权的私人协议控股。

4. 港澳台商控股:包括:(1)在企业的全部实收资本中,港澳台商经济成分的出资人拥有的实收资本(股本)所占企业全部实收资本(股本)的比例大于50%的港澳台商绝对控股。(2)在企业的全部实收资本中,港澳台商经济成分的出资人拥有的实收资本(股本)所占比例虽未大于50%,但相对大于其他任何一方经济成分的出资人所占比例的港澳台商相对控股;或者虽不大于其他经济成分,但根据协议规定拥有企业实际控制权的港澳台商协议控股。

5. 外商控股:包括:(1)在企业的全部实收资本中,外商经济成分的出资人拥有的实收资本(股本)所占企业全部实收资本(股本)的比例大于50%的外商绝对控股。(2)在企业的全部实收资本中,外商经济成分的出资人拥有的实收资本(股本)所占比例虽未大于50%,但相对大于其他任何一方经济成分的出资人所占比例的外商相对控股;或者虽不大于其他经济成分,但根据协议规定拥有企业实际控制权的外商协议控股。

隶属关系 指本单位隶属于哪一级行政管理单位。分为:中央、省、市、县级及以下和其他。

中央与地方双重领导的单位,以领导为主的一方来划分中央属或地方属。

县级以上各级中国共产党委员会及其所属各工作部门、县级以上各级人民代表大会机关、县级以上各级人民政府及其所属各工作部门、县级以上各级政治协商会议机关等机关的隶属关系填写本级,如:省政府的隶属关系填“省”。县、乡镇、街道一级的机关以及居委会、村委会的隶属关系填写县级及以下。

隶属于“中央”的单位兴办的集体企业,隶属关系填“其他”;省属以下的企业(单位)办的企业(单位),其隶属关系与企业(单位)本身的隶属关系一致。

无主管部门的单位、本省(自治区、直辖市)在外省(自治区、直辖市)的办事机构所开办的第三产业等单位填“其他”。

工业总产值 指工业企业在报告期内生产的以货币形式表现的工业最终产品和提供工业劳务活动的总价值量。

资产总计 指企业过去的交易或者事项形成的、由企业拥有或者控制的、预期会给企业带来经济利益的资源。

应收账款 指企业因销售商品、提供劳务等经营活动所形成的债权,包括应向客户收取的货款、增值税款和为客户代垫的运杂费等。

存货 指企业在日常活动中持有以备出售的产成品或商品、处在生产过程中的在产品、在生产过程或提供劳务过程中耗用的材料或物料等，通常包括原材料、在产品、半成品、产成品、商品以及周转材料等。

产成品 指企业已经完成全部生产过程并验收入库，可以按照合同规定的条件送交订货单位，或者可以作为商品对外销售的产品。

固定资产合计 指企业为生产商品、提供劳务、出租或经营管理而持有的，使用寿命超过一个会计年度的有形资产。

负债合计 指企业过去的交易或者事项形成的，预期会导致经济利益流出企业的现时义务。

主营业务收入 指企业确认的销售商品、提供劳务等主营业务的收入。

主营业务成本 指企业经营主要业务所发生的成本总额。

销售费用 指企业在销售商品和材料、提供劳务的过程中发生的各种费用，包括保险费、包装费、展览费和广告费、商品维修费、预计产品质量保证损失、运输费、装卸费等以及为销售本企业商品而专设的销售机构（含销售网点、售后服务网点等）的职工薪酬、业务费、折旧费等经营费用。

管理费用 指企业为组织和管理企业生产经营所发生的费用，包括企业在筹建期间内发生的开办费、董事会和行政管理部门在企业经营管理中发生的，或者应当由企业统一负担的公司经费等。

财务费用 指企业为筹集生产经营所需资金等而发生的筹资费用，包括企业生产经营期间发生的利息支出（减利息收入）、汇兑损失（减汇兑收益）以及相关的手续费等。

利润总额 指企业在一定会计期间的经营成果，是生产经营过程中各种收入扣除各种耗费后的盈余，反映企业在报告期内实现的盈亏总额。

建筑业统计范围 统计范围为各省、自治区、直辖市辖区内具有建筑业资质的所有独立核算建筑业企业（包括没有工作量的建筑业企业）及所属产业活动单位；国务院各有关部门（或企业）直属的具有建筑业资质的所有独立核算建筑业企业。建筑业企业资质执行住房和城乡建设部新的资质管理办法。

签订合同额 指建筑业企业在报告期直接同建设单位签订的各种国内工程合同的总价款和以前年度同建设单位签订的各种国内工程合同的未完工程跨入本年度继续施工工程合同的总价款余额。

上年结转合同额 指以前年度同建设单位签订合同的未完工程跨入本年度继续施工工程合同的总价款余额。

本年新签合同额 指建筑业企业在报告期内同建设单位直接新签订的各种国内工程合同的总价款，不包括与其他建筑业企业新签的分包合同额。

建筑业总产值 指以货币表现的建筑业企业在一定时期内生产的建筑业产品和服务的总和。建筑业总产值包括建筑工程产值、安装工程产值和其他产值三部分内容。

建筑工程产值 指列入建筑工程预算内的各种工程价值，包括：

（1）各种房屋如厂房、仓库、办公室、住宅、商店、学校、医院、俱乐部、食堂、车库、招待所等房屋建筑，按照当前预算制度规定，列入房屋工程预算内的暖气、卫生、通风、照明、煤气等设备价值及其装饰油漆工程，以及列入建筑工程预算内的各种管道（如蒸汽、压缩空气、石油、给排水等管道），电力、电讯电缆导线的敷设等工程。

(2)设备基础、支柱、操作平台、梯子、烟囱、凉水塔、水池、灰塔等建筑工程、炼焦炉、裂解炉、蒸汽炉等各种窑炉的砌筑工程及金属结构工程。

(3)为施工而进行的建筑场地的布置,工程地质勘探,原有建筑物和障碍物的拆除及平整土地,施工临时用水、电、汽、道路工程,以及完工后建筑场地的清理,环境绿化工作等。

(4)矿井的开凿、井巷掘进延伸、露天矿的剥离、石油、天然气钻井工程和铁路、公路、港口、桥梁等工程。

(5)水利工程,如水库、堤坝、灌渠以及河道整治等工程。

(6)防空、地下建筑等特殊工程。

(7)装饰装修工程。

安装工程产值 指设备安装工程价值,包括:

(1)生产、动力、起重、运输、传动和医疗、实验等各种需要安装设备的装配和安装与设备相连的工作台、梯子、栏杆等装设工程,附属于被安装设备的管线敷设工程、被安装设备的绝缘、防腐、保温、油漆等工作。

(2)为测定安装工作质量,对单个设备、系统设备进行单机试运和系统联动无负荷试运工作。

在设备安装产值中,不得包括被安装设备本身价值。

其他产值 建筑业总产值中除建筑工程、安装工程以外的产值。包括房屋构筑物修理产值、非标准设备制造产值、总包企业向分包企业收取的管理费以及不能明确划分的施工活动所完成的产值。

房屋构筑物修理产值:指房屋和构筑物的修理所完成的产值,但不包括被修理房屋、构筑物本身价值和生产设备的修理价值。

非标准设备制造产值:指加工制造没有定型的非标准生产设备的加工费和原材料价值(如化工厂、炼油厂用的各种罐、槽,矿井生产统一使用的各种漏斗、三角槽、阀门等)以及附属加工厂为本企业承建工程制作的非标准设备的价值。

房屋施工面积 指报告期内施工的全部房屋建筑面积。包括本期新开工的房屋建筑面积、上期跨入本期继续施工的房屋建筑面积、上期停缓建在本期恢复施工的房屋建筑面积、本期竣工的房屋建筑面积以及本期施工后又停缓建的房屋建筑面积。多层建筑应填各层建筑面积之和。

房屋新开工面积 指报告期内新开工建设的房屋建筑面积,以单位工程为核算对象,即整栋房屋的全部建筑面积,不能分割计算。不包括在上期开工跨入报告期继续施工的房屋建筑面积和上期停缓建而在本期恢复施工的房屋建筑面积。房屋的开工应以房屋正式开始破土刨槽(地基处理或打永久桩)的日期为准。

房屋建筑竣工面积 指报告期内房屋建筑按照设计要求已全部完工,达到住人和使用条件,经验收鉴定合格或达到竣工验收标准,可正式移交使用的各栋房屋建筑面积的总和。

货(客)运量 指在一定时期内,各种运输工具实际运送的货物(旅客)数量。是反映运输业为国民经济和人民生活服务的数量指标,也是制定和检查运输生产计划,研究运输发展规模和速度的重要指标。货运按吨计算,客运按人计算。货岷物不论运输距离长短,货物类别,均按实际重量统计;旅客不论行程远近或票价多少,均按一人一次作为客运量统计。半价票、小孩票也按一人统计。

货物(旅客)周转量 指在一定时期内,由各种运输工具运送的货物(旅客)数量与其相应运输距离的乘积之总和，是反映运输业生产总成果的重要指标，也是编制和检查运输生产计划，计算运输效率、劳动生产率以及核算运输单位成本的主要基础资料。通常以吨公里和人公里为计算单位。计算货物周转量通常按发出站与到达站之间的最短距离，也就是计费距离计算。

港口货物吞吐量 指由水运进出港区范围，并经过装卸的货物数量，包括邮件及办理托运手续的行李、包裹以及补给运输船舶的燃、物料和淡水。其计量单位为吨。货物吞吐量的货种分类及其主要流向流量，反映了港口在国内外物资交流和对外贸易运输中的地位和作用。吞吐量可以分为进口、出口，又可以分为国内贸易和对外贸易。

邮电业务总量 指以货币表现的邮电部门用于传递信息和提供其他邮电服务的总数量。它综合反映了一定时期邮电工作的总成果，是研究邮电业务量构成发展趋势的重要指标。根据邮电管理体制不同，分为中央国营业务总量和地方国营业务总量。它用各种邮电分类业务量，如函件件数、电报份数、长话张数、市内电话和农村电话的年均户数、订销报刊累计份数等，分别乘以相应的平均单价（不变价），加总后再加上出租电路和设备的收入、代用户维护电话交换机和线路等设备的收入、其他业务收入求得。

无线寻呼电话用户 指携带小型寻呼机，接收市话用户通过无线寻呼中心，在规定范围内向其发出声音、数字或文字显示信息的用户。目前在邮电部门办理登记手续的无线寻呼电话用户，每一部寻呼机按一户计算。

移动电话用户 指在邮电部门登记，通过移动电话交换机进入移动电话网、占有移动电话号码的电话用户。用户数量以实际办理登记手续进入邮电部门移动电话网的户数进行计算，一部或一台移动电话统计为一户。

社会消费品零售总额 指企业（单位、个体户）通过交易直接售给个人、社会集团非生产、非经营用的实物商品金额，以及提供餐饮服务所取得的收入金额。个人包括城乡居民和入境人员，社会集团包括机关、社会团体、部队、学校、企事业单位、居委会或村委会等。

商品购进额 指从本企业以外的单位和个人购进（包括从国外直接进口）作为转卖或加工后转卖的商品金额（含增值税）。本指标反映批发和零售业从国内外市场上购进商品的总价。

商品购进包括：(1)从工农业生产者、批发和零售业、住宿和餐饮业、出版社或报社的出版发行部门和其他服务业等企事业单位和个体经营户购进的商品；(2)从机关、社会团体购进的商品；(3)从海关、市场管理部门购进的缉私和没收的商品；(4)从居民收购的废旧商品等。

不包括：(1)企业为本单位自身经营用，不是作为转卖而购进的商品，如材料物资、包装物、低值易耗品、办公用品等；(2)未通过买卖行为而收入的商品，如接受其他部门移交的商品、借入的商品、收入代其他单位保管的商品、其他单位赠送的样品、加工回收的成品等；(3)经本单位介绍，由买卖双方直接结算，本单位只收取手续费的业务；(4)销售退回和买方拒付货款的商品；(5)商品溢余；(6)期货交易商品。购进的各种商品，不论是否进入本单位仓库，凡是通过本企业结算货款的，都包括在内。从国内购进的商品，以进货全价计算商品购进，包括原始进价（或农副产品收购价）和购入环节缴纳的各项税金（包括增值税），企业购进商品发生的购进折扣、退回和折让，及购进商品发生的经确认的索赔收入，冲减商品购进金额。进口商品的国外进价按到岸价格(*CIF*)、折合成人民币计算,如果对外合同以离岸价格(*FOB*)成交,商品离开对方口岸后,应由我方企业负担的各项费用也包括在商品购进的金额内,但不包括到达我国口岸后发生的各项费用,收入的进口佣金冲减购进金额,不包括不易按商品认定的佣金金额。企业委托其他单位代理进口的商品,其购进金额为实际支付给代理单位的全部价款。

商品销售额 指对本单位以外的单位和个人出售的商品金额(包括售给本单位消费用的商品,含增值税),在批发和零售业中,本指标反映在国内市场上销售商品以及出口商品的总价。商品销售包括:(1)售给个人和社会集团消费用的商品;(2)售给农业、工业、建筑业、服务业等国民经济各行业用于生产、经营用的商品,包括售予批发和零售业作为转卖或加工后转卖的商品;(3)对国(境)外直接出口的商品。

商品销售不包括:(1)未通过买卖行为付出的商品,如因机构变动移交给其他企业单位的商品、借出的商品、归还受其他单位委托代保管的商品、付出的加工原料和赠送给其他单位的样品等;(2)促销返券所销售的、不计入营业收入的商品;(3)经本单位介绍,由买卖双方直接结算,本单位只收取手续费的业务;(4)未发生所有权转移的商品预付卡销售,如加油卡;(5)汽车维修、电话卡销售等服务性经济活动;(6)购货退回的商品;(7)商品损耗和损失;(8)出售本单位自用的废旧物资;(9)期货交易商品;(10)自来水供应企业、电力企业、天然气供应企业提供的水、电、气。

商品销售是指商品已经售出、商品所有权已经转移给买方后,以收到货款或取得收取货款的证据时作为商品销售。(1)采取直接收款方式的,在实际收到货款或取得收款的凭证时作为商品销售;采取托收承付和委托银行收款结算方式的,在发出商品并办妥托收手续时作为商品销售;采用分期收款方式的,按合同约定的收款日期作为商品销售;采用预收货款方式的,在商品发出时作为商品销售;(2)委托其他单位代销商品,以收到代销单位的销售清单时作为商品销售。在交款提货的情况下,如货款已经收到,只要账单和提货单已经交给买方,不论商品是否发出,都应作为商品销售;(3)出口商品销售,陆路以取得承运货物收据或铁路联运运单、海运以取得出口装船提单、空运以取得运单并在银行办理了交单作业作为商品销售。预收货款不通过银行交单的,取得以上提单、运单后作为商品销售。出口商品一律以离岸价(*FOB*)计算商品销售,如按到岸价(*CIF*)对外成交的,应扣除商品离境后发生的由我方负担的国外运费、保险费、佣金(不包括不易按商品认定的累计佣金)、银行财务费和对外理赔款等作为商品销售;(4)自营进口商品销售,企业与境内用户签订合同实行货到结算的,在商品到达我国境内港口取得船舶到港通知,企业向订货单位开出结算凭证时作为商品销售;合同规定对境内实行单向结算的,企业凭境外账单向订货单位开出结算凭证时作为商品销售;已先期到达并存放在相应的仓储企业单位库存的进口商品,企业凭出库单向用户开出结算凭证后作为商品销售。

期末商品库存额 对于批发和零售业法人单位和个体经营户,是指报告期末取得所有权的全部商品金额(含增值税);对于批发和零售业产业活动单位,是指报告期末实际在库且归属法人具有所有权的全部商品金额(含增值税)。这个指标反映批发和零售业的商品库存情况,以及对市场商品供应的保证程度。

库存商品包括:(1)存放在本单位(如门市部、批发站、采购站、经营处)的仓库、货场、货柜和货架中的商品;(2)挑选、整理、包装中的商品;(3)已记入购进而尚未运到本单位的商品,即发货单或银行承兑凭证已到而货未到的商品;(4)寄放他处的商品,如因购货方拒绝付款而暂时存在购货方的商品;(5)委托其他单位代销(未作销售或调出)尚未售出的商品;(6)代其他单位购进尚未交付的商品。

库存商品不包括:(1)所有权不属于本单位的商品,如商品已作销售但买方尚未取走的商品,代替他人保管、运输、加工的商品,代其他单位销售(未做购进或调入)而未售出的商品;(2)委托外单位加工的商品(包括本单位所属加工厂和其他生产单位加工生产尚未收回成品的商品);(3)外贸企业代理其他单位从国外进口,尚未付给订货单位的商品;(4)代国家储备部门保管的商品。

库存商品金额可以采用进价或售价进行核算。采用进价核算的商品,应按商品进货原则(或实际采购成本)计算期末库存;采用售价核算的商品,应按商品的售价计算期末库存。购入的商品,在商品到达验收入库后计算期末库存(对已记入购进尚未运到的商品,也可计算期末库存);对于月终尚未开出承兑商业汇票的入库商品,按应付给供货单位的价款暂估计算期末库存;年度终了,凡已转入库存和已作销售的进口商品,属于国外以离岸价格成交、有应付未付国外运保费的,应先估计期末库存,委托其他单位代销的商品包括在期末库存中;委托外单位加工的商品,在发出商品时作减少期末库存,当加工商品收回时增加期末库存(包括商品进货原价、加工费用、加工税金等)。

从事批发和零售业活动的从业人员平均人数 指报告期内(年度、季度、月度)平均拥有的从事批发和零售业活动的人员数。包括参加企业批发和零售经营活动的正式人员,劳务派遣人员和其他临时人员。对于不属于与企业主营业务高度相关的活动,如利用本单位的车辆、仓储等设施进行的运输、仓库活动,但主要为本企业主营业务活动提供服务的人员,也视为直接从事主营业务活动人员。不包括在本企业领取工资、股息、红利未参加主营业务活动的人员;不包括医疗、教育等为企业提供社会性服务活动的人员。计算方法同从业人员平均人数。

从事住宿和餐饮业活动的从业人员平均人数 指报告期内(年度、季度、月度)平均拥有的从事住宿和餐饮业活动的人员数。包括参加企业住宿和餐饮经营活动的正式人员,劳务派遣人员和其他临时人员。对于不属于与企业主营业务高度相关的活动,如利用本单位的车辆、仓储等设施进行的运输、仓库活动,但主要为本企业主营业务活动提供服务的人员,也视为直接从事主营业务活动人员。不包括在本企业领取工资、股息、红利未参加主营业务活动的人员;不包括医疗、教育等为企业提供社会性服务活动的人员。计算方法同从业人员平均人数。

进出口总额 海关进出口总额指实际进出我国国境的货物总金额。包括对外贸易实际进出口货物,来料加工装配进出口货物,国家间、联合国及国际组织无偿援助物资和赠送品,华侨、港澳台同胞和外籍华人捐赠品,租赁期满归承租人所有的租赁货物,进料加工进出口货物,边境地方贸易及边境地区小额贸易进出口货物(边民互市贸易除外),中外合资经营企业、中外合作经营企业、外商独资经营企业进出口货物和公用物品,到、离岸价格在规定限额以上的进出口货样广告品(无商业价值、无使用价值和免费提供出口的除外),从保税仓库提取在中国境内销售的进口货物以及其他进出口货物。进出口总额用以观察一个国家在对外贸易方面的总规模。我国规定出口货物按离岸价格统计,进口货物按到岸价格统计。

商品经营单位所在地进出口额 指所在地海关注册登记的有进出口经营权企业实际进出口额。

商品目的地进口额和商品货源地出口额目的地进口额 是指进口货物的消费、使用或最终抵运地的实际进口额,货源地出口额是指出口货物的产地或原始发货地的实际出口额。

利用外资 指我国各级政府、部门、企业和其他经济组织通过对外借款、吸收外商直接投资以及用其他方式筹措的境外现汇、设备、技术等。

对外借款 是我国利用外资的主要部分。包括我国通过外国政府贷款,国际金融组织贷款,外国银行商业贷款,出口信贷以及对外发行债券,股票等方式从境外筹措的资金。

外商直接投资 是指外国企业和经济组织或个人(包括华侨、港澳台胞以及我国在境外注册的企业)按我国有关政策、法规,用现汇、实物、技术等在我国境内开办外商独资企业、与我国境内的企业或经济组织共同举办中外合资经营企业、合作经营企业或作合作开发资源的投资(包括外商投资效率的再投资)以及经政府有关部门批准的项目投资总额内,企业从境外借入的资金。

对外承包工程 包括各对外承包公司以招标议标承包方式承揽的下列业务:

(1)承包国外工程建设项目;

(2)承包我国对外经援项目;

(3)承包我国驻外机构的工程建设项目;

(4)承包我国境内利用外资进行建设的工程项目;

(5)与外国承包公司合营或联合承包工程项目时我国公司分包部分;

(6)以服务成果向业主收费的技术服务项目(包括承担地形地貌测绘;地质资源勘探与普查;建设区域规划;提供设计文件、图纸、生产工艺技术资料和工程技术经济咨询;工程项目的可行性考察、研究和评估;进行技术指导和培训人员等);

(7)对外承包兼营的房屋开发业务。对外承包工程的营业额是以货币表现的本期内完成的对外承包簭程的工作量,包括以前年度签订的合同和本年度新签订的合同在报告期完成的工作量。

对外劳务合作 指以收取工资的形式向业主或承包商提供技术和劳动服务的活动。我国对外承包公司在境外开办的合营企业,中国公司同时又提供劳务的其劳务部分也纳入劳务合作统计。劳务合作营业额按报告期内向雇主提交的结算数(包括工资、加班费和奖金等)统计。

入境游客人数 是指报告期内来我国观光、度假、探亲访友、就医疗养、购物、参加会议或从事经济、文化、体育、宗教活动的外国人、港澳台同胞等海外游客。

旅游外汇收入 海外旅游者在中国(大陆)境内旅行、游览过程中用于交通、参观游览、住宿、餐饮、购物、娱乐等全部花费。

星级饭店数 是指由国家旅游部门认可或评定的一星以上的饭店。

财政总收入 即财政预算内总收入,包括按财政体制划分的中央收入和地方财政一般预算内收入。中央收入包括:一般增值税75%、一般消费税、企业所得税与个人所得税中央分享部分。

保费 又叫保险费。是保险人根据保险合同的有关规定,为被保险人取得因约定危险事故发生所造成的经济损失补偿(或给付)权利,付给保险人的代价。包括财产险和人身险储金收入。

赔款 保险事故发生后,经查证确属保险责任范围以内的保险标的损失,保险人根据保险合同的规定履行赔偿义务，给予被保险人的款项叫做赔款。赔款可分为已决赔款和未决赔款两种。

文化事业机构 指从事专业文化工作和为专业文化工作服务的独立建制的单独核算的单位。不包括这些单位另外举办独立核算的其他机构和各部门的业余文化组织。

艺术表演团体 指从事戏曲、音乐、舞蹈、杂技等专业艺术表演，有独立帐户，实行单独核算的团体。不包括半工半艺、半农半艺和民间职业剧团。

电影放映单位 指具有放映机器设备、固定或不固定的放映场所与专职与兼职的放映技术人员，经有关部门登记批准，经常为一定的观众对象放映电影的机构。包括批准对外开放进行营业，并与电影发行放映管理机构分帐的专用放映单位和军委系统租片单位。

艺术表演观众人数(人次) 指售票、包场演出或民族地区免费演出的艺术表演观众人次数。不包括彩排审查和内部观摩演出的观看人次数。

医院 指名称为医院，设有固定床位能收容病人住院并能为病人提供医疗、护理服务的医疗机构。包括县及县以上医院、农村乡卫生院、其他医院三部分。按所属性质分为卫生部门、工业及其他部门，集体经济单位三类。其中县及县以上医院按业务性质分为综合医院和专科医院。

卫生技术人员 指卫生事业机构支付工资的全部固定职工和合同制职工中现任职务为卫生技术工作的专业人员。包括中医师、西医师、中西医结合高级医师护师、中药师、西药师、检验师、其他技师、中医士、西医士、护士、助产士、中药剂士、西药剂士、检验士、其他技士、其他中医、护理员、中药剂员、西药剂员、检验员，其他初级卫生技术人员。

医生 指经卫生部门审查合格，从事医疗工作的专业人员。分为中医医生和西医医生。包括卫生技术人员中的中医师、西医师、中西结合高级医师、中医士西医士和其他中医。

工业废水排放量 指经过企业厂区所有排放口排到企业外部的工业废水量。包括生产废水、外排的直接冷却水、超标排放的矿井地下水和与工业废水混排的厂区生活污水，不包括外排的间接冷却水(清污不分流的间接冷却水应计算在内)。

工业废水排放达标量 指各项指标都达到国家或地方排放标准的外排工业废水量，包括未经处理外排达标的和经过处理后外排达标的两部分。国家排放标准见 *GB*8978－88。

工业废水处理量 指报告期内各种水治理设施实际处理的工业废水量，包括处理后外排的和处理后回用的工业废水量。虽经处理但未达到国家或地方排放罖准的废水量也应计算在内。计算时，如遇有车间和厂排放口均有治理设施，并对同一废水分级处理时，不应重复计算工业废水处理量。

工业废气排放量 指企业厂区内燃料燃烧和生产工艺过程中产生的各种排入空气的含有污染物的气体的总量，以标准状态[273*K*,101325*Pa*]计。

二氧化硫排放量 指企业在燃料燃烧和生产工艺过程中排入大气的二氧化硫量。

工业烟尘排放量 指企业厂区内的燃料燃烧产生的烟气中夹带的颗粒物的量。

工业粉尘排放量 指企业在生产工艺过程中排放的颗粒物重量。如钢铁企业的耐火材料粉尘、焦化企业的筛焦系统粉尘、烧结机的粉尘、石灰窑的粉尘、建材企业的水泥粉尘等。不包括电厂排入大气的烟尘。

工业固体废物产生量 指企业在生产过程中产生的固体状、半固体状和高浓度液体状废弃物的总量，包括危险废物、冶炼废渣、粉煤灰、炉渣、煤矸石、矿、放射性废物和其他废物等；不包括矿山开采的剥离废石和掘进废石（煤矸石和呈酸性或碱性的废石除外）。酸性或碱性废石是：指采掘的废石其流经水、雨淋水的 *pH* 值小于 4 或 *pH* 值大于 105 者。

工业固体废物处置量 指将固体废物焚烧或者最终置于符合环境保护规定要求的场所并不再回取的工业固体废物量（包括当年处置往年的工业固体废物累计贮存量）。处置方法如：填埋（其中危险废物应安全填埋）、焚烧、专业贮存场（库）封场处理、深层灌注、回填矿井等。

工业固体废物排放量 指将所产生的固体废物排到固体废物污染防治设施、场所以外的量。不包括矿山开采的剥离废石和掘进废石（煤矸石和呈酸性或碱性的废石除外）。

“三废”综合利用产品产值 指利用“三废”（废液、废气、废渣）作为主要原料生产的产品产值（现行价），已经销售或准备销售的，应计算产品产值；但留作生产上自用的，不应计算产品产值。

“三废”综合利用产品利润 指利用“三废”（废液、废气、废渣）生产的产品，销售后所得到的利润。

环境污染与破坏事故 指由于违反环境保护法规的经济、社会活动与行为，以及意外因素的影响或不可抗拒的自然灾害等原因，致使环境受到污染，国家重点保护的野生动植物、自然保护区受到破坏，人体健康受到危害，社会经济和人民财产受到损失，造成不良社会影响的突发性事件。

景气指数 亦称景气度，是对企业景气调查中的定性指标通过定量方法加工汇总，综合反映某一特定调查群体或某一社会现象所处的状态或发展趋势的一种指标。景气指数介于 0 – 200 之间，100 为景气指数的临界值，当景气指数大于 100 时，表明经济状况趋于上升或改善，当景气指数小于 100 时，表明经济状况趋于下降或恶化，处于不景气状态。更为细致的划分为：0 – 100 为不景气区间，100 – 120 为较景气区间，120 – 150 为较高景气区间，150 – 200 为高景气区间。

企业景气指数 亦称企业综合生产经营景气指数，是根据企业家对本企业综合生产经营情况的判断和预期（通常为对“良好”、“一般”、“不佳”的选择）而编制的指数，用以综合反映企业的生产经营状况。

原煤 指煤矿生产的、经过验收符合质量标准的原煤。即：从毛煤中选出规定粒度的矸石（包括黄铁矿等杂物）、绝对干燥灰分在 40% 以下的原煤。绝对干燥灰分虽在 40% 以上，但经有关部门批准开采，并有消费需求的劣质煤，亦应计入原煤产量。原煤分为无烟煤、烟煤、褐煤，在烟煤中又分为炼焦烟煤和一般烟煤两种。原煤不包括石煤、泥煤（泥炭）和伴随原煤生产过程而采出的煤矸石。

无烟煤 指煤化程度高的原煤。其特点是挥发分低、密度大、燃点高、碳含量高、无粘结性，燃烧时多不冒烟。通常作为民用燃料，也可直接用于小型高炉炼铁等。无烟煤的干燥无灰基挥发分质量分数一般在 10% 以下。

烟煤 指煤化程度低于无烟煤而高于褐煤的原煤。其特点是挥发分产率范围宽，干燥无灰基挥发分质量分数一般在 10 – 40% 之间，其中若干燥无灰基挥发分质量分数在 37% 至 40% 之间时，透光率大于 50% 者为烟煤。。烟煤主要分为炼焦烟煤和一般烟煤。

炼焦烟煤 指主要可用于炼焦的烟煤，包括焦煤、1/3 焦煤、肥煤、气肥煤、气煤、瘦煤、贫瘦煤、其他炼焦的烟煤。

一般烟煤 指除炼焦的烟煤以外的烟煤，包括贫煤、弱粘煤、不粘煤、长焰煤、1/2 中粘煤、其他一般烟煤。

褐煤 指煤化程度低的煤，其外观多呈褐色，光泽暗淡，水分含量高，在空气中易于风化。褐煤的干燥无灰基挥发分质量分数一般在 37% 以上，透光率小于等于 50%。褐煤多作发电燃料，也可作气化原料和锅炉燃料，有的可用来制造磺化煤、活性碳、褐煤蜡的原料。

洗煤 指将原煤经过洗选和筛选等加工后，清除或减少灰分、矸石、硫分等杂质，并按不同煤种、灰分、热值和粒度分等级的煤。

洗精煤（用于炼焦） 指原煤经洗选加工后，灰分较低、热值较高的用于炼焦的洗选煤产品，一般为炼焦选煤厂洗选产出。用于炼焦的洗精煤灰分较低，一般不超过 12.5%。

其他洗煤 指除用于炼焦的洗精煤以外的其他洗选煤产品。

煤制品 指以原煤为原料制成的各种煤制品，包括水煤浆、型煤、煤粉等。

原油 指各种碳氢化合物的复杂混合物，通常呈暗褐色或者黑色液态，少数呈黄色、淡红色、淡褐色。

天然气 指以气态碳氢化合物为主的各种气体的混合物，由有机物质经生物化学作用分解而成，或与石油共存于岩石的裂缝和空洞中，或以溶解状态存在于地下水中；主要成分为甲烷（约占 85%—95%），还有乙烷、丙烷、丁烷等，是一种优质燃料和化工原料。天然气分为常规天然气和非常规天然气。

液化天然气 指液体状态的天然气，由气态天然气在一定温度和压力条件下液化而成，无毒、无色、无味，在 -161℃ 下的密度约为 425 千克/立方米。天然气在常温、常压状态为气态，占有的体积大，不利于储存，液化后体积只有气态的 1/600 左右。天然气的主要成分——甲烷的临界温度为 -82℃，故在常温下不可能通过压缩而将其液化。而当将甲烷冷却到 -161℃ 以下时，在常压下即转化为液体，即液化天然气（*LNG*）。

原油加工量 指直接进入蒸馏装置及二次加工装置加工的原油量。该指标是衡量炼化企业生产规模、能力的一项基础指标，也是炼化企业计算各项技术经济指标的重要依据。因此，原油加工量作为一个特殊的指标在产品产量中统计。

计算原油加工量必须具有一定的计量手段，一般用流量计计量，在计量表误差较大的情况下，也可以用罐检尺方法计量，但不允许用产出量倒算。

汽油 指直馏汽油和二次加工（如催化裂化、加氢裂化，催化重整和经精制的热裂化、焦化等）汽油，按不同比例调和，加入适量抗氧防胶剂及金属钝化剂，必要时加入适量的抗爆剂（如加入抗爆剂还要加入着色剂）而制成。本品为易燃、易挥发液体，具有良好的抗爆性能和燃烧性能，其蒸发性好，燃烧完全，积炭少，对发动机部件及储油容器无腐蚀性，由于加有抗氧剂，产品具有较好的安定性，不易过早氧化。

煤油 包括灯用煤油、航空煤油。

柴油 指直馏柴油和经过精制的二次加工（如催化裂化、加氢裂化、热裂化、加氢精制的焦化的柴油等），以不同比例调和而成的成品油。柴油分为轻柴油、重柴油。

润滑油 指以原油经常减压蒸馏装置和二次加工所得的馏分油为原料，经糠醛精制和溶剂脱蜡或压榨脱蜡，再经白土或加氢精制工艺所得的润滑油基础油，加入清净、分散、抗氧、抗腐、抗泡等添加剂调合而成。

燃料油 包括船用燃料油、重油或其他燃料油。燃料油分为商品燃料油和自用燃料油。商品燃料油指企业作为商品销售的燃料油；自用燃料油指本企业用作燃料和化肥、化工原料的自用油。

石脑油 属一部分石油轻馏分的泛称；用途不同，各种馏程亦不同。馏程自初馏点至220℃左右，主要用作重整和化工原料；70—145℃馏分，称轻石脑油，生产芳烃的重整原料；70—180℃馏分，称重石脑油，用作生产高辛烷值汽油。用作溶剂时，称作溶剂石脑油；来自煤焦油的芳香族溶剂油也称作重石脑油或溶剂石脑油。

溶剂油 指以蒸馏装置的直馏汽油组分或催化重整的抽余油为原料，经精制、分馏而制成，按馏分不同分为以下不同牌号：6号抽提溶剂油，用于植物油萃取工艺中作抽提溶剂，也可作合成橡胶工艺中的溶剂、化学试剂、化学溶剂等；70号溶剂油，别名香花溶剂油，用于香花香料及油脂工业作抽提剂；90号溶剂油，别名90号石油醚，用于化学试剂、医药溶剂；120号橡胶溶剂油，用于橡胶工业作溶剂；190号溶剂油，用于机械零件洗涤和工农业生产作溶剂；200号溶剂油，用作油漆工业溶剂和稀释剂；260号溶剂油，为煤油型特种溶剂；300号彩色油墨溶剂油，用于制造高档油墨；航空洗涤油，用于航空机件等精密机件的洗涤，也用作航空涡轮发电机点火燃料。

石蜡 指从石油、页岩油或其他沥青矿物油的某些馏出物中提取出来的烃类混合物，主要成分是固体烷烃，无臭无味，为白色或淡黄色半透明固体。

液化石油气 亦称液化气或压缩汽油，是炼油精制过程中产生并回收的气体在常温下经加压而成的液态产品。主要成分是丙烷、丁烷、丙烯、丁烯，主要用作石油化工原料，脱硫后可直接用作燃料。

石油焦 指以原油经常减压装置蒸馏所得的渣油或其以重油为原料，经焦化装置生产。产品按用途分为三个牌号，每个牌号按质量分为*A*、*B*两类，牌号有1#*A*、1#*B*、2#*A*、2#*B*、3#*A*、3#*B*石油焦等。主要用于制造石墨电极、碳素、碳化硅、碳化钙等产品的原料，也可直接用于冶炼、铸煅工艺作燃料。

石油沥青 指由原油经常减压装置蒸馏直接获得的渣油制品，也可以用减压渣油为原料经氧化，溶剂脱出的沥青再经适度氧化或调合而成。是来自原油中的最重的组分，是高度缩合的多环烃类混合物，具有良好的粘结性、绝缘性、不渗水性，并能抵抗许多化学药物的侵蚀，广泛用于道路工程、建筑工程、水利工程、防护涂料以及保持水土、改良土壤等领域。沥青性能主要是以软化点、针入度、延伸度来表示的。软化点表示沥青的耐热性能，软化点越高则耐热性能越好。针入度反映沥青的流变性能，为使道路沥青与砂石粘结紧密，需要高针入度的沥青；而作为防腐用的专用沥青，则需要低针入度的沥青，防止流失。延伸度表示沥青的抗张性和可塑性，道路沥青要求的延伸度最高，是为了保证在低温下路面不致受车辆碾压而出现裂缝。沥青按用途可分为普通沥青、道路沥青、建筑沥青、专用沥青，其中以道路沥青的用量最大。

炼厂干气 指炼油厂炼油过程中产生并回收的非冷凝气体（也称蒸馏气），主要成分为乙烯、丙烯和甲烷、乙烷、丙烷、丁烷等，主要用作燃料和化工原料。

其他石油制品 指石油加工过程中除汽油、煤油、柴油、燃料油、液化石油气、炼厂干气、石脑油、润滑油、石蜡、溶剂油、石油焦、石油沥青以外的其他炼油产品。石油制品很多，目录中只列出了上述主要品种，统计时为了简化，把除这些主要品种以外的其他石油产品归并在“其他石油制品”一个目录下一起填报。

焦炭 指将各种经过洗选的煤炭按一定比例配合后，在隔绝空气的高温炭化室内经过热解、缩聚、固化、收缩等复杂的物理化学过程形成的固体燃料，呈黑灰色块状、有光泽，燃烧时烟气少，具有不粘结、不结块、低硫、低灰、坚硬、耐磨、耐压、富于气孔性等特点，主要用于冶金、化工、铸造等工艺的燃料和原料。它包括各种生产方式生产的焦炭，即包括机械化焦炉、简易焦炉、土焦炉、煤气发生炉等装置生产的所有焦炭和半焦炭。

工业企业能源消费量 指工业企业在工业生产活动和非工业生产活动中消费的能源，包括工业生产活动中作为燃料、动力、原料、辅助材料使用的能源，生产工艺中使用的能源，用于能源加工转换的能源；非工业生产活动中使用的能源。具体包括：

(1)用于本企业产品生产、工业性作业和其他生产性活动的能源；

(2)用于技术更新改造措施、新技术研究和新产品试制以及科学试验等方面的能源；

(3)用于经营维修、建筑及设备大修理、机电设备和交通运输工具等方面的能源；

(4)用于劳动保护的能源；

(5)生产交通运输工具的企业(如造船厂、汽车制造厂)，向成品轮船、汽车中添加动力用油，应算作企业的能源消费，但不作为工业生产消费，应作为非工业生产消费和交通运输工具消费。(6)其他非生产消费的能源。

不包括：

(1)由仓库发到车间，但在报告期最后一天没有消费的能源。这部分能源应在办理假退料手续后计入库存量。

(2)拨到外单位，委托外单位加工用的能源。

(3)调出本单位或借给外单位的能源。

工业生产能源消费量 指工业企业为进行工业生产活动所消费的能源。主要包括：

(1)用于本企业产品生产、工业性作业的能源，包括用作原料、材料、燃料、动力的能源；作为能源加工转换企业，还包括用作加工转换的能源(这部分能源不能理解为用作原材料，用作原材料的概念见后面的解释)。

(2)产品生产过程中作为辅助材料使用的能源。

(3)生产工艺过程使用的能源。

(4)新技术研究、新产品试制、科学试验使用的能源。

(5)为了工业生产活动而在进行的各种修理过程中使用的能源。

(6)生产区内的劳动保护用能等。

用于原材料的能源消费量 指能源产品不作能源使用，即不作燃料、动力使用，而作为生产另外一种产品(非能源产品)的原料或作为辅助材料使用，作原料使用时通常构成这种产品的实体。它与用作加工转换的区别是：用作加工转换，投入的是能源，产出的主要产品还是能源(或产出的产品属于加工转换过程中产生的不作能源使用的其他副产品和联产品)。而用作原材料时，投入的是能源，产出的主要产品是能源范畴以外的产品，包括产出的某种产品在广义上可以用作能源（比如可以燃烧以提供热量），但通常意义上不作能源使用的产品。

非工业生产能源消费量 指在工业企业能源消费中，除“工业生产能源消费”以外的能源消费，即非工业生产用能和工业企业附属的不从事工业生产活动的非独立核算单位用能。比如本企业施工单位进行技术更新改造、维修等过程用能，非生产区的劳动保护用能，科研单位、农场、车队、学校、医院、食堂、托儿所等单位用能。但是必须注意，上述单位如果是独立核算的，其用能既不能包括在“工业企业能源消费”中，亦不能包括在“非工业生产能源消费”中。

生产交通运输工具的企业（如造船厂、汽车制造厂），向成品轮船、汽车中添加动力用油，应算作企业的非工业生产消费。

综合能源消费量 指企业（单位）在报告期内实际消费的各种能源（扣除能源加工转换和能源回收利用等重复因素）的总和。计算综合能源消费量时，需要将各种能源品种的消费量换算成按照标准计量单位（如：吨标准煤）计量的消费量。不同工业法人单位的计算方法见《能源购进、消费与库存》（205－1表）的说明。

取水量 指企业从各种水源直接提取或者从市场购买的用于厂区、办公区内工业生产活动的水量，以实际获得的新水量为准。

用于工业生产活动的水量，包括主要生产用水、辅助生产用水（如机修、运输、空压站等）和附属生产用水（如绿化、办公室、浴室、食堂、厕所、保健站等），不包括非工业生产单位的用水量（如基建用水、厂内居民家庭用水和企业附属幼儿园、学校、对外营业的浴室、游泳池等的用水量）和居民生活用水量。

取水量包括企业取自地表、地下、城镇供水工程的水，外购的再生水（中水）、其他水或水的产品，以及企业为生产外供水或水产品而取用的水。不包括重复用水量、直流冷却水量、未利用直接排放的矿井水和雨水量、污水处理企业处理的污（废）水量、水力发电动力用水量。

外供水量 指企业外供给其他单位的水或水产品的量，以离厂水量为准。包括外供给其他企业或市场的原水、自来水、再生水（中水）、海水淡化水、矿泉水、纯净水等。不包括直流冷却水量、未利用直接排放的矿井水和雨水量、北方地区供暖企业供给城镇热力网内循环的热水量、进入城镇污水管网和直接排到自然环境中的水量。

地表淡水 指陆地表面形成的径流及地表贮存的淡水。包括江、河、淡水湖、水库等。

地下淡水 指地下径流或埋藏于地下的，经过提取可被利用的淡水。包括井水、地热水等。

自来水 指自来水厂将地表淡水、地下淡水经过“混凝、沉淀、过滤、消毒”等净水工序，达到国家饮用水标准，通过城镇自来水管网供给工业生产、居民生活使用的水。

海水 指海洋的水。海水的取水量包括企业用来淡化、制盐、化工生产等海水资源利用所提取的海水量，以及用于海水循环冷却补充水、脱硫、洗涤、除尘、冲渣、印染等的海水直接利用量，不包括海水直流冷却水量。

陆地苦咸水 指存在于陆地地表或地下，含盐量大于1克/升的水。包括微咸水、咸水湖和地下的咸水。

不包括海水。

矿井水 指在采矿过程中，由于矿床开采破坏了地下水原始赋存状态而产生导水裂隙，使周围水沿着原有的和新的裂隙渗入井下采掘空间进而形成的矿井涌水。收集、处理并已利用的矿井水填报取水量，未利用直接排放的矿井水不填报取水量、外供水量、外排水量。

雨水 指通过集雨工程积蓄处理后被工业利用的雨水。雨水的取水量不包括天降雨、雪后流到江河、湖泊、水库中的水，以及未经利用通过厂区内排水管道直接排放的雨水。

再生水（中水） 指以污（废）水为水源，经再生工艺净化处理后水质达到再利用标准的水。再生水（中水）不填报外供量。有再生水（中水）取水的单位填报再生水（中水）的取水量。

海水淡化水 指经过特定生产工艺去除海水中的盐分后得到的淡化水。

其他水 指上述水资源品种没有涵盖的，或者界定不清的水及水的产品。包括软化水、除盐水、蒸汽（需折算成同等质量的水）、蒸汽冷凝水、管道供应的热水（不含北方地区城镇热力网内循环的热水）、瓶（桶）装纯净水、矿泉水、经过初步处理未达到自来水标准的水。不包括地热水、碳酸饮料、茶饮料、果汁饮料、酒类、污（废）水。

外排水量 指完成生产过程和生产活动之后，经过企业厂区、办公区所有排水口排到企业外部的水量。包括进入城镇污水管网的污（废）水量、直接排到自然环境中的水量。不包括外供水量、直流冷却水量、未利用就直接排放的矿井水量。

重复用水量 指在确定的用水单元或系统内，所有未经处理和处理后又重复使用的水量总和。

满足下列任意一种情况，即可视为重复用水：

1、循环水：指在确定的用水单元或系统内，生产过程中已用过、再循环用于同一过程的水。例如火力发电企业的循环冷却水。循环水量循环使用一次计算一次，根据循环水泵的流量乘以工作时间计算。

2、串联水：指在确定的用水单元或系统，由生产过程中产生的或使用后、再用于另一单元或系统的水。例如先用于冷却再用于洗涤的水；生产过程中产生的，用于烟气脱硫、冲渣（灰）的水。串联水量重复使用一次计算一次。

3、回用水：指企业产生的，没有排放而是直接或经处理后再利用于某一用水单元或系统的水。例如收集回用的蒸汽冷凝水，生产活动产生的、净化后回用的污（废）水，自来水厂冲洗沉淀池、滤池再处理后回用的水。回用水量回用一次计算一次。

重复用水量不包括北方地区城镇热力网内循环的热水、火力发电设备内进行汽水循环的除盐水。

直流冷却水量 指企业取自河流、水库、湖泊、海洋，经一次使用后，直接排放回河流、水库、湖泊、海洋的冷却水量，多见于火（核）电企业。直流冷却水不填报取水量、外供水量、外排水量。企业从直流冷却水系统中取水用做其他用途，则该部分应计入取水量。

利用河、湖、水库等的淡水进行直流冷却填报直流冷却水量（河湖水），利用海水进行直流冷却填报直流冷却水量（海水）。

污水处理企业污水处理量 指污水处理企业取自企业外部并实际处理的污（废）水量。本指标仅限污水处理企业填报。

污水处理企业指专业化进行城镇污水、工业废(污)水处理的企业或单位,不仅限4620行业(污水处理及再生利用)的企业和单位。包括城镇污水处理厂、工业废(污)水处理厂以及有污水处理业务资质和污水处理系统,对外提供社会化服务、专门为工业园区、连片工业企业和周边工业企业处理工业废(污)水(包括一并处理的周边地区生活污水)的法人单位。

中华人民共和国统计法

（1983 年 12 月 8 日第六届全国人民代表大会常务委员会第三次会议通过 根据 1996 年 5 月 15 日第八届全国人民代表大会常务委员会第十九次会议《关于修改〈中华人民共和国统计法〉的决定》修正 2009 年 6 月 27 日第十一届全国人民代表大会常务委员会第九次会议修订）

第一章　总　　则

第一条　为了科学、有效地组织统计工作，保障统计资料的真实性、准确性、完整性和及时性，发挥统计在了解国情国力、服务经济社会发展中的重要作用，促进社会主义现代化建设事业发展，制定本法。

第二条　本法适用于各级人民政府、县级以上人民政府统计机构和有关部门组织实施的统计活动。

统计的基本任务是对经济社会发展情况进行统计调查、统计分析，提供统计资料和统计咨询意见，实行统计监督。

第三条　国家建立集中统一的统计系统，实行统一领导、分级负责的统计管理体制。

第四条　国务院和地方各级人民政府、各有关部门应当加强对统计工作的组织领导，为统计工作提供必要的保障。

第五条　国家加强统计科学研究，健全科学的统计指标体系，不断改进统计调查方法，提高统计的科学性。

国家有计划地加强统计信息化建设，推进统计信息搜集、处理、传输、共享、存储技术和统计数据库体系的现代化。

第六条　统计机构和统计人员依照本法规定独立行使统计调查、统计报告、统计监督的职权，不受侵犯。

地方各级人民政府、政府统计机构和有关部门以及各单位的负责人，不得自行修改统计机构和统计人员依法搜集、整理的统计资料，不得以任何方式要求统计机构、统计人员及其他机构、人员伪造、篡改统计资料，不得对依法履行职责或者拒绝、抵制统计违法行为的统计人员打击报复。

第七条　国家机关、企业事业单位和其他组织以及个体工商户和个人等统计调查对象，必须依照本法和国家有关规定，真实、准确、完整、及时地提供统计调查所需的资料，不得提供不真实或者不完整的统计资料，不得迟报、拒报统计资料。

第八条　统计工作应当接受社会公众的监督。任何单位和个人有权检举统计中弄虚作假等违法行为。对检举有功的单位和个人应当给予表彰和奖励。

第九条　统计机构和统计人员对在统计工作中知悉的国家秘密、商业秘密和个人信息，应当予以保密。

第十条　任何单位和个人不得利用虚假统计资料骗取荣誉称号、物质利益或者职务晋升。

第二章　统计调查管理

第十一条　统计调查项目包括国家统计调查项目、部门统计调查项目和地方统计调查项目。

国家统计调查项目是指全国性基本情况的统计调查项目。部门统计调查项目是指国务院有关部门的专业性统计调查项目。地方统计调查项目是指县级以上地方人民政府及其部门的地方性统计调查项目。

国家统计调查项目、部门统计调查项目、地方统计调查项目应当明确分工，互相衔接，不得重复。

第十二条　国家统计调查项目由国家统计局制定，或者由国家统计局和国务院有关部门共同制定，报国务院备案；重大的国家统计调查项目报国务院审批。

部门统计调查项目由国务院有关部门制定。统计调查对象属于本部门管辖系统的，报国家统计局备案；统计调查对象超出本部门管辖系统的，报国家统计局审批。

地方统计调查项目由县级以上地方人民政府统计机构和有关部门分别制定或者共同制定。其中，由省级人民政府统计机构单独制定或者和有关部门共同制定的，报国家统计局审批；由省级以下人民政府统计机构单独制定或者和有关部门共同制定的，报省级人民政府统计机构审批；由县级以上地方人民政府有关部门制定的，报本级人民政府统计机构审批。

第十三条　统计调查项目的审批机关应当对调查项目的必要性、可行性、科学性进行审查，对符合法定条件的，作出予以批准的书面决定，并公布；对不符合法定条件的，作出不予批准的书面决定，并说明理由。

第十四条　制定统计调查项目，应当同时制定该项目的统计调查制度，并依照本法第十二条的规定一并报经审批或者备案。

统计调查制度应当对调查目的、调查内容、调查方法、调查对象、调查组织方式、调查表式、统计资料的报送和公布等作出规定。

统计调查应当按照统计调查制度组织实施。变更统计调查制度的内容，应当报经原审批机关批准或者原备案机关备案。

第十五条　统计调查表应当标明表号、制定机关、批准或者备案文号、有效期限等标志。

对未标明前款规定的标志或者超过有效期限的统计调查表，统计调查对象有权拒绝填报；县级以上人民政府统计机构应当依法责令停止有关统计调查活动。

第十六条　搜集、整理统计资料，应当以周期性普查为基础，以经常性抽样调查为主体，综合运用全面调查、重点调查等方法，并充分利用行政记录等资料。

重大国情国力普查由国务院统一领导，国务院和地方人民政府组织统计机构和有关部门共同实施。

第十七条　国家制定统一的统计标准，保障统计调查采用的指标涵义、计算方法、分类目录、调查表式和统计编码等的标准化。

国家统计标准由国家统计局制定，或者由国家统计局和国务院标准化主管部门共同制定。

国务院有关部门可以制定补充性的部门统计标准，报国家统计局审批。部门统计标准不得与国家统计标准相抵触。

第十八条　县级以上人民政府统计机构根据统计任务的需要，可以在统计调查对象中推广使用计算机网络报送统计资料。

第十九条　县级以上人民政府应当将统计工作所需经费列入财政预算。

重大国情国力普查所需经费，由国务院和地方人民政府共同负担，列入相应年度的财政预算，按时拨付，确保到位。

第三章　统计资料的管理和公布

第二十条　县级以上人民政府统计机构和有关部门以及乡、镇人民政府，应当按照国家有关规定建立统计资料的保存、管理制度，建立健全统计信息共享机制。

第二十一条　国家机关、企业事业单位和其他组织等统计调查对象，应当按照国家有关规定设置原始记录、统计台账，建立健全统计资料的审核、签署、交接、归档等管理制度。

统计资料的审核、签署人员应当对其审核、签署的统计资料的真实性、准确性和完整性负责。

第二十二条　县级以上人民政府有关部门应当及时向本级人民政府统计机构提供统计所需的行政记录资料和国民经济核算所需的财务资料、财政资料及其他资料，并按照统计调查制度的规定及时向本级人民政府统计机构报送其组织实施统计调查取得的有关资料。

县级以上人民政府统计机构应当及时向本级人民政府有关部门提供有关统计资料。

第二十三条　县级以上人民政府统计机构按照国家有关规定，定期公布统计资料。

国家统计数据以国家统计局公布的数据为准。

第二十四条　县级以上人民政府有关部门统计调查取得的统计资料，由本部门按照国家有关规定公布。

第二十五条　统计调查中获得的能够识别或者推断单个统计调查对象身份的资料，任何单位和个人不得对外提供、泄露，不得用于统计以外的目的。

第二十六条　县级以上人民政府统计机构和有关部门统计调查取得的统计资料，除依法应当保密的外，应当及时公开，供社会公众查询。

第四章　统计机构和统计人员

第二十七条　国务院设立国家统计局，依法组织领导和协调全国的统计工作。

国家统计局根据工作需要设立的派出调查机构，承担国家统计局布置的统计调查等任务。

县级以上地方人民政府设立独立的统计机构，乡、镇人民政府设置统计工作岗位，配备专职或者兼职统计人员，依法管理、开展统计工作，实施统计调查。

第二十八条　县级以上人民政府有关部门根据统计任务的需要设立统计机构，或者在有关机构中设置统计人员，并指定统计负责人，依法组织、管理本部门职责范围内的统计工作，实施统计调查，在统计业务上受本级人民政府统计机构的指导。

第二十九条　统计机构、统计人员应当依法履行职责，如实搜集、报送统计资料，不得伪造、篡改统计资料，不得以任何方式要求任何单位和个人提供不真实的统计资料，不得有其他违反本法规定的行为。

统计人员应当坚持实事求是，恪守职业道德，对其负责搜集、审核、录入的统计资料与统计调查对象报送的统计资料的一致性负责。

第三十条　统计人员进行统计调查时，有权就与统计有关的问题询问有关人员，要求其如实提供有关情况、资料并改正不真实、不准确的资料。

统计人员进行统计调查时，应当出示县级以上人民政府统计机构或者有关部门颁发的工作证件；未出示的，统计调查对象有权拒绝调查。

第三十一条　国家实行统计专业技术职务资格考试、评聘制度，提高统计人员的专业素质，保障统计队伍的稳定性。

统计人员应当具备与其从事的统计工作相适应的专业知识和业务能力。

县级以上人民政府统计机构和有关部门应当加强对统计人员的专业培训和职业道德教育。

第五章　监督检查

第三十二条　县级以上人民政府及其监察机关对下级人民政府、本级人民政府统计机构和有关部门执行本法的情况，实施监督。

第三十三条　国家统计局组织管理全国统计工作的监督检查，查处重大统计违法行为。

县级以上地方人民政府统计机构依法查处本行政区域内发生的统计违法行为。但是，国家统计局派出的调查机构组织实施的统计调查活动中发生的统计违法行为，由组织实施该项统计调查的调查机构负责查处。

法律、行政法规对有关部门查处统计违法行为另有规定的，从其规定。

第三十四条　县级以上人民政府有关部门应当积极协助本级人民政府统计机构查处统计违法行为，及时向本级人民政府统计机构移送有关统计违法案件材料。

第三十五条　县级以上人民政府统计机构在调查统计违法行为或者核查统计数据时，有权采取下列措施：

（一）发出统计检查查询书，向检查对象查询有关事项；

（二）要求检查对象提供有关原始记录和凭证、统计台账、统计调查表、会计资料及其他相关证明和资料；

（三）就与检查有关的事项询问有关人员；

（四）进入检查对象的业务场所和统计数据处理信息系统进行检查、核对；

（五）经本机构负责人批准，登记保存检查对象的有关原始记录和凭证、统计台账、统计调查表、会计资料及其他相关证明和资料；

（六）对与检查事项有关的情况和资料进行记录、录音、录像、照相和复制。

县级以上人民政府统计机构进行监督检查时，监督检查人员不得少于二人，并应当出示执法证件；未出示的，有关单位和个人有权拒绝检查。

第三十六条　县级以上人民政府统计机构履行监督检查职责时，有关单位和个人应当如实反映情况，提供相关证明和资料，不得拒绝、阻碍检查，不得转移、隐匿、篡改、毁弃原始记录和凭证、统计台账、统计调查表、会计资料及其他相关证明和资料。

第六章　法律责任

第三十七条　地方人民政府、政府统计机构或者有关部门、单位的负责人有下列行为之一的，由任免机关或者监察机关依法给予处分，并由县级以上人民政府统计机构予以通报：

（一）自行修改统计资料、编造虚假统计数据的；

（二）要求统计机构、统计人员或者其他机构、人员伪造、篡改统计资料的；

（三）对依法履行职责或者拒绝、抵制统计违法行为的统计人员打击报复的；

（四）对本地方、本部门、本单位发生的严重统计违法行为失察的。

第三十八条　县级以上人民政府统计机构或者有关部门在组织实施统计调查活动中有下列行为之一的，由本级人民政府、上级人民政府统计机构或者本级人民政府统计机构责令改正，予以通报；对直接负责的主管人员和其他直接责任人员，由任免机关或者监察机关依法给予处分：

（一）未经批准擅自组织实施统计调查的；

（二）未经批准擅自变更统计调查制度的内容的；

（三）伪造、篡改统计资料的；

（四）要求统计调查对象或者其他机构、人员提供不真实的统计资料的；

（五）未按照统计调查制度的规定报送有关资料的。

统计人员有前款第三项至第五项所列行为之一的，责令改正，依法给予处分。

第三十九条　县级以上人民政府统计机构或者有关部门有下列行为之一的，对直接负责的主管人员和其他直接责任人员由任免机关或者监察机关依法给予处分：

（一）违法公布统计资料的；

（二）泄露统计调查对象的商业秘密、个人信息或者提供、泄露在统计调查中获得的能够识别或者推断单个统计调查对象身份的资料的；

（三）违反国家有关规定，造成统计资料毁损、灭失的。

统计人员有前款所列行为之一的，依法给予处分。

第四十条　统计机构、统计人员泄露国家秘密的，依法追究法律责任。

第四十一条　作为统计调查对象的国家机关、企业事业单位或者其他组织有下列行为之一的，由县级以上人民政府统计机构责令改正，给予警告，可以予以通报；其直接负责的主管人员和其他直接责任人员属于国家工作人员的，由任免机关或者监察机关依法给予处分：

（一）拒绝提供统计资料或者经催报后仍未按时提供统计资料的；

（二）提供不真实或者不完整的统计资料的；

（三）拒绝答复或者不如实答复统计检查查询书的；

（四）拒绝、阻碍统计调查、统计检查的；

（五）转移、隐匿、篡改、毁弃或者拒绝提供原始记录和凭证、统计台账、统计调查表及其他相关证明和资料的。

企业事业单位或者其他组织有前款所列行为之一的，可以并处五万元以下的罚款；情节严重的，并处五万元以上二十万元以下的罚款。

个体工商户有本条第一款所列行为之一的，由县级以上人民政府统计机构责令改正，给予警告，可以并处一万元以下的罚款。

第四十二条　作为统计调查对象的国家机关、企业事业单位或者其他组织迟报统计资料，或者未按照国家有关规定设置原始记录、统计台账的，由县级以上人民政府统计机构责令改正，给予警告。

企业事业单位或者其他组织有前款所列行为之一的，可以并处一万元以下的罚款。

个体工商户迟报统计资料的，由县级以上人民政府统计机构责令改正，给予警告，可以并处一千元以下的罚款。

第四十三条　县级以上人民政府统计机构查处统计违法行为时，认为对有关国家工作人员依法应当给予处分的，应当提出给予处分的建议；该国家工作人员的任免机关或者监察机关应当依法及时作出决定，并将结果书面通知县级以上人民政府统计机构。

第四十四条　作为统计调查对象的个人在重大国情国力普查活动中拒绝、阻碍统计调查，或者提供不真实或者不完整的普查资料的，由县级以上人民政府统计机构责令改正，予以批评教育。

第四十五条　违反本法规定，利用虚假统计资料骗取荣誉称号、物质利益或者职务晋升的，除对其编造虚假统计资料或者要求他人编造虚假统计资料的行为依法追究法律责任外，由作出有关决定的单位或者其上级单位、监察机关取消其荣誉称号，追缴获得的物质利益，撤销晋升的职务。

第四十六条　当事人对县级以上人民政府统计机构作出的行政处罚决定不服的，可以依法申请行政复议或者提起行政诉讼。其中，对国家统计局在省、自治区、直辖市派出的调查机构作出的行政处罚决定不服的，向国家统计局申请行政复议；对国家统计局派出的其他调查机构作出的行政处罚决定不服的，向国家统计局在该派出机构所在的省、自治区、直辖市派出的调查机构申请行政复议。

第四十七条　违反本法规定，构成犯罪的，依法追究刑事责任。

第七章　附　　则

第四十八条　本法所称县级以上人民政府统计机构，是指国家统计局及其派出的调查机构、县级以上地方人民政府统计机构。

第四十九条　民间统计调查活动的管理办法，由国务院制定。

中华人民共和国境外的组织、个人需要在中华人民共和国境内进行统计调查活动的，应当按照国务院的规定报请审批。

利用统计调查危害国家安全、损害社会公共利益或者进行欺诈活动的，依法追究法律责任。

第五十条　本法自 2010 年 1 月 1 日起施行。

中华人民共和国国务院令

第 681 号

《中华人民共和国统计法实施条例》已经 2017 年 4 月 12 日国务院第 168 次常务会议通过，现予公布，自 2017 年 8 月 1 日起施行。

总理　李克强

2017 年 5 月 28 日

中华人民共和国统计法实施条例

第一章　总　则

第一条　根据《中华人民共和国统计法》(以下简称统计法)，制定本条例。

第二条　统计资料能够通过行政记录取得的，不得组织实施调查。通过抽样调查、重点调查能够满足统计需要的，不得组织实施全面调查。

第三条　县级以上人民政府统计机构和有关部门应当加强统计规律研究，健全新兴产业等统计，完善经济、社会、科技、资源和环境统计，推进互联网、大数据、云计算等现代信息技术在统计工作中的应用，满足经济社会发展需要。

第四条　地方人民政府、县级以上人民政府统计机构和有关部门应当根据国家有关规定，明确本单位防范和惩治统计造假、弄虚作假的责任主体，严格执行统计法和本条例的规定。

地方人民政府、县级以上人民政府统计机构和有关部门及其负责人应当保障统计活动依法进行，不得侵犯统计机构、统计人员独立行使统计调查、统计报告、统计监督职权，不得非法干预统计调查对象提供统计资料，不得统计造假、弄虚作假。

统计调查对象应当依照统计法和国家有关规定，真实、准确、完整、及时地提供统计资料，拒绝、抵制弄虚作假等违法行为。

第五条　县级以上人民政府统计机构和有关部门不得组织实施营利性统计调查。

国家有计划地推进县级以上人民政府统计机构和有关部门通过向社会购买服务组织实施统计调查和资料开发。

第二章　统计调查项目

第六条　部门统计调查项目、地方统计调查项目的主要内容不得与国家统计调查项目的内容重复、矛盾。

第七条　统计调查项目的制定机关(以下简称制定机关)应当就项目的必要性、可行性、科学性进行论证,征求有关地方、部门、统计调查对象和专家的意见,并由制定机关按照会议制度集体讨论决定。

重要统计调查项目应当进行试点。

第八条　制定机关申请审批统计调查项目,应当以公文形式向审批机关提交统计调查项目审批申请表、项目的统计调查制度和工作经费来源说明。

申请材料不齐全或者不符合法定形式的,审批机关应当一次性告知需要补正的全部内容,制定机关应当按照审批机关的要求予以补正。

申请材料齐全、符合法定形式的,审批机关应当受理。

第九条　统计调查项目符合下列条件的,审批机关应当作出予以批准的书面决定:

(一)具有法定依据或者确为公共管理和服务所必需;

(二)与已批准或者备案的统计调查项目的主要内容不重复、不矛盾;

(三)主要统计指标无法通过行政记录或者已有统计调查资料加工整理取得;

(四)统计调查制度符合统计法律法规规定,科学、合理、可行;

(五)采用的统计标准符合国家有关规定;

(六)制定机关具备项目执行能力。

不符合前款规定条件的,审批机关应当向制定机关提出修改意见;修改后仍不符合前款规定条件的,审批机关应当作出不予批准的书面决定并说明理由。

第十条　统计调查项目涉及其他部门职责的,审批机关应当在作出审批决定前,征求相关部门的意见。

第十一条　审批机关应当自受理统计调查项目审批申请之日起20日内作出决定。20日内不能作出决定的,经审批机关负责人批准可以延长10日,并应当将延长审批期限的理由告知制定机关。

制定机关修改统计调查项目的时间,不计算在审批期限内。

第十二条　制定机关申请备案统计调查项目,应当以公文形式向备案机关提交统计调查项目备案申请表和项目的统计调查制度。

统计调查项目的调查对象属于制定机关管辖系统,且主要内容与已批准、备案的统计调查项目不重复、不矛盾的,备案机关应当依法给予备案文号。

第十三条 统计调查项目经批准或者备案的,审批机关或者备案机关应当及时公布统计调查项目及其统计调查制度的主要内容。涉及国家秘密的统计调查项目除外。

第十四条 统计调查项目有下列情形之一的,审批机关或者备案机关应当简化审批或者备案程序,缩短期限:

(一)发生突发事件需要迅速实施统计调查;

(二)统计调查制度内容未作变动,统计调查项目有效期届满需要延长期限。

第十五条 统计法第十七条第二款规定的国家统计标准是强制执行标准。各级人民政府、县级以上人民政府统计机构和有关部门组织实施的统计调查活动,应当执行国家统计标准。

制定国家统计标准,应当征求国务院有关部门的意见。

第三章 统计调查的组织实施

第十六条 统计机构、统计人员组织实施统计调查,应当就统计调查对象的法定填报义务、主要指标涵义和有关填报要求等,向统计调查对象作出说明。

第十七条 国家机关、企业事业单位或者其他组织等统计调查对象提供统计资料,应当由填报人员和单位负责人签字,并加盖公章。个人作为统计调查对象提供统计资料,应当由本人签字。统计调查制度规定不需要签字、加盖公章的除外。

统计调查对象使用网络提供统计资料的,按照国家有关规定执行。

第十八条 县级以上人民政府统计机构、有关部门推广使用网络报送统计资料,应当采取有效的网络安全保障措施。

第十九条 县级以上人民政府统计机构、有关部门和乡、镇统计人员,应当对统计调查对象提供的统计资料进行审核。统计资料不完整或者存在明显错误的,应当由统计调查对象依法予以补充或者改正。

第二十条 国家统计局应当建立健全统计数据质量监控和评估制度,加强对各省、自治区、直辖市重要统计数据的监控和评估。

第四章 统计资料的管理和公布

第二十一条 县级以上人民政府统计机构、有关部门和乡、镇人民政府应当妥善保管统计调查中取得的统计资料。

国家建立统计资料灾难备份系统。

第二十二条　统计调查中取得的统计调查对象的原始资料，应当至少保存2年。

汇总性统计资料应当至少保存10年，重要的汇总性统计资料应当永久保存。法律法规另有规定的，从其规定。

第二十三条　统计调查对象按照国家有关规定设置的原始记录和统计台账，应当至少保存2年。

第二十四条　国家统计局统计调查取得的全国性统计数据和分省、自治区、直辖市统计数据，由国家统计局公布或者由国家统计局授权其派出的调查机构或者省级人民政府统计机构公布。

第二十五条　国务院有关部门统计调查取得的统计数据，由国务院有关部门按照国家有关规定和已批准或者备案的统计调查制度公布。

县级以上地方人民政府有关部门公布其统计调查取得的统计数据，比照前款规定执行。

第二十六条　已公布的统计数据按照国家有关规定需要进行修订的，县级以上人民政府统计机构和有关部门应当及时公布修订后的数据，并就修订依据和情况作出说明。

第二十七条　县级以上人民政府统计机构和有关部门应当及时公布主要统计指标涵义、调查范围、调查方法、计算方法、抽样调查样本量等信息，对统计数据进行解释说明。

第二十八条　公布统计资料应当按照国家有关规定进行。公布前，任何单位和个人不得违反国家有关规定对外提供，不得利用尚未公布的统计资料谋取不正当利益。

第二十九条　统计法第二十五条规定的能够识别或者推断单个统计调查对象身份的资料包括：

（一）直接标明单个统计调查对象身份的资料；

（二）虽未直接标明单个统计调查对象身份，但是通过已标明的地址、编码等相关信息可以识别或者推断单个统计调查对象身份的资料；

（三）可以推断单个统计调查对象身份的汇总资料。

第三十条　统计调查中获得的能够识别或者推断单个统计调查对象身份的资料应当依法严格管理，除作为统计执法依据外，不得直接作为对统计调查对象实施行政许可、行政处罚等具体行政行为的依据，不得用于完成统计任务以外的目的。

第三十一条　国家建立健全统计信息共享机制，实现县级以上人民政府统计机构和有关部门统计调查取得的资料共享。制定机关共同制定的统计调查项目，可以共同使用获取的统计资料。

统计调查制度应当对统计信息共享的内容、方式、时限、渠道和责任等作出规定。

第五章　统计机构和统计人员

第三十二条　县级以上地方人民政府统计机构受本级人民政府和上级人民政府统计机构的双重领导，在统计业务上以上级人民政府统计机构的领导为主。

乡、镇人民政府应当设置统计工作岗位，配备专职或者兼职统计人员，履行统计职责，在统计业务上受上级人民政府统计机构领导。乡、镇统计人员的调动，应当征得县级人民政府统计机构的同意。

县级以上人民政府有关部门在统计业务上受本级人民政府统计机构指导。

第三十三条　县级以上人民政府统计机构和有关部门应当完成国家统计调查任务，执行国家统计调查项目的统计调查制度，组织实施本地方、本部门的统计调查活动。

第三十四条　国家机关、企业事业单位和其他组织应当加强统计基础工作，为履行法定的统计资料报送义务提供组织、人员和工作条件保障。

第三十五条　对在统计工作中做出突出贡献、取得显著成绩的单位和个人，按照国家有关规定给予表彰和奖励。

第六章　监督检查

第三十六条　县级以上人民政府统计机构从事统计执法工作的人员，应当具备必要的法律知识和统计业务知识，参加统计执法培训，并取得由国家统计局统一印制的统计执法证。

第三十七条　任何单位和个人不得拒绝、阻碍对统计工作的监督检查和对统计违法行为的查处工作，不得包庇、纵容统计违法行为。

第三十八条　任何单位和个人有权向县级以上人民政府统计机构举报统计违法行为。

县级以上人民政府统计机构应当公布举报统计违法行为的方式和途径，依法受理、核实、处理举报，并为举报人保密。

第三十九条　县级以上人民政府统计机构负责查处统计违法行为；法律、行政法规对有关部门查处统计违法行为另有规定的，从其规定。

第七章　法律责任

第四十条　下列情形属于统计法第三十七条第四项规定的对严重统计违法行为失察，对地方人民政府、政府统计机构或者有关部门、单位的负责人，由任免机关或者监察机关依法给予处分，并由县级以上人民政府统计机构予以通报：

（一）本地方、本部门、本单位大面积发生或者连续发生统计造假、弄虚作假；

（二）本地方、本部门、本单位统计数据严重失实，应当发现而未发现；

（三）发现本地方、本部门、本单位统计数据严重失实不予纠正。

第四十一条　县级以上人民政府统计机构或者有关部门组织实施营利性统计调查的，由本级人民政府、上级人民政府统计机构或者本级人民政府统计机构责令改正，予以通报；有违法所得的，没收违法所得。

第四十二条　地方各级人民政府、县级以上人民政府统计机构或者有关部门及其负责人，侵犯统计机构、统计人员独立行使统计调查、统计报告、统计监督职权，或者采用下发文件、会议布置以及其他方式授意、指使、强令统计调查对象或者其他单位、人员编造虚假统计资料的，由上级人民政府、本级人民政府、上级人民政府统计机构或者本级人民政府统计机构责令改正，予以通报。

第四十三条　县级以上人民政府统计机构或者有关部门在组织实施统计调查活动中有下列行为之一的，由本级人民政府、上级人民政府统计机构或者本级人民政府统计机构责令改正，予以通报：

（一）违法制定、审批或者备案统计调查项目；

（二）未按照规定公布经批准或者备案的统计调查项目及其统计调查制度的主要内容；

（三）未执行国家统计标准；

（四）未执行统计调查制度；

（五）自行修改单个统计调查对象的统计资料。

乡、镇统计人员有前款第三项至第五项所列行为的，责令改正，依法给予处分。

第四十四条　县级以上人民政府统计机构或者有关部门违反本条例第二十四条、第二十五条规定公布统计数据的，由本级人民政府、上级人民政府统计机构或者本级人民政府统计机构责令改正，予以通报。

第四十五条　违反国家有关规定对外提供尚未公布的统计资料或者利用尚未公布的统计资料谋取不正当利益的，由任免机关或者监察机关依法给予处分，并由县级以上人民政府统计机构予以通报。第四十六条　统计机构及其工作人员有下列行为之一的，由本级人民政府或者上级人民政府统计机构责令改正，予以通报：

（一）拒绝、阻碍对统计工作的监督检查和对统计违法行为的查处工作；

（二）包庇、纵容统计违法行为；

（三）向有统计违法行为的单位或者个人通风报信，帮助其逃避查处；

（四）未依法受理、核实、处理对统计违法行为的举报；

（五）泄露对统计违法行为的举报情况。

第四十七条　地方各级人民政府、县级以上人民政府有关部门拒绝、阻碍统计监督检查或者转移、隐匿、篡改、毁弃原始记录和凭证、统计台账、统计调查表及其他相关证明和资料的，由上级人民政府、上级人民政府统计机构或者本级人民政府统计机构责令改正，予以通报。

第四十八条　地方各级人民政府、县级以上人民政府统计机构和有关部门有本条例第四十一条至第四十七条所列违法行为之一的，对直接负责的主管人员和其他直接责任人员，由任免机关或者监察机关依法给予处分。

第四十九条　乡、镇人民政府有统计法第三十八条第一款、第三十九条第一款所列行为之一的，依照统计法第三十八条、第三十九条的规定追究法律责任。

第五十条　下列情形属于统计法第四十一条第二款规定的情节严重行为：

（一）使用暴力或者威胁方法拒绝、阻碍统计调查、统计监督检查；

（二）拒绝、阻碍统计调查、统计监督检查，严重影响相关工作正常开展；

（三）提供不真实、不完整的统计资料，造成严重后果或者恶劣影响；

（四）有统计法第四十一条第一款所列违法行为之一，1 年内被责令改正 3 次以上。

第五十一条　统计违法行为涉嫌犯罪的，县级以上人民政府统计机构应当将案件移送司法机关处理。

第八章　附　则

第五十二条　中华人民共和国境外的组织、个人需要在中华人民共和国境内进行统计调查活动的，应当委托中华人民共和国境内具有涉外统计调查资格的机构进行。涉外统计调查资格应当依法报经批准。统计调查范围限于省、自治区、直辖市行政区域内的，由省级人民政府统计机构审批；统计调查范围跨省、自治区、直辖市行政区域的，由国家统计局审批。

涉外社会调查项目应当依法报经批准。统计调查范围限于省、自治区、直辖市行政区域内的，由省级人民政府统计机构审批；统计调查范围跨省、自治区、直辖市行政区域的，由国家统计局审批。

第五十三条　国家统计局或者省级人民政府统计机构对涉外统计违法行为进行调查，有权采取统计法第三十五条规定的措施。

第五十四条　对违法从事涉外统计调查活动的单位、个人，由国家统计局或者省级人民政府统计机构责令改正或者责令停止调查，有违法所得的，没收违法所得；违法所得 50 万元以上的，并处违法所得 1 倍以上 3 倍以下的罚款；违法所得不足 50 万元或者没有违法所得的，处 200 万元以下的罚款；情节严重的，暂停或者取消涉外统计调查资格，撤销涉外社会调查项目批准决定；构成犯罪的，依法追究刑事责任。

第五十五条　本条例自 2017 年 8 月 1 日起施行。1987 年 1 月 19 日国务院批准、1987 年 2 月 15 日国家统计局公布，2000 年 6 月 2 日国务院批准修订、2000 年 6 月 15 日国家统计局公布，2005 年 12 月 16 日国务院修订的《中华人民共和国统计法实施细则》同时废止。

江苏省统计条例

2014年1月16日江苏省第十二届人民代表大会常务委员会第八次会议通过　根据2017年6月3日江苏省第十二届人民代表大会常务委员会第三十次会议《关于修改〈江苏省固体废物污染环境防治条例〉等二十六件地方性法规的决定》修正)

第一章　总　则

第一条　为了加强统计管理和监督,规范统计行为,维护统计调查对象的合法权益,保障统计资料的真实性、准确性、完整性和及时性,发挥统计服务经济社会发展的作用,根据《中华人民共和国统计法》等法律、行政法规,结合本省实际,制定本条例。

第二条　本条例适用于本省行政区域内地方各级人民政府、县级以上地方人民政府统计机构和有关部门组织实施的统计活动与统计监督管理。

第三条　县级以上地方人民政府应当加强对统计工作的组织领导,将统计事业纳入本地区国民经济和社会发展规划,建立健全统计机构,加强统计队伍建设,为统计工作提供必要的保障,确保统计工作正常开展。

第四条　县级以上地方人民政府统计机构(以下简称政府统计机构)负责本行政区域内统计工作的组织实施、管理协调和监督检查。

县级以上地方人民政府有关部门依法组织、管理本部门职责范围内的统计工作,实施统计调查。

第五条　县级以上地方人民政府应当加强统计信息化建设,构建统计公共信息系统和业务平台,支持和实现资源共享、业务协同。

省人民政府统计机构应当会同有关部门对全省统计信息化建设进行统一规划,推进统计信息搜集、处理、传输、存储技术和统计数据库体系的现代化。

政府统计机构应当制定统计信息安全应急处置预案,建立和完善统计资料备份系统,保障统计资料安全。

第六条　政府统计机构应当建立统计信用制度,定期将政府统计调查对象依法履行统计义务的信用信息提供给公共信用信息机构,供社会公众查询。

第七条　地方各级人民政府和有关部门应当鼓励支持、依法规范民间统计调查,引导从事民间统计调查活动的社会中介机构等民间统计调查组织(以下称民间统计调查组织)参与政府统计调查活动,发挥其在促进经济社会发展中的作用。

地方各级人民政府和有关部门应当扶持统计调查行业组织,发挥其联系政府、社会的作用,促进行业的自律和有序发展。

第二章 统计调查

第八条 地方统计调查应当按照地方统计调查项目组织实施。地方统计调查项目包括县级以上地方人民政府、政府统计机构及有关部门的统计调查项目。

地方统计调查项目应当执行国家统计标准和部门统计标准,与国家统计调查项目、部门统计调查项目互相衔接,下级地方统计调查项目不得与上级地方统计调查项目重复。

地方统计调查项目的制定应当进行必要性、可行性论证,听取有关部门、专家和公众的意见,并根据经济社会发展需要科学合理设置统计指标。与人口、社会相关的统计调查项目应当合理设置分性别统计指标。

第九条 制定地方统计调查项目,应当同时制定该项目的统计调查制度,并按照下列规定审批:

(一)省人民政府统计机构单独制定或者与有关部门共同制定的,报国家统计局审批;

(二)设区的市、县(市、区)人民政府统计机构单独制定或者与有关部门共同制定的,报省人民政府统计机构审批;

(三)县级以上地方人民政府有关部门单独制定或者与其他部门共同制定的,报本级人民政府统计机构审批。

变更统计调查制度内容的,应当报经原审批机关批准。

第十条 除涉及国家秘密的以外,地方统计调查项目及其统计调查制度,应当及时向社会公布。经国家统计局批准的,由省人民政府统计机构自批准之日起十日内公布;经县级以上地方人民政府统计机构批准的,由审批机关自批准之日起十日内公布。

第十一条 地方统计调查项目及其统计调查制度未经批准或者虽经批准但未依法公布的,不得组织实施。紧急情况下,经省人民政府批准实施的临时性统计调查项目除外。

前款所称的紧急情况,是指重大自然灾害等突发事件对本省经济社会发展产生重大影响的情形。

第十二条 省人民政府统计机构应当建立全省统一的基本单位名录库,作为政府统计调查的基础。

政府统计机构应当利用行政记录等资料对基本单位名录库进行日常维护和更新。机构编制、民政、工商行政、税务、质量监督等有关部门,应当按照有关规定向本级人民政府统计机构提供统计所需的行政记录,不得以任何理由拒绝提供。

第十三条 国家机关、企业事业单位和其他组织,应当配备与统计任务相适应的统计信息技术设备,按照统计调查制度规定的使用计算机网络报送等方式报送统计资料。

第十四条 有下列情形之一的,政府统计机构、有关部门应当告知政府统计调查对象在规定期限内补正:

(一)未按照统计调查制度规定的方式报送统计资料的;

(二)以纸介质方式报送统计调查表,没有填表人、统计调查对象单位负责人签字,或者未加盖单位公章的；

（三）以数据电文方式报送统计资料，没有电子签名等身份识别标志的；

（四）发现报送的统计数据有错误的；

（五）其他按照统计调查制度应当补正的情形。

第十五条　政府统计调查对象未按照统计调查制度规定时间报送统计资料的，政府统计机构和有关部门应当书面催报。政府统计调查对象应当在催报规定的期限内报送统计资料。

第十六条　地方各级人民政府、政府统计机构和有关部门、单位的主要负责人及其他负责人，应当支持和保障政府统计机构、统计人员独立行使法定职权，不得有下列行为：

（一）自行修改统计资料、编造虚假统计数据；

（二）要求政府统计机构、统计人员或者其他机构、人员拒报、虚报、瞒报或者伪造、篡改统计资料；

（三）对依法履行职责或者拒绝、抵制统计违法行为的统计人员打击报复；

（四）对揭发、检举统计违法行为的人员打击报复；

（五）对本地区、本部门、本单位发生的统计违法行为不履行监督管理职责。

第十七条　省人民政府统计机构应当建立健全统计数据质量监控制度，规范统计方法，统一指标口径，避免政府部门统计数据的重复、交叉和不一致，保障统计数据的客观真实。

第十八条　地方各级人民政府、政府统计机构和有关部门可以按照政府采购的法律、法规规定，委托民间统计调查组织进行统计调查，实施数据搜集、核实、整理、分析和相关培训等活动。

民间统计调查组织应当在受委托的权限和范围内实施统计调查。未经委托，民间统计调查组织不得以政府或者政府部门的名义实施统计调查。

第十九条　接受委托实施政府统计调查活动的民间统计调查组织，主管统计业务的负责人应当具有中级以上统计专业技术职务资格或者与统计专业相关的中级以上职称。

第二十条　民间统计调查组织者开展民间统计调查活动时，应当向调查对象表明身份，告知调查目的，不得以任何方式强迫调查对象接受调查，不得冒用政府统计调查的名义组织实施调查，不得欺骗、蒙蔽调查对象。

民间统计调查组织者对能够识别或者推断单个调查对象身份的信息和数据应当予以保密，未经调查对象同意，不得对外提供、泄露。

第三章　统计资料公布和使用

第二十一条　除依法应当保密的以外，政府统计机构、有关部门开展地方统计调查取得的统计资料，应当及时向社会公布。

公布统计资料时，应当同时公布主要统计指标含义、调查范围、调查方法、计算方法、调查样本量等信息；引用其他机构或者部门资料的，应当注明资料来源。

第二十二条　地方各级人民政府编制国民经济和社会发展规划与计划、财政预算，以及制定重大经济社会发展政策等使用统计资料的，应当以政府统计机构提供的统计资料为准。

政府统计机构应当及时向本级人民政府及其有关部门提供统计资料。

第二十三条　民间统计调查组织者发布民间统计调查资料应当客观真实，不得伪造、篡改，同时应当说明调查目的以及主要统计指标含义、调查范围、调查方法、计算方法、调查样本量等内容；引用其他组织、个人或者机构资料的，应当注明资料来源。

新闻媒体和其他单位、组织对外发布信息引用民间统计调查资料的，应当准确引用，并注明民间统计调查组织者名称，不得伪造、篡改民间统计调查资料。

第四章　统计调查对象权利和义务

第二十四条　政府统计调查对象依法独立填报统计资料。任何单位和个人干涉独立填报的，统计调查对象有权抵制，并可以向地方各级人民政府、政府统计机构或者监察机关等有关部门举报。

第二十五条　有下列情形之一的，政府统计调查对象有权拒绝政府统计调查：

（一）未书面告知统计权利和义务的；

（二）统计调查项目及其统计调查制度未经批准或者虽经批准但未依法公布的；

（三）统计调查表未标明法定标志或者法定标志不完整的；

（四）统计调查表超过有效期限的；

（五）现场调查时，统计人员未出示政府统计机构或者有关部门颁发的工作证件的。

第二十六条　政府统计调查对象发现他人对外提供、泄露能够识别或者推断其身份的资料，或者将上述资料用于统计以外目的的，有权举报。

第二十七条　除依法应当保密的以外，社会公众有权查询统计资料。

在统计资料法定保存期限内，政府统计调查对象可以查询其报送的统计资料以及相关信息。对查询结果有疑问的，政府统计机构、有关部门应当给予解答和说明；确属错误的，应当予以订正。

第二十八条　政府统计调查对象可以通过签订合同，委托民间统计调查组织代理统计调查活动。委托合同应当自签订之日起十个工作日内，由委托方报所在地县（市、区）人民政府统计机构备案。

第二十九条　政府统计调查对象应当按照法律、行政法规和本条例以及统计调查制度的规定，真实、准确、完整、及时地提供统计调查所需的资料，不得提供不真实或者不完整的统计资料，不得迟报、拒报统计资料。

第三十条　国家机关、企业事业单位和其他组织，应当以业务活动或者生产经营中形成的原始记录和凭证为依据，记录统计台账、编制统计调查表，并按照统计调查制度的规定报送统计资料。

原始记录、凭证、统计台账、统计调查表等统计资料应当留存归档。

第五章　机构和人员

第三十一条　县级以上地方人民政府有关部门根据各自职责和统计任务的需要，设立从事统计工作的机构或者明确承担综合统计工作职责的机构，配备相适应的统计人员，并指定统计负责人，在本级人民政府统计机构的指导下负责本部门、本行业的统计工作。

国家级和省级开发园区根据经济和人口规模，明确承担统计工作职责的机构，配备相适应的统计人员，负责统计资料的搜集、整理、汇总、上报以及催报、查询和数据核查工作。

第三十二条　乡镇人民政府和街道办事处根据经济和人口规模，明确承担统计工作职责的机构，配备相适应的统计人员，负责本区域统计工作的组织实施、管理、协调，履行政府综合统计的职能。

基层群众性自治组织应当指定专人负责统计工作。

第三十三条　政府统计机构、统计人员应当依法履行职责，如实搜集、报送统计资料，不得伪造、篡改统计资料，不得以任何方式要求任何单位和个人提供不真实的统计资料，不得有其他违反法律、行政法规和本条例规定的行为。

政府统计机构、统计人员对其负责搜集、审核、录入的统计资料与统计调查对象报送的统计资料的一致性负责。

第三十四条　政府统计机构、有关部门应当对统计人员开展统计专业培训和职业道德教育，提高其综合素质。

统计人员应当接受统计继续教育，提高业务素质和职业道德水平。

统计人员所在单位应当支持和保障统计人员接受统计继续教育，参加统计专业培训。

第六章　监督检查

第三十五条　县级以上地方人民政府及其监察机关，应当对下级人民政府、本级人民政府统计机构和有关部门执行统计法律、行政法规及本条例的情况实施监督。

第三十六条　政府统计机构应当加强对政府统计活动、民间统计调查活动的监督检查，依法查处统计违法行为。政府统计机构在实施监督检查时，有关部门、单位和个人应当予以配合。

第三十七条　县级以上地方人民政府有关部门应当对职责范围内的统计活动实施监督检查，及时向本级人民政府统计机构移送有关涉嫌统计违法的材料，协助查处统计违法案件。

第三十八条　政府统计机构应当明确承担统计执法检查职责的内设机构，配备相适应的统计执法检查人员。

第三十九条　政府统计机构在调查统计违法行为或者核查统计数据时，可以发出统计检查查询书。被查询对象收到统计检查查询书后，应当按照规定期限如实书面答复，提供相关证明和资料。

第七章　法律责任

第四十条　违反本条例规定，政府统计机构或者有关部门有下列行为之一的，由本级人民政府、上级人民政府统计机构、本级人民政府统计机构责令限期改正，予以通报；对直接负责的主管人员和其他直接责任人员，由任免机关或者监察机关依法给予处分：

（一）违反第十一条第一款规定，地方统计调查项目未经批准或者虽经批准但未依法公布，擅自组织实施的；

（二）违反第十二条第二款规定，拒绝向本级人民政府统计机构提供统计所需的行政记录的；

（三）违反第三十三条第一款规定，不依法履行职责，不如实搜集、报送统计资料，伪造、篡改统计资料或者要求政府统计调查对象提供不真实统计资料的；

（四）违反第三十六条、第三十七条规定，不依法履行统计监督检查职责或者不依法查处统计违法行为的。

第四十一条　违反本条例第十四条第一项、第二项、第三项规定，政府统计调查对象未在规定期限内补正的，由政府统计机构责令补正，给予警告；拒不补正的，对企业事业单位或者其他组织处以二千元以上一万元以下罚款，对个体工商户处以二百元以上一千元以下罚款。

第四十二条　违反本条例第十六条规定，地方各级人民政府、政府统计机构或者有关部门、单位的主要负责人及其他负责人有下列行为之一的，由任免机关或者监察机关依法给予处分，并由政府统计机构予以通报：

（一）自行修改统计资料、编造虚假统计数据的；

（二）要求政府统计机构、统计人员或者其他机构、人员拒报、虚报、瞒报或者伪造、篡改统计资料的；

（三）对依法履行职责或者拒绝、抵制统计违法行为的统计人员打击报复的；

（四）对揭发、检举统计违法行为的人员打击报复的；

（五）对本地区、本部门、本单位发生的严重统计违法行为不履行监督管理职责的。

第四十三条　违反本条例第十八条第二款规定，民间统计调查组织超出委托权限或者范围实施统计调查活动的，由政府统计机构责令改正，给予警告，并处一万元以上五万元以下罚款。

第四十四条　违反本条例第十九条规定，接受委托实施政府统计调查活动的民间统计调查组织，主管统计业务的负责人不具有中级以上统计专业技术职务资格或者与统计专业相关的中级以上职称的，由政府统计机构责令改正，给予警告；拒不改正的，由政府统计机构处以二千元以上一万元以下罚款。

第四十五条　违反本条例第二十条规定，民间统计调查组织者有下列行为之一的，由政府统计机构责令停止调查，给予警告，并处一万元以上五万元以下罚款：

（一）强迫调查对象接受调查的；

（二）冒用政府统计调查的名义组织实施调查的；

（三）欺骗、蒙蔽调查对象的；

（四）未经调查对象同意，对外提供、泄露能够识别或者推断单个调查对象身份的信息和数据的。

民间统计调查组织者冒用政府统计调查的名义组织实施调查，情节严重的，由政府统计机构处以五万元以上十万元以下罚款。

第四十六条　违反本条例第二十一条规定，应当公布统计资料而未公布，或者公布统计资料不符合规定要求的，对直接负责的主管人员和其他直接责任人员由任免机关或者监察机关依法给予处分。

第四十七条　违反本条例第二十三条规定，有下列情形之一的，由政府统计机构责令停止发布、公开更正，给予警告，可以处以五千元以上二万元以下罚款：

（一）民间统计调查组织者发布伪造、篡改的民间统计调查资料，发布时不按照要求说明相关内容，或者不注明资料来源的；

（二）新闻媒体和其他单位、组织对外发布信息引用民间统计调查资料未注明民间统计调查组织者名称，或者伪造、篡改民间统计调查资料的。

第八章　附　则

第四十八条　涉外民间统计调查活动，按照国家有关规定执行。

第四十九条　本条例自 2014 年 5 月 1 日起施行。1989 年 12 月 15 日江苏省第七届人民代表大会常务委员会第十二次会议通过，1997 年 7 月 31 日江苏省第八届人民代表大会常务委员会第二十九次会议修正的《江苏省统计管理条例》同时废止。

中国统计出版社有限公司最新图书简目

（仅供参考，以实际出版为准）

统计资料

中国统计年鉴	中国统计摘要	中国第三产业统计年鉴
中国第三次全国农业普查综合资料	国际统计年鉴	金砖国家联合统计手册
中国－东盟国家统计手册	中国农村统计年鉴	中国县域统计年鉴
中国农产品价格调查年鉴	中国城市统计年鉴	中国价格统计年鉴
中国贸易外经统计年鉴	中国零售和餐饮连锁企业统计年鉴	中国商品交易市场统计年鉴
大中型批发零售和住宿餐饮企业统计年鉴	中国住户调查年鉴	中国工业统计年鉴
中国环境统计年鉴	中国能源统计年鉴	中国建筑业统计年鉴
中国房地产统计年鉴	投资领域统计年鉴	中国对外直接投资统计公报
中国人口和就业统计年鉴	中国劳动统计年鉴	中国社会统计年鉴
中国科技统计年鉴	中国高技术产业统计年鉴	全国企业创新调查年鉴
中国文化及相关产业统计年鉴	2018 年时间利用调查资料	中国妇女儿童状况统计资料
中国基本单位统计年鉴	中国教育统计年鉴	中国教育经费统计年鉴
中国民族统计年鉴	中国残疾人事业统计年鉴	长江经济带发展统计年鉴

省级综合统计年鉴系列

北京　天津　河北　山西　内蒙古　辽宁　吉林　黑龙江　上海　江苏　浙江　安徽　福建　江西　山东　河南　湖北　湖南
广东　广西　海南　重庆　四川　贵州　云南　西藏　陕西　甘肃　青海　宁夏　新疆　新疆生产建设兵团

市（县）级综合统计年鉴系列

滨海新区　石家庄　唐山　邯郸　保定　沧州　邢台　廊坊　承德　衡水　秦皇岛　张家口　太原　大同　阳泉　长治　晋城
朔州　晋中　运城　忻州　临汾　吕梁　呼和浩特　鄂尔多斯　包头　沈阳　大连　长春　延吉　四平　白山　通化　哈尔滨
齐齐哈尔　黑龙江垦区　上海浦东新区　南京　无锡　徐州　常州　苏州　南通　连云港　淮安　盐城　扬州　镇江　泰州
宿迁　江阴　丹阳　海门　张家港　杭州　宁波　温州　嘉兴　湖州　绍兴　金华　衢州　舟山　台州　丽水　合肥　安庆　福州
厦门　宁德　漳州　龙岩　莆田　泉州　三明　南平　南昌　九江　上饶　新余　抚州　赣州　景德镇　济南　青岛　枣庄　潍坊
聊城　郑州　洛阳　平顶山　三门峡　南阳　商丘　信阳　济源　汝州　武汉　十堰　荆州　宜昌　荆门　咸宁　黄冈
长沙　鹰潭　广州　深圳　惠州　东莞　汕尾　湛江　肇庆　南宁　柳州　桂林　贵港　梧州　来宾　河池　防城港　海口　三亚
儋州　成都　内江　贵阳　黔南　毕节　昆明　文山　德宏　西安　延安　安康　铜川　汉中　商洛　银川　兰州　庆阳　乌鲁木齐
昌吉　阿勒泰　兵团一师、二师、三师、四师、六师、七师、八师、十师、十三师、十四师

调查年鉴系列

天津　内蒙古　上海　河南　湖北　湖南　广东　广西　重庆　四川　云南　甘肃　宁夏　南宁　贵港　昆明

统计方法应用/实用手册

Python 数据分析基础（第二版）　非参数统计（第五版）　现代金融投资统计分析（第四版）
国民经济核算初级教程（第二版）　国民经济核算教程（第五版）　概率统计基础
全国统计专业技术资格考试系列考试用书：统计业务知识（第四版修订版）　统计业务知识学习指导与习题
全国统计专业技术资格考试系列考试用书：统计相关知识（第四版）　统计相关知识学习指导与习题

统计通俗读物/统计科普图书

领导干部统计知识问答　统计公文写作及会议办理实用手册　大数据在统计工作中的应用案例汇编
中国国民经济核算知识问答（修订版）　地区生产总值核算国际比较研究　新中国统计制度方法的发展与改革

重点图书

中国农业统计资料 1949－2019　第四次全国经济普查地图集　中国经济普查年鉴 2018
新编英汉汉英统计大词典　中国国民经济核算体系 2016　国民经济行业分类注释
挑大学选专业 2020－考研择校指南　挑大学选专业 2020－高考志愿填报指南　中华医学统计百科全书

发行部电话：(010)63376907　63376908　63376909　同椐行书店电话：68783171　68783172
地址：北京市丰台区西三环南路甲 6 号　邮政编码：100073　网址：http://www.zgtjcbs.com